Michael Nast

Generation Beziehungsunfähig. Die Lösungen

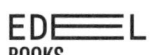

Inhalt

Das Talent, die falschen Fragen zu stellen

Der Experte für die Liebe

Es gibt Momente, die etwas in einem lösen. Momente, die ein Hindernis entfernen, das einen lange davon abgehalten hat, einen schon oft begonnenen Gedankengang zu Ende zu führen. Im vorletzten Sommer gab es einen dieser Momente, als ich mich auf der Terrasse des Berliner Soho House mit zwei Freunden unterhielt und plötzlich spürte, wie sich eine Hand auf meine Schulter legte. Ich wandte mich um und blickte in das Gesicht einer Frau, die mir unbekannt war. Sie lächelte allerdings, als würden wir uns kennen. Ich versuchte, ihr Gesicht in einen Zusammenhang zu bringen, aber ich fand keinen Anhaltspunkt, woher wir uns kennen könnten.

Dann sagte sie: »Du bist doch der Mann, der sich mit der Liebe so gut auskennt.«

»Nicht wirklich«, erwiderte ich, ohne nachzudenken. »Ich bin wohl eher der Mann, der sich mit der unerfüllten Liebe so gut auskennt.«

Wir mussten unvermittelt lachen, und jetzt war mir auch klar, woher sie mich kannte. Sie war eine Leserin.

Der Mann, der sich mit der unerfüllten Liebe auskennt, dachte ich. Ich war selbst erstaunt über diese Antwort, mit der ich eigentlich nur eine Pointe setzen wollte. Schließlich habe auch ich lange angenommen, dass die Liebe der Antrieb meines Schreibens ist. Aber das war ein Irrtum, offenbar hatten wir meine Bücher beide falsch verstanden.

Ich hatte vier Beziehungen in meinem Leben, meine längste hat knapp drei Jahre gehalten. Sie endeten, bevor richtige Liebe überhaupt entstehen konnte. Trotzdem gelte ich als Experte für Liebe und Beziehungen. So gesehen bin ich ein Paradoxon. Wenn ich mich frage, warum das so ist, liegt es vielleicht daran, dass man am besten über Dinge schreiben kann, nach denen man sich sehnt. Die Sehnsucht idealisiert die Dinge. Ich schreibe auf, wie es sein könnte.

Genau genommen kenne ich mich nicht mit der Liebe aus, ich kenne mich damit aus, wie Liebe eigentlich sein sollte. Es ist eine poetische Idee von Liebe, die vom Alltag befreit ist. Das macht sie so verheißungsvoll, aber auch unerreichbar. Liebe entsteht mit der Zeit. Sie entsteht, wenn in einer Liebesbeziehung so viel Geborgenheit und Vertrauen entstanden ist, dass sie zu einer Heimat geworden ist. Und um diese Tiefe zu erreichen, braucht man mehr Zeit, als die meisten Beziehungen halten. Auch meine. Ich gab auf, bevor Liebe, nach der ich mich so sehne, überhaupt entstehen konnte.

Ich spürte, wie unser kurzer Dialog bereits dabei war, Gedanken in Gang zu setzen, die zwei Fragen beantworten sollten, die mich und mein Schreiben schon lange beschäftigten: warum es mir so schwerfällt, mich auf eine Frau einzulassen, und warum meine Beziehungen nie lange genug halten. Und jetzt verstand ich auch, was mich so lange daran gehindert hatte, den begonnenen Gedankengang zu Ende zu führen: Er führte zu einer unbequemen Wahrheit.

Einer unbequemen Wahrheit, die zu weiteren, unbequemeren Wahrheiten führte.

Als im Jahr 2016 mein Buch *Generation Beziehungsunfähig* erschien, löste es eine monatelange Debatte aus, die mehrere

Länder erfasste. Es gab unzählige Artikel, Fernsehberichte und Blogbeiträge, in denen diskutiert und analysiert wurde, warum es den jüngeren Generationen so schwerfällt, Beziehungen zu führen, ob sie überhaupt lieben können. Das Buch wurde in vielen europäischen Ländern veröffentlicht, was ich nachvollziehen konnte. Mich überraschte allerdings, dass es auch in Taiwan, Südkorea und Japan erschien, die in einem vollkommen anderen Kulturkreis liegen. Ich beschrieb offensichtlich ein universelleres Problem, als ich angenommen hatte.

Es war ein seltsames Gefühl zu beobachten, wie sich ein Begriff, den ich mir ausgedacht hatte, verselbstständigte. Psychologen wurden panisch, weil viele ihrer Patienten bei sich selbst oder ihren Partnern eine Beziehungsunfähigkeitsstörung diagnostizierten. Es wurden Bücher geschrieben, die auf mein Buch reagierten. Kluge Bücher von Psychologen, in denen es Fragebögen und Selbsttests gab, Anleitungen und Arbeitsanweisungen, um eine gesunde Beziehung führen zu können.

Ein Jahr darauf nahm ich an, dass sich das Thema erledigt hatte. Dass alles dazu gesagt und geschrieben worden war. Offen gestanden wollte ich mich auch nicht mehr mit diesem Thema beschäftigen, denn ich hatte genug. Ich war satt. Als hätte ich einen Song, der mir eigentlich gefiel, zu oft gehört, um ihn noch mögen zu können.

Ich schrieb einen Roman und dann ein Buch, das sich damit beschäftigte, wie der Mauerfall in mein Leben als vierzehnjähriger Ostberliner geschnitten war und was die darauffolgenden Jahre im Kapitalismus mit mir gemacht haben. Aber schon während ich an diesen Büchern schrieb, sprachen mich immer mehr Menschen darauf an, dass sich im Liebesleben vieler trotz aller Debatten und Anleitungen eigentlich nichts geändert hatte. Das Wort »eigentlich« hat einen Grund, denn es schien sich doch etwas geändert zu haben: Es war schlimmer geworden.

Vergangenes Jahr sah mich eine Frau bewundernd an, als ich erwähnte, dass meine längste Beziehung knappe drei Jahre gehalten hat. »Das ist ja schon *sehr* lange«, sagte sie. Der Satz enthielt keinen ironischen Unterton. Sie meinte das offensichtlich ernst. Ich dachte an das nachsichtige Lächeln, mit dem dieser Umstand noch vor einigen Jahren beantwortet wurde. Ein Lächeln, das auch erzählte, dass ich bemitleidet wurde. Heute bin ich mit solchen Zahlen offensichtlich ganz vorne mit dabei. Das war der Moment, in dem ich spürte, dass etwas gekippt ist.

Es ist ja erwiesen, dass die wenigsten von uns eine Beziehungsunfähigkeitsstörung haben. Trotzdem ist es offensichtlich schlimmer geworden. Das eigentliche Problem scheint also woanders zu liegen.

Ich kenne eine Frau, die seit fünfzehn Jahren in Therapie ist. Sie wechselt ihre Psychologen in regelmäßigen Abständen. Ihr Ziel scheint es nicht zu sein, irgendwann austherapiert zu sein, sie versteht die Therapie offenbar als Teil ihres Lebensstils. Ähnlich geht es vielen offenbar mit der Liebe. Sie haben sich auf dem Weg verfangen. Die erfolglose Suche nach Liebe ist zu einem Teil ihres Lebensentwurfs geworden. Das war die unbequeme Wahrheit, die ich mir nicht eingestand: Die unerfüllte Sehnsucht nach einer Beziehung ist zu einem Lifestyle geworden.

Es ist offensichtlich eine große uneingestandene Wahrheit unserer Zeit: Wir reden uns ein, dass es uns um Liebe geht, aber das ist ein großer Selbstbetrug – die Sehnsucht nach der Liebe ist offenbar wichtiger geworden als die Liebe selbst.

Wenn man sich nach Liebe sehnt, empfindet man dieses schöne und tiefe Gefühl als die Lösung. Es gibt ja den wundervoll ironischen Satz: »Wenn das die Lösung ist, will ich mein Problem zurück.« Besser lässt sich die Haltung nicht zusammenfassen. Offensichtlich haben sich viele entschieden, das Problem zu pflegen und nicht an einer Lösung zu arbeiten.

Auch ich nicht.

Denn genau genommen hat sich trotz meiner Erkenntnisse und Einsichten in meinem Liebesleben nichts geändert. Ich bin immer noch Single, oder wieder. Ich breche Beziehungen schneller ab, die Frauen, mit denen ich mich treffe, werden gefühlt immer instabiler. Trotz der Anleitungen, die ja auch mir zugänglich sind, ist es auch in meinem Leben schlimmer geworden.

Das Thema war wieder da. Eigentlich war es nie weg.

Die richtigen und die falschen Fragen

In einem Artikel habe ich mal gelesen, dass eine harmonische Beziehung funktionierende Haushaltsgeräte brauche. Es wäre schön, wenn das so einfach wäre, aber ich fürchte, es hängt nicht nur von der Technik ab. Meine Probleme liegen jedenfalls woanders. Sie entstehen vor der Beziehung. Meine Gefühle überleben häufig nicht einmal die Kennenlernphase. Sie sterben, bevor aus ihnen Verliebtheit oder Liebe entstehen kann. Die Todesursachen können verschieden sein.

Meine Freunde und Familienmitglieder fragen sich seit Jahren ratlos, warum es mir so schwerfällt, eine Frau zu finden, auf die ich mich auch einlassen möchte.

»Du bist einfach zu wählerisch«, sagen die Skeptischen.

»Bei dir entscheiden doch immer schon Kleinigkeiten gegen eine Frau«, sagen die Vernünftigen.

»Du gerätst nur an gestörte Frauen«, sagen die Empfindsamen.

»Ja«, sagte ich mit einer leichten Tragik in der Stimme. »Und sie werden immer gestörter.«

Sie geben die Antworten, die ich mir selbst gebe. Und diese Antworten trafen ja auch zu, aber mein Denkfehler war die Voraussetzung, aus der sie entstanden: Es waren Antworten auf die falschen Fragen. Offensichtlich besitze ich das große Talent, die falschen Fragen zu stellen.

Mein Liebesleben setzte sich im Grunde genommen aus einer Folge abgebrochener Anfänge zusammen. Wenn ich auf meine zahllosen Dates der letzten Jahre zurückblicke, aus denen keine Beziehung entstand, auf die vielen Argumente, die schon bei ersten Dates auftauchten, um gegen die Frau zu sprechen, die Kleinigkeiten, aus denen ich auf den ganzen Menschen schloss, fügten sich meine Liebesbeziehungen zu einer Aneinanderreihung von Gründen, um einer Beziehung aus dem Weg zu gehen.

Ich idealisierte, stellte Listen auf, in denen ich meine Traumfrau zusammenstellte, als könnte man sich die Eigenschaften einer Seelenverwandten aus einer Art Lifestylekatalog zusammenstellen. Ein Katalog, dessen Inhalt in die Farben getaucht war, die den farbkorrigierten Bildern moderner Kinofilme und Netflix-Serien ähnelten.

Schon bei ersten Dates prasselten die Gründe auf mich ein, die gegen die Frau sprachen. Es waren Argumente, die gegen sie und gleichzeitig gegen eine Beziehung sprachen. Ich ging nicht den Frauen aus dem Weg, ich ging einer Beziehung aus dem Weg. **Ich war so beschäftigt mit der Sehnsucht nach einer idealen Liebe und der Frau, die in diese ideale Vorstellung passte, dass ich etwas Entscheidendes übersah. Ich übersah, dass ich alles dafür tat, um einer Beziehung auszuweichen.**

Wir sind in der privilegierten Lage, die Liebe zu einem Luxusproblem erheben zu können. Ein Privileg, an dem viele scheitern. Auch ich. Es ist ja so: Ich möchte eine Beziehung nicht ertragen müssen. Ich möchte, dass sich beide Partner Halt geben, und auch Kraft. Es geht mir darum, die Frau zu finden, die das Beste in einem zum Vorschein bringt – und nicht das Schlechteste. Aber ich blende erfolgreich aus, dass Beziehungen Arbeit und Ausdauer erfordern. Dass man sich auf jemanden einlassen und verletzbar sein muss.

»Nur der verdient die Liebe, der täglich sie erobern muss.« Das hat Goethe einmal gesagt. Ich frage mich allerdings, ob wir bereit sind, sie täglich aufs Neue zu erobern.

Ich bin es offensichtlich nicht. Und so wie es aussieht, bin ich mit dieser uneingestandenen Wahrheit nicht unbedingt die große Ausnahme, die die Regel bestätigt.

Verliebtheit ist reines Gefühl, aber Liebe ist eine Entscheidung. Man muss Liebe wollen. Aber die meisten wollen offenbar nicht. Man sieht immer nur Hindernisse. Der Weg ist reizvoller als das Ziel, denn das Ziel ist mit Einschränkungen verbunden. Wir haben uns in die Idee des Verliebtseins verliebt. Und nicht in einen Menschen. Wir gefallen uns im Theoretischen und versagen in der Praxis. Die unerfüllten Illusionen scheinen uns lieber zu sein. Wir ziehen die Illusion der Wirklichkeit vor. Die Antworten, die ich mir gab, waren ebenfalls Idealisierungen. Wir haben uns in den Illusionen eingerichtet, sie zum Maß aller Dinge gemacht. Es ist die Sehnsucht von Menschen nach einer Beziehung, die nicht bereit sind, etwas für die Beziehung zu tun. Wir wünschen uns Liebe, wollen aber nichts dafür tun.

Ginge es mir wirklich um eine Beziehung, gäbe ich nicht so schnell auf, wenn erste Probleme auftauchen, die ja nur daraus entstehen, dass der Mensch hinter der Projektion sichtbar wird. Als hätte ich mich für die Illusion eines Traumpartners entschieden, in der ein wirklicher Mensch mit einer eigenständigen Persönlichkeit gar nicht vorgesehen ist.

Offensichtlich stand ich mir selbst im Weg, allerdings nicht auf die Art, in der ich es angenommen hatte.

Ich begriff, dass ich die Fragen ändern musste.

Ich fragte mich: »Warum lerne ich nur Frauen kennen, die mir so offensichtlich nicht guttun?« Aber eigentlich musste ich mich fragen: »Warum interessiere ich mich ausschließlich für Frauen, die mir so offensichtlich nicht guttun?«

Die meisten Fragen, die ich mir stelle, bewegen sich auf der Oberfläche. Sie beziehen sich auf die Symptome, was ganz natürlich ist, weil es die Symptome sind, die mich direkt betreffen. Ich beantwortete Fragen, die sich auf die Oberfläche bezogen, aber die richtigen Fragen, die Fragen, deren Antworten zu Änderungen führten, betrafen das, was sich unter dieser Oberfläche befand.

Ich musste mich fragen, warum ich mich so nach einer Beziehung sehne und dann doch alles unternehme, um ihr auszuweichen. Ich musste hinterfragen, warum ich mich so verhalte, wie ich mich verhalte. Warum ich nicht tiefer schürfe, obwohl ich ja weiß, dass ich gerade dort erfahre, wo ich wirklich ansetzen muss. Vielleicht habe ich mich vor der Antwort gefürchtet. Oder ihren Konsequenzen. Denn die wirkliche Herausforderung ist es ja, eine Erkenntnis im eigenen Leben anzuwenden.

Ich musste mich fragen, warum wir die Lösungen kennen, die uns Psychologen in unzähligen Artikeln und Büchern beschrieben haben, und ich mich doch nicht danach richte. Warum ich in meinem Leben keine Änderungen vornehme, obwohl ich mein Leben ändern will.

Es ist ein seltsames Gefühl, in Texten, Podcasts und Talkshows darzulegen, was wir in unseren Liebesbeziehungen ändern müssten, dann aber zu registrieren, wie wenig ich mich selbst daran halte. Wenn ich kritisiere, wie unverbindlich das Liebesleben vieler inzwischen geworden ist, ist das wirklich Erstaunliche, dass ich mich über diese Unverbindlichkeit beschwere, obwohl ich mich selbst genauso unverbindlich verhalte. In solchen

Momenten begreife ich, dass ich genau dort ansetzen muss. Dass ich tiefer schürfen muss. Eben unter der Oberfläche.

Wenn es eine Überzeugung gibt, die aus der Summe meiner Erfahrungen entstanden ist, ist es die, dass alles mit allem zusammenhängt. Vielleicht ist diese Überzeugung sogar die eigentliche Klammer, die die Texte dieses Buches zusammenhält. Wie sich zum Beispiel gesellschaftliche Umstände und Umbrüche, wie sich unser Konsumverhalten oder neue Technologien und Kommunikationsformen auf unser Denken, Fühlen und Lieben auswirken. Welche Impulse uns unbewusst Entscheidungen treffen lassen, obwohl wir sie nicht wahrnehmen. Um diese Fragen geht es in diesem Buch. Die Fragen nach den Ursachen, die unter der Oberfläche wirken. Die Fragen danach, warum wir uns so verhalten, wie wir uns verhalten. Die Antworten darauf beleuchten die Punkte, an denen man ansetzen muss, um wirkliche Änderungen vornehmen zu können. Ein Weg, der auch mich dazu brachte, mich selbst besser kennenzulernen und zu verstehen.

Darum handelt dieses Buch vor allem von einer gesunden Beziehung zu dem Menschen, den zu verstehen die Voraussetzung ist, um eine gesunde Beziehung zu anderen aufzubauen, zu pflegen und zu kultivieren. Zu sich selbst.

Ein Blick in
unsere Psyche

Bindungstypen

Warum Frauen so oft an Gestörte geraten – und Männer an Psychopathinnen

Warum wir uns gerade in die Menschen verlieben, die uns so offensichtlich nicht guttun

Der Unterschied zwischen »kompliziert« und »zu kompliziert«

Einige kennen vielleicht diese oft ganz unerwarteten Momente, in denen sich der Blickwinkel ändert, mit dem man auf sein Leben schaut. Sie verschieben die Perspektive und lassen einen Dinge sehen, die man bisher gar nicht wahrgenommen hatte. Wie eine Geschichte, die sich vollständig verändert, wenn man ihr nur ein kleines Detail hinzufügt. Wenn man so will, wurde Ende August meiner Geschichte ein solches Detail hinzugefügt. Durch eine Begegnung, durch die ich mein Liebesleben der vergangenen Jahre mit vollkommen neuen Augen sah. Ich verstand nicht nur, warum ich mich so oft in Frauen verliebte, die mir nicht guttaten und denen ich nicht guttat – mir wurde auch klar, dass sich das endlos fortführen würde, wenn ich bestimmte Dinge nicht endlich korrigierte.

Es war eine dieser viel zu warmen Nächte des letzten Sommers, die die Hitze des Tages nicht abkühlten. Es war gegen elf. Ich hatte mich gerade von einer Frau verabschiedet, mit der ich ein Date hatte, und machte einen nächtlichen Spaziergang die Kastanienallee hinunter. Als ich den Prater passierte, blickte ich zur Buchhandlung auf der gegenüberliegenden Straßenseite und hatte plötzlich das unwirkliche Gefühl, neben der Zeit zu sein. Das menschenleere Geschäft war hell erleuchtet, die hohen Glastüren waren weit geöffnet, obwohl es schon seit Stunden geschlossen sein musste. Ich überquerte die Straße und betrat das Geschäft, in dem mein Bekannter Hannes, der dort arbeitet, ein Regal neu einrichtete. Wir begrüßten uns und er erklärte mir, dass er nur außerhalb der Öffnungszeiten die Ruhe dazu fand. Neben ihm stand ein Mann mittleren Alters, den ich nicht kannte. Er hieß Lukas, war nicht unsympathisch und erzählte, dass er ebenfalls zufällig vorbeigekommen war. Hannes holte uns drei Bier aus dem hinteren Teil des Ladens. Wir stießen an und unterhielten uns, während wir hin und wieder zu den Passanten sahen, die neugierig in das Geschäft blickten und mein nicht unangenehmes Gefühl verstärkten, irgendwie außerhalb der Zeit zu sein. Ein Gefühl, das die kommende Stunde vorwegnehmen sollte, in der ich mich fühlte, als würde ich neben mein Leben treten und es mit einem unvoreingenommenen Blick betrachten.

Als Hannes mich fragte, woher ich gerade kam, sagte ich: »Von einem Date.« Bevor Hannes etwas erwidern konnte, fügte ich hinzu: »Von einem Tinder-Date.«

»Verstehe«, lachte Lukas. »Und, wie wars?«

»Na ja«, sagte ich und erzählte, dass sie eine dieser Frauen war, die den Fotos auf ihrem Profilbild kaum ähnelten. »Wär sie nicht von selbst auf mich zugekommen, hätte ich sie gar nicht erkannt.«

»Sie ist also gut in Photoshop«, sagte Hannes.

»Politisch korrekter kann man es wohl nicht ausdrücken«, lachte Lukas, wandte sich zu mir und fragte: »Seht ihr euch wieder?«

»Ich glaub nicht«, sagte ich. »Ich habe gerade eine Trennung hinter mir und bin eigentlich noch gar nicht bereit für eine Beziehung.«

»Verstehe«, sagte Lukas. »Und wie lange wart ihr zusammen?«

»Na ja, zusammen«, erwiderte ich gedehnt, bevor ich entschieden weitersprach. »Ich würde das, was wir da kultiviert haben, nicht wirklich als Beziehung bezeichnen. Das war eher ...«, ich suchte einen Moment lang nach den passenden Worten, bevor ich aufgab und sagte: »Es war kompliziert.«

»Michael mag es ja kompliziert«, sagte Hannes. »Aber *das* war nicht kompliziert, das war *zu* kompliziert.« Er wandte sich zu mir. »Ist dir das schon mal aufgefallen? Du verliebst dich ausschließlich in Frauen, bei denen es kompliziert ist. Es ist fast so, als würden dich nicht die Frauen anziehen, sondern die komplizierten Umstände, in denen sie sich gerade befinden. Manchmal denk ich wirklich, du verliebst dich eher in Konstellationen als in Menschen. Je aussichtsloser, desto besser. Wenn es zu einfach ist, verlierst du sofort das Interesse. Ganz ehrlich: Ich wünsch dir wirklich, dass du dich in eine Frau verliebst, auch wenn es einfach ist.«

»Aber genau das wünsch ich mir doch auch«, entgegnete ich.

Hannes erwiderte diesen Satz mit einem skeptischen Blick, der auch erzählte, dass er mich für einen Menschen hielt, der einem solchen Konzept vollkommen verständnislos gegenüberstand. Ich verstand seinen Blick. Meine Liebschaften der letzten Jahre gaben ihm schließlich recht.

Liebe ist Liebe, Drama ist Drama, und Leid ist Leid

Unvermittelt musste ich an ein Gespräch denken, dass ich nur wenige Tage zuvor geführt hatte. Ich saß mit Jo, meinem Nachbarn, auf dem Balkon, als er mir erzählte, dass sich seine

Ex-Freundin gemeldet hatte. Zu dem Zeitpunkt war ihre Trennung anderthalb Jahre her.

»Ach«, sagte ich. »Und, was wollte sie?«

»Sie hat gefragt, ob wir uns mal wieder treffen wollen.«

»Aha. Und du hast hoffentlich Nein gesagt.«

»Na ja«, sagte Jo langsam.

»Was *genau* meinst du denn mit ›Na ja‹?«, fragte ich und spürte, wie sich meine Augen verengten.

»›Na ja‹ heißt, dass wir uns am Freitag sehen.«

Gott!, dachte ich.

Mein Nachbar ist ein sensibler Mensch, der weder die Beziehung noch die Trennung von seiner Ex-Freundin gut verkraftet hat. Obwohl sie jetzt schon eine Weile her war, war er meiner Einschätzung nach erst am Anfang des Verarbeitungsprozesses. Denn die Frau bestimmte unsere Gespräche immer noch. Es war also keine gute Idee, sich mit ihr zu treffen. Gar keine gute Idee.

»Na wundervoll«, rief ich. »Die Wunde hat sich noch nicht mal richtig geschlossen und du willst sie jetzt noch mal so richtig schön aufreißen. Wie ein Messer, das man in der Wunde noch mal umdreht, damit sie sich nicht schließt.«

»Ich weiß«, sagte mein Freund und warf mir einen hilflosen Blick zu. »Ich hab auch schon meinen Psychiater angerufen.«

Ich hatte schon angesetzt, um etwas zu erwidern, aber meine Gedanken stoppten praktisch, als mich diese Information erreichte. Ich sah ihn einen Moment lang schweigend an, weil ich ja auch nicht wusste, was ich überhaupt dazu sagen sollte.

»Wenn man vor dem Treffen mit einer Frau erst einmal seinen Therapeuten konsultieren muss, sollte man vielleicht überdenken, ob man sich überhaupt auf ein Treffen einlassen möchte«, sagte ich, bevor ich mit einem leichten Lachen hinzufügte:

»Na, zumindest haben wir dann nach dem Treffen wieder ein Gesprächsthema für die nächsten Monate.«

Mein Nachbar erwiderte mein Lachen, allerdings in einer nervösen und auch irgendwie mechanischen Version. Ein gespieltes Lachen, dem man anmerkte, wie künstlich es war. Scheiße!, dachte ich. Es würden lange Monate werden. Obwohl ich seine Ex-Freundin nur aus Erzählungen kannte, habe ich die Trennung in unzähligen Gesprächen quasi miterlebt. Wir sprachen so viel darüber, dass es sich manchmal beinahe so anfühlte, als wäre ich mit ihr zusammen gewesen. Wir sprachen jeden Tag über sie, und mit jeder neuen Geschichte lernte ich einen Menschen ein bisschen besser kennen, der mir sehr unsympathisch war. Und mit jeder neuen Geschichte steigerte sich meine Antipathie.

Wenn sich eine Ex-Freundin nach längerer Zeit wieder meldet, neigt man ja schnell dazu, die gemeinsame Zeit zu verklären. Aber hier gab es nichts zu verklären. Beide hätten das Ende ihrer Beziehung als Befreiung empfinden müssen. Als ein Aufatmen, das nach diesem Psychoterror, dem sie sich gegenseitig zwei Jahre ausgesetzt hatten, eigentlich immer noch anhalten müsste.

Aber was soll ich sagen: Ich selbst kenne den Unterschied zwischen dem rationalen Blick, den man aus der Sicherheit der Distanz hat, und der Irrationalität der Gefühle, wenn es einen selbst betrifft, ja nur zu gut. Wenn ich verliebt bin, muss ich mich immer noch zwingen, den unbedarften Teenager in mir zu ignorieren, der das alles zum ersten Mal erlebt. Von ihm kommen keine guten Ratschläge. Er ist beratungsresistent. Darum zählen unter solchen Umständen die Ratschläge anderer nicht, die aus der nötigen Distanz einen Überblick haben, der mir fehlt, um gesunde Entscheidungen treffen zu können.

»Ich liebe sie immer noch«, sagte mein Nachbar trotzig.
»Und ich will wieder mit ihr zusammen sein.«

»Überleg doch mal bitte kurz, wonach du dich da sehnst«, rief ich und hob meine Hand zu einer abwehrenden Geste. »Denk mal bitte daran, worüber wir in den letzten Monaten immer und immer wieder gesprochen haben. Das war eine Beziehung, die nur aus Drama und Leid bestanden hat.«

»Wir hatten eben eine dramatische Liebe«, sagte mein Nachbar und sah mich plötzlich entschlossen an. »Liebe ist immer auch Leid.«

»Nein«, entgegnete ich bestimmt. »Liebe ist Liebe. Drama ist Drama. Und Leid ist Leid. Das sind vollkommen verschiedene Dinge.«

Es gibt ein berühmtes Zitat des Schauspielers Liam Neeson, mit dem er sich nach dem Tod seiner Frau, der Liebe seines Lebens, in einem Onlinepost geäußert hat.

»Jeder sagt, Liebe tut weh, aber das ist nicht wahr«, sagt er. »Einsamkeit tut weh. Ablehnung tut weh. Jemanden zu verlieren, tut weh. Neid tut weh. Jeder verwechselt diese Dinge mit Liebe, aber in Wahrheit ist Liebe das Einzige auf der Welt, das all den Schmerz verdeckt und einem wieder ein wundervolles Gefühl gibt. Liebe ist das Einzige auf dieser Welt, das *nicht* wehtut!«

Diese Sätze haben eine starke Wirkung auf mich. Immer wenn ich sie lese, entdecke ich aufs Neue die tiefe Wahrheit in ihnen. Neeson ist mir in diesen Sätzen so nah und vertraut, dass ich ihn Liam nennen möchte.

»Es ist nicht die Liebe, die die Dinge verkompliziert«, sagte ich zu meinem Nachbarn. »Es sind die Menschen. Mit ihren Neurosen, Unsicherheiten und beschädigten Egos. Liebe hat nichts damit zu tun.«

Mein Nachbar warf mir einen zweifelnden Blick zu, während meine Worte in unser Schweigen hallten, und ich muss zugeben, dass ich ihn ja verstand. Meine entschiedenen Sätze erzeugten auch in mir einen Widerstand. Denn obwohl ich die tiefe Wahrheit erkenne, sehen meine Erfahrungen vollkommen anders aus. Denn auch ich habe Liebe immer mit Drama, Kampf und Leid verbunden. Es gibt einen Zwiespalt, der sich durch meine Liebesbeziehungen zieht.

Obwohl ich mich danach sehne, dass sich eine Liebesbeziehung wie selbstverständlich ergibt, dass die Gefühle zwischen zwei Menschen, die sich sympathisch sind, ganz natürlich wachsen, verliere ich schnell das Interesse, wenn ich einer Frau begegne, mit der sich die Dinge zu einfach ergeben. Frauen, die sich außer Reichweite befinden, ziehen mich an. Nehmen wir meine Ex-Freundinnen. Die meisten meiner Beziehungen entstanden aus einer aussichtslosen Situation. Meine erste Freundin zweifelte, weil sie sich nach den Verletzungen ihrer letzten Beziehung gerade keine neue vorstellen konnte, die zweite befand sich noch in der Trennungsphase mit ihrem Ex-Freund, die dritte nahm an, in einer glücklichen Beziehung zu sein, um sich dann doch immer bei mir zu melden, weil sie mich treffen wollte.

Mit meinen Ex-Freundinnen zusammenzukommen, war immer mit einem kräfteraubenden Prozess verbunden. Die Frauen, die mich interessierten, haben immer gezweifelt. Ich habe lange Zeit angenommen, dass Leid dazugehören muss, wenn ich mich um eine Frau bemühe. Es war eine romantische Idee. Ich dachte, dass es meinen Gefühlen Würde gab. Ich verstand Leid als Ausdruck der Größe meiner Gefühle. Je mehr Leid ich investierte, desto wertvoller erschienen sie mir. Je mehr ich im Kampf um eine Frau litt, desto wertvoller wäre die Liebe, die dann entsteht.

Ich habe mich oft gefragt, worin die Gründe dafür liegen. Einer dieser Gründe könnte sein, dass ich die großen Romane von Dostojewski zu früh gelesen habe. Damals war ich zu jung, um diese Bücher zu verstehen, ich fühlte sie eher. Vor allem ihre Liebesgeschichten beeindruckten mich.

Und wahrscheinlich haben sie mich geprägt. Vielleicht empfand etwas in mir diese Romane praktisch als Vorbereitung darauf, wie Menschen miteinander umgehen, wenn sie etwas füreinander empfinden. Ihr Verhalten war eine Art Code, den man entschlüsseln musste. Man musste da durch, wenn man eine Frau für sich gewinnen wollte.

So gesehen waren meine Liebesbeziehungen die Wiederauflagen dieser Liebesgeschichten. Wir waren zu Figuren eines Dostojewski-Romans geworden, was erst einmal elegant klingt, es dann aber ganz und gar nicht ist. In seinen Romanen verhalten sich die Liebenden nämlich ausgesprochen verhaltensauffällig. Wenn man so will, kultivieren sie die Liebe von Menschen mit masochistischen Borderlinepersönlichkeitsmerkmalen. Obwohl ihre Gefühle füreinander sehr tief sind, verletzen sie sich unablässig. Ununterbrochen lösen Euphorie und Leid einander ab. Man liest das und denkt: »Um Gottes willen, was stimmt denn mit den Leuten nicht?«

Ich war damals siebzehn, ein Alter offenbar, in dem einen Romane so stark beeinflussen können, dass man sie schnell auf die eigene Wirklichkeit überträgt. Heute weiß ich, dass es ein dramaturgisches Mittel ist, um die Spannung nie abklingen zu lassen. Bei mir hat es funktioniert: Ich fieberte mit. Obwohl ich es unzumutbar fand, wie Dostojewskis Liebende miteinander umgingen und wie sie sich gegenseitig verletzten, beeindruckten mich ihre Gefühle. Sie schienen durch das Drama sehr tief zu werden. Offensichtlich habe ich mich auch in meinen Liebesgeschichten daran orientiert. An einem dramaturgischen Mittel.

Mir fiel plötzlich ein, dass mein Nachbar genau jetzt, während ich in der Buchhandlung stand, mit seiner Ex-Freundin in einer Bar saß und litt. Weil er nicht auf meine Ratschläge gehört hatte, hatte er sich auf das Treffen eingelassen und lieferte sich ebenfalls einem dramatischen Mittel aus.

Ich machte einen skeptischen Laut und hob meinen Blick. Lukas, der Bekannte von Hannes, sah mich interessiert an und unterbrach meine Gedanken.

Sobald die Jagd eröffnet ist

»Was mochten denn die Frauen so an dir, in die du dich verliebt hast?«, fragte er.

Ich musste einen Moment lang überlegen, bevor ich antwortete.

»Mir haben Frauen oft gesagt, dass ihnen an mir gefällt, dass ich sie mitreiße, meine Euphorie«, sagte ich. »Ich verliebe mich ja wirklich selten, aber wenns dann doch mal passiert, ist das wie ein Rausch.«

»Verstehe«, sagte Lukas.

Er schien kurz nachzudenken, dann begann er, Fragen zu stellen. Viele Fragen. Er ließ mich meine Liebesbeziehungen der letzten Jahre vor ihm ausbreiten. Es war seltsam, mich einem Menschen, den ich kaum kannte, so weit zu öffnen. Vielleicht lag es daran, dass Lukas die richtigen Fragen stellte, oder daran, dass man sich Fremden eher öffnet.

Es war ein langes Gespräch, in dem ich mich besser kennenlernte, in dem mein fest gefügtes Bild über mich selbst aufbrach und ich mich in einem anderen Licht sah.

Irgendwann unterbrach Lukas mich und sagte entschieden: »Du bist also ein ängstlicher Bindungstyp.«

»Wie bitte?«, fragte ich.

»Es gibt vor allem drei Bindungstypen«, sagte er. »Den sicheren, den ängstlichen und den vermeidenden – und du bist offensichtlich ein ängstlicher.«

Ein ängstlicher Bindungstyp?, dachte ich hilflos. Ängstlich klang ja eher beunruhigend.

Bevor Lukas ansetzte, um fortzufahren, fiel mir ein, was meine Ex-Freundin Maxi meiner Ex-Freundin Vivian erzählt hatte, als sich die beiden kennengelernt hatten. Ich war gerade mit Vivian zusammengekommen, und Maxi wollte sie offensichtlich darauf vorbereiten, was da auf sie zukam. Maxi ist eine von den Frauen, die Menschen anhand ihres Sternzeichens erklären.

»Michael ist ja im Jahr des Hasen geboren«, sagte sie in bedeutungsvollem Ton. »Und du weißt ja, dass Hasen Fluchttiere sind.«

Vivian warf mir einen entsetzten Blick zu. Wir waren gerade erst zusammengekommen, unser Ende schien uns noch unmöglich, aber Maxis Analyse klang wie eine Prophezeiung, die dieses Ende bereits vorwegnahm. Zudem war es die Prophezeiung meiner Ex-Freundin, also einer Frau, die mich sehr gut kannte. Was soll ich sagen, obwohl ich Maxi unterbrach, um Vivians fassungslosen Blick mit einigen einlenkenden Sätzen zu beruhigen, hat sich ihre Prognose erfüllt. Wenn ich ein Fluchttier war, hatte meine Flucht aus der Beziehung mit Vivian knappe zwei Jahre gedauert. Und das klang wirklich beunruhigend.

Allerdings stellte sich heraus, dass Lukas etwas vollkommen anderes meinte als Maxi. Er meinte überraschenderweise das Gegenteil, was es aber auch nicht unbedingt besser machte.

»Du bist ein Jäger«, sagte er und betonte das letzte Wort mit einem irgendwie satten Unterton.

»Ein Jäger?«, wiederholte ich skeptisch. »Also ganz ehrlich, wenn es eine Eigenschaft gibt, die man definitiv nicht auf mich anwenden kann, dann ist es die, dass ich ein Jäger bin. Man glaubt das vielleicht nicht, aber ich bin ein schüchterner Typ. Ich könnte nie eine Frau einfach so ansprechen, ich habe dann immer das Gefühl, mich ihr aufzudrängen. Wenn ich es zusammenrechne, habe ich in meinem Leben vielleicht fünf Frauen angesprochen. Ich bin auch kein Flirter. Ich lerne Frauen am besten kennen, wenn sich ein Gespräch ganz natürlich ergibt. «Ich dachte kurz nach, bevor ich hinzufügte: »So gesehen bin ich anscheinend wirklich ein ängstlicher Bindungstyp.«

»Du verstehst das falsch«, sagte Lukas. »Das ›ängstlich‹ bezieht sich darauf, dass dein Bindungsmuster von Verlustangst geprägt ist. Ängstliche Beziehungstypen sind Menschen, deren Jagdinstinkt nur aktiviert wird, wenn sie sich Mühe geben müssen. Bei Menschen, bei denen es zu einfach ist, verlieren sie schnell das Interesse. Die Prägung ihres Bindungsverhaltens ist, dass sie sich Liebe erkämpfen müssen.«

»Oo-kay?«, sagte ich gedehnt.

»Wer so geprägt ist, dass er sich Liebe erst einmal verdienen muss, nimmt an, er müsse beweisen, wie liebenswürdig er ist«, fuhr Lukas fort. »Er wird viel investieren, viel Energie aufwenden, um die geliebte Person für sich zu gewinnen – und er wird genießen, dass er sich beweisen kann.«

Ich sah Lukas irritiert an. Ein Fremder beschrieb die emotionalen Details meines Liebeslebens, als würden wir uns schon seit Jahren kennen. Wenn ich mich verliebt habe, war es wie ein Rausch. Ich filterte und überhöhte die Eigenschaften der Frauen, die uns zu einem perfekten Liebespaar machten. Es gibt ein berühmtes Zitat von Kurt Cobain, das er einem Song von Neil Young entnommen hat. Ein Zitat, das klingt, als hätte er die romantischen Beziehungen meines Lebens im Blick gehabt, als er es schrieb: »It's better to burn out than to fade away.« *Es ist besser auszubrennen, als zu verblassen.* Vielleicht beschreibt das meine Gefühlskarriere im Laufe meiner Liebesbeziehungen am besten. Meine Gefühle wuchsen nicht langsam, wurden stärker, tiefer und beständiger. Ihr Wert entstand nicht in der Zeit. Sie waren plötzlich da und brannten so leuchtend, dass sie alle beeindruckten, die sie sahen.

Einschließlich mich. Dann brannten sie schnell aus, bis nichts mehr übrig blieb. Sie waren nicht darauf angelegt, Bestand zu haben.

»Du musst dir klarmachen, wie sehr deine Gefühle mit deiner Verlustangst zusammenhängen«, fuhr Lukas fort. »Solange du dir einer Person nicht sicher bist, wird dein Bindungssystem aktiviert. Und sobald dein Bindungssystem aktiviert wird, das ja von der Angst bestimmt wird, die Frau zu verlieren, kreisen alle Gedanken um ein einziges Ziel: die Nähe zum Partner herzustellen. Dann ist dein Denken, Handeln und Fühlen davon bestimmt, sie an dich zu binden. Unbedingt. Und je mehr sie zweifelt, desto attraktiver erscheint sie dir. Und dieser Stresszustand, in dem du nur noch an die geliebte Person denkst, in dem du sie und deine Gefühle für sie idealisierst, in dem du mit Strategien und Taktiken versuchst, sie für dich zu gewinnen, diese Sucht, die ja schon etwas Psychotisches hat – das ist Verliebtheit. Dein von Verlustangst aktiviertes Bindungssystem entscheidet, in wen du dich verliebst.«

Während Lukas sprach, spürte ich, wie sich mein Blick verschob. Verschiedene Szenen der vergangenen Jahre schoben sich zu einem plausiblen Ganzen zusammen, und was sich da zusammenschob, hatte nicht allzu viel mit der großen Bedeutung zu tun, die ich meinen damaligen Gefühlen gegeben hatte. Obwohl ich sie für die große Liebe meines Lebens gehalten hatte.

Scheiße, dachte ich und sah Lukas an. Dann fragte ich ansatzlos: »Was machst du eigentlich beruflich?«

Die Frauen, um die es sich zu kämpfen lohnt

Lukas war Psychoanalytiker. Und offensichtlich waren wir hier gerade in eine Therapiesitzung geglitten. Das war nicht unangenehm, vor allem weil es sehr aufschlussreich war. Ich hing an seinen Lippen, während er mein Liebesleben aus einem anderen, ungewohnten Blickwinkel beschrieb.

Ich verstand plötzlich, warum ich mich verliebe. Das Verhalten der Frau musste ein Auslöser für meinen Jagdinstinkt sein. Sie musste zweifeln, um mein Interesse zu wecken. Das war es, was ich für Verliebtheit gehalten hatte. Ich war so begeistert von meiner Begeisterung, so verliebt in meine eigene Verliebtheit, dass ich die Frauen mitriss. Wenn ich sie nicht mehr von der Größe unserer Gefühle überzeugen musste, wenn ich nicht mehr beweisen musste, wie seelenverwandt wir waren, nahm das unserem Verhältnis die Energie. Die Dynamik. Es wurde langweilig.

»Dein Problem ist, dass das Verhalten der Bindungstypen, die gut zu dir passen würden, nicht in dein Beuteschema passt«, sagte Lukas. »Die Frauen, in die du dich verliebt hast, waren offensichtlich vermeidende Bindungstypen. Ihre Zweifel haben es kompliziert gemacht.«

»Inwiefern?«, fragte ich gespannt.

Lukas erklärte, dass der vermeidende Beziehungstyp Nähe mit dem Verlust von Unabhängigkeit gleichsetzt und darum immer wieder Distanz sucht. Er sehnt sich nach Nähe, benötigt aber Abstand, um nicht das Gefühl zu haben, sich in einer Beziehung selbst aufzugeben.

»Darum stellen Menschen mit dieser Prägung häufig die Beziehung infrage«, sagte er. »Sie sind voller Zweifel – und Zweifel aktivieren wiederum den Jagdtrieb des ängstlichen Beziehungstyps, der ja jetzt beweisen kann, dass die beiden füreinander bestimmt sind. Der vermeidende Bindungstyp wird das Begehren anfangs genießen, weil er nach Anerkennung sucht. Wenn sich jemand um ihn bemüht, erhöht das seinen geringen Selbstwert. Wenn er dann allerdings zu viel Nähe empfindet, zieht er sich zweifelnd zurück, was wiederum den Jagdtrieb des ängstlichen Bindungstyps aktiviert, der sich jetzt mehr Mühe geben muss. Das schaukelt sich immer weiter nach oben, bis einer aufgibt.«

Jetzt verstand ich, warum alle meine Beziehungen zu Frauen, die mich interessierten oder mit denen ich zusammenkam, von Dramen geprägt waren. Ob es die Anfänge waren, in denen die Frauen zweifelten, ob sie sich für oder gegen mich entscheiden sollten, ob es das problemorientierte Erleben der Frauen war, mit denen ich zusammenkam, oder mein kompliziertes Wesen, an denen die Frauen verzweifelten. Es gab immer eine Dynamik, die unberechenbar war. Wir kamen nie zur Ruhe. Manchmal habe ich das Gefühl, dass es auch gar nicht darum ging, zur Ruhe zu kommen. Dass das Dramatische das eigentliche Element war, um das meine Beziehungen zu Frauen kreisten. Streitigkeiten, Missverständnisse und Vorwürfe waren ein Mittel, um der Beziehung Lebendigkeit zu geben. Fiel das Drama weg, spürte ich etwas Schales, Ernüchterndes. Ich war überzeugt, dass sich unsere Gefühle verändert hatten. Sie waren dabei abzuflachen, weniger zu werden. Ich hatte das Gefühl, dass die Luft raus war. Die Intensität wurde durch Gewohnheiten und Routinen ersetzt. Der Alltag hatte die Kontrolle übernommen. Das Feuer war weg. Und das Feuer war es doch, worum es ging.

Ich brauchte das Drama. Ich brauchte Widerstand, an dem ich mich reiben konnte. Ich brauchte einen Zustand, in dem sich Euphorie und Leid permanent abwechselten, unterbrochen von harmonischen Ruhephasen, die aber nie lange anhielten. Die Kurven mussten weit ausschlagen, und je tiefer die Täler zwischen den Kurven waren, desto höher schlugen sie auch aus. Ich brauchte das Leid, ohne das ich die euphorischen Momente nicht so intensiv empfunden hätte.

Erich Fromm hat einmal gesagt, dass die Tiefe einer Verliebtheit vielleicht nur zeigt, wie einsam man sich vorher gefühlt hat. Verdichtet traf das auf mein Verhältnis zu den zweifelnden Frauen zu: Je tiefer das Gefühl der Verzweiflung, desto größer empfand ich die anschließende Euphorie. Obwohl ich mich nach Harmonie sehnte, brauchte ich offenbar den Kampf.

Wenn ich es zusammenrechne, habe ich mehr Zeit damit verbracht, um Frauen zu kämpfen, als in Beziehungen zu sein. Die Frauen, die mein Interesse weckten, waren ausschließlich Frauen, um die ich kämpfen musste.

»Es geht mir um Frauen, um die es sich zu kämpfen lohnt«, das war mein Argument. Mein größter Antrieb war es, um eine Frau zu kämpfen, die zweifelte. Wenn sie sich für mich entschied, zog ich mich zurück. Als wäre der Kampf um sie das Gefühl, um das es mir eigentlich ging. Die tiefste Liebesform, zu der ich fähig war.

Und jedes neue Zeichen der geliebten Frau, die voller Zweifel war, dass sie sich doch für mich entscheiden würde, erzeugte ein Erfolgserlebnis, das die vergangenen Tage des Leidens aufwog. Und mich voller Euphorie in eine gemeinsame Zukunft blicken ließ. Bis der nächste Rückschlag kam. Als ginge es darum, einen Zustand aufrechtzuerhalten, der meinen Jagdinstinkt immer wieder aufs Neue aktivierte, sobald ich spürte, dass meine Gefühle begannen abzuflachen.

Bei Dostojewski enden Liebesgeschichten selten mit einem Happy End. Auch daran hatte ich mich offensichtlich orientiert. Ich habe lange angenommen, dass die vielen kleinen Verletzungen, die mir während des Kampfes um eine geliebte Frau zugefügt wurden, meine Gefühle nach und nach abgetragen hatten, bis nicht mehr genug übrig war. Sie waren bereits abgetötet worden, wenn sich die Frau dann doch für mich entschied.

Nach dem Gespräch mit Lukas wusste ich allerdings, dass das ein Denkfehler war.

Unerfüllte Verliebtheit ist die eigentliche Verliebtheit

Während ich gebannt Lukas' Ausführungen folgte, spürte ich, wie sich scheinbar fest gefügte Überzeugungen lösten, um sich neu zusammenzufügen. Als hätte er ein Hindernis entfernt, das mein Leben lang den Blick auf mich selbst behindert hatte.

Aber jetzt fiel mir etwas auf.

»Dann bin ich ja beides«, rief ich. »Ich bin auch ein vermeidender Bindungstyp. Denn sobald sich eine Frau für mich entschieden hat, beginne *ich* nämlich zu zweifeln.«

»Das liegt daran, dass du nun mal am stärksten von der Größe deiner Gefühle überzeugt bist, wenn dein Bindungssystem aktiviert wird – und zwar *weil* der geliebte Mensch zweifelt«, entgegnete Lukas. »**Je größer deine Verlustangst, desto größer ist auch die Illusion einer großen, schicksalhaften Liebe. Sobald du dir jedoch der Zuneigung der geliebten Person sicher bist, verliert sie an Attraktivität.**«

»Weil sich meine Verlustangst reduziert.«

»Genau. Und was jetzt passiert, ist wirklich interessant«, rief Lukas mit einem gewissen Entzücken. »Sobald sich die geliebte Person für dich entschieden hat, sobald die Bindung sicher ist, verschiebt sich alles. Deine Gefühle kippen. Das Muster wird ersetzt. Und jetzt beginnt deine Bindungsangst, die Entscheidungen zu treffen. Du fühlst dich eingeengt. Die Frau, die du gerade noch als deine Seelenverwandte empfunden hast und mit der du ja eigentlich dein Leben teilen wolltest, beschränkt plötzlich deine Freiheit. Du befürchtest, zu viele Kompromisse machen zu müssen und nicht mehr der sein zu können, der du bist. Die Beziehung wird zu einer Gefahr für deine Identität. Das aktiviert dein Autonomiesystem. Du willst dich befreien. Und distanzierst dich.«

Lukas schwieg einige Sekunden, bevor er weitersprach: »Und so widersprüchlich das auch klingt: Wenn du dich von ihr trennst, hängt das interessanterweise auch mit deiner

Verlustangst zusammen. Als du noch um sie gekämpft hast, war sie dir ja noch nicht sicher – und was man nicht sicher hat, kann man auch nicht verlieren. Man entfernt sie lieber bewusst aus seinem Leben, als sich der Gefahr auszusetzen, sie irgendwann einmal zu verlieren, sollte sie sich von einem trennen. **Man trennt sich, um einer Verletzung aus dem Weg zu gehen.**«

»Aber dann ist mein idealer Entwurf ja genau genommen die unerfüllte Liebe«, rief ich nach einer kurzen Pause.

»Inwiefern?«

»Offensichtlich ziehe ich ja den Kampf um eine Frau der Beziehung mit ihr vor. Der Prozess der Eroberung ist wichtiger als die Eroberung selbst. Ich sehne mich nach dem Zustand einer unerfüllten Verliebtheit, denn sobald die Frau sich für mich entscheidet, wird sie unattraktiv und langweilig. Meine Gefühle für sie sind ja offensichtlich auf meine Verlustangst angewiesen. Ich ziehe mich zurück, wenn ich nicht mehr kämpfen muss.«

»Nee«, sagte Lukas entschieden. »Das ist nun wirklich der falsche Ansatz. Du musst dich fragen, woher deine Verlustangst kommt, was ihr eigentlicher Ursprung ist.« Er machte eine Pause, in der er mich erwartungsvoll ansah. Als ich den Satz nicht ergänzte, sagte er: »Ihr eigentlicher Ursprung ist ein geringer Selbstwert. Warum kämpfst du denn um eine Frau? Warum ist der Kampf so wichtig? Du kämpfst um eine Frau, um deinen Selbstwert zu erhöhen, jeder Schritt auf dich zu ist ein Erfolgserlebnis, das deinen Selbstwert bestätigt. Warum ist die Verliebtheitsphase denn so verführerisch? Weil sie deinen Selbstwert bestätigt. Die Verliebtheitsphase ist eine einzige Bestätigung, auch wenn der Partner die Gefühle nicht erwidert, erhöht er dich durch die Größe der Gefühle. Verliebtheit hat nichts mit der geliebten Person, sondern nur mit dir selbst zu tun. Wenn es nicht mehr um den Menschen geht, sondern nur darum, dass er Ja sagt, geht es ausschließlich ums Ego. Es geht um die Jagd, die Eroberung. **Man kämpft nicht um einen Menschen, man kämpft um seinen verletzlichen Selbstwert.«**

Scheiße, dachte ich.

Warum der Singlemarkt voller Menschen ist, die nicht zueinanderpassen

Wem die bisherigen Beschreibungen irgendwie bekannt vorkommen sollten, ahnt sicherlich schon vage, dass ich damit nicht allein bin.

Es ist ja schon ein seltsamer Zufall, dass viele Singlefrauen, die ich kenne, offenbar ausschließlich gestörte Männer daten, während die meisten Singlemänner meines Bekanntenkreises ausnahmslos Dates mit psychisch äußerst instabilen Frauen haben. Einschließlich mir. Wenn man so will, daten beide Geschlechter ununterbrochen abschreckende Beispiele.

Seit dem Gespräch mit Lukas weiß ich allerdings, dass das kein Zufall ist, es gibt einen Zusammenhang. Es gibt Gründe, warum der Singlemarkt voller Menschen ist, die sich in die Falschen verlieben.

Wie ich von Lukas erfuhr, gibt es vor allem drei Bindungstypen. Der sichere Beziehungstyp hat einen starken Selbstwert, kann Konflikte konstruktiv lösen und ist meistens in Beziehungen. Der ängstliche Beziehungstyp – also ich – glaubt, dass er sich Liebe verdienen muss, und sorgt sich, ob sein Partner ihn genug liebt. Und der vermeidende Beziehungstyp hält den Partner auf Abstand. Er ist voller Zweifel und fühlt sich in der Distanz sicherer, weil er dort weniger verletzt werden kann.

Es ist erwiesen, dass sich der heutige Singlemarkt vor allem aus dem ängstlichen und dem vermeidenden Typ zusammensetzt. Beide Bindungstypen sind von Angst geprägt:

der Verlustangst des ängstlichen und der Angst vor Verletzungen des vermeidenden Typs. Beide bräuchten eigentlich einen sicheren Beziehungstyp, der auf dem Singlemarkt aber kaum zu finden ist, weil er schnell dauerhafte Beziehungen eingeht.

Erschwerend kommt noch hinzu, dass sich ängstliche und vermeidende Typen durch ihre Bedürfnisse extrem anziehen. Der Singlemarkt setzt sich zu einem Großteil aus Menschen zusammen, die sich nicht guttun. Er besteht aus Menschen mit geringem Selbstwert. Wenn man so will, ist er voller beschädigter Ware.

Puh, denken jetzt sicherlich nicht wenige, das klingt aber alles ziemlich hoffnungslos. Ich weiß. Die Frage lautet also: Wie kommen wir da wieder raus?

»Wer wäre denn der beste Bindungstyp für mich?«, fragte ich und sah Lukas an.

»Natürlich ein sicherer Beziehungstyp«, erwiderte er. »Aber die sind ja meistens in einer Beziehung. Und ein sicherer Beziehungstyp als Single würde dich auch nicht interessieren. Er wäre dir zu langweilig. Du würdest immer die Person, die dir widersprüchliche Signale sendet, dem Menschen vorziehen, mit dem du eine glückliche Beziehung führen könntest.«

Ich dachte einen Moment lang nach. Dann sagte ich: »Da wäre es doch der beste Weg, eine Frau zu finden, die in einer langjährigen Beziehung ist. So gesehen habe ich nur eine Chance auf eine funktionierende Beziehung, indem ich eine andere zerstöre?«

»Theoretisch, ja«, sagte Lukas mit einem Lächeln. »Aber da greift schon wieder dein Muster: aussichtsloses Begehren, das deinen Jagdtrieb aktiviert. Komplizierter geht es nicht.«

»Okay«, sagte ich. »Wenn ich mich in eine Frau verliebe und es kompliziert wird, muss ich einen Schritt zurückgehen und mein Muster erkennen. Ich muss verstehen, warum sie mich *eigentlich* anzieht. Woraus die Gefühle eigentlich entstehen, die ich für Verliebtheit halte.«

Ich durfte meinen Gefühlen nicht vertrauen, ich musste sie hinterfragen. Das war der erste Schritt, aus der Schleife auszubrechen, in der ich denselben Fehler immer und immer wieder machte, ohne daraus zu lernen. Man macht immer das Gleiche, um etwas zu erreichen, und auch wenn man immer scheitert, versucht man es weiter, weil man trotzdem ein anderes Ergebnis erwartet, dachte ich.

»Aber wenn ich verliebt bin, hinterfrage ich das ja nicht«, sagte ich.

»Das ist auch sehr schwer, vor allem wenn es immer komplizierter wird und man beginnt zu leiden«, sagte Lukas. »Sich in einer solchen Situation klarzumachen, dass diese Fehlschläge nur Symptome sind und man eigentlich die Ursachen verstehen muss, die auf der darunterliegenden Ebene liegen – das erfordert sehr viel Selbstdisziplin.«

»Aber vielleicht ist es auch viel einfacher, auch ohne diese ganze Selbstanalyse«, sagte Lukas nach einer Pause. »Das klingt jetzt drastisch, ich weiß. Aber wenn man wegen einer geliebten Person leidet, wenn man mit Freunden wochen- oder monatelang analysiert, was sie denkt, wie deren Nachrichten denn nun genau zu interpretieren sind, wenn man sich fragt, ob sie es ernst meint – dann sollte diese Person durch das Raster fallen.«

»Ist das nicht zu einfach? Man muss doch auch die Umstände berücksichtigen.«

»Eigentlich nicht. Wenn sie auf Abstand geht, wenn du endlich das Gefühl hast, dass ihr euch näherkommt, ist sie nicht die Richtige. Wenn sie dir sagt, wie toll du bist, aber nicht mit dir zusammen sein kann, weil sie gerade nicht weiß, was sie will – dann ist sie es nicht. Man muss sich doch nur fragen, ob eine geliebte Person überhaupt in der Lage ist, die Nähe und

Zuwendung aufzubringen, die man sich von einem Partner wünscht. Wenn sie das nicht kann, ist sie nicht die Richtige. **Aus Ungesundem entsteht selten etwas Gesundes. Es geht darum, mit jemandem zusammenzukommen, der einem guttut – und dem man selbst guttut.«**

Als ich mich von Hannes und Lukas verabschiedet hatte und weiterging, spürte ich, dass die vergangene Stunde etwas mit mir gemacht hatte.

Die Kastanienallee leuchtete. Die Straßenlaternen warfen ein warmes Licht auf den Asphalt, Straßenbahnen fuhren vorbei, die Terrassen der Cafés waren voller Menschen, die ihre Gespräche in den unterschiedlichsten Sprachen führten.

Es war die perfekte Großstadtszene. So wie ich mir die Stadt, in der ich lebe, immer vorgestellt habe. Und jetzt spürte ich es. Ich war genau jetzt zur richtigen Zeit am richtigen Ort. Einen kurzen Moment lang hatte ich sogar den Eindruck, als wäre diese Kulisse nur für mich aufgebaut worden. Um meine Idee von Berlin gewissermaßen. Es erinnerte an eine Filmszene. Perfekt inszeniert, alles passte. Es waren genau solche Momente, auf die es eigentlich ankam, dachte ich.

Ein Gedanke, der zu dem Gefühl passte, das die Unterhaltung in mir ausgelöst hatte. Eine Unterhaltung, die diesen Freitag zu einem Tag machte, der alle darauffolgenden Tage beeinflussen konnte. Dass ich die Chance erhielt, eine andere Version meines Liebeslebens leben zu können. Eine bessere Version.

Ich würde sie nutzen, dachte ich.

Konsumenten der Liebe

»Tinder für Hässliche«

Ich habe mich oft gefragt, warum ich Dating-Apps gegenüber so voreingenommen bin. Bisher nahm ich an, mich würden die üblichen Klischees stören, das ewige Chatten, bevor man miteinander telefoniert oder sich trifft, die unrealistischen Profilbilder oder die Psychopathen und Sexsüchtigen, von denen mir meine Freundinnen immer mal wieder erzählen, wenn sie mir von ihren Dating-App-Erfahrungen berichten. Aber daran liegt es gar nicht. Es ist eher ein Grundgefühl, das ich bisher nicht in Worte fassen konnte. Seitdem ich mich vor einiger Zeit mit drei Freunden in der Goldfisch Bar in Friedrichshain getroffen habe, kann ich es.

Es ist ja so: Wenn man sich heutzutage mit Freunden trifft, gibt es immer mal diese Momente, in denen einer sein Handy aus der Tasche holt, was dazu führt, dass auch alle anderen ihre Handys herausholen, um sich dann letztlich schweigend gegenüberzusitzen. Ich versuche immer, solchen schweigsamen Momenten aus dem Weg zu gehen. Das funktioniert eigentlich ganz gut, nur wenn ich mich zu zweit treffe und der oder die andere kurz auf die Toilette muss, habe ich sofort mein Handy in der Hand. Es ist wie ein Reflex, und es ist einer dieser Augenblicke, in denen ich begreife, wie abhängig ich bin.

Und auch am Dienstagabend holte irgendwann einer von uns sein Handy heraus. Wir saßen an dem langen Tresen und schwiegen inzwischen schon seit acht Minuten. Philipp, der neben mir saß, überprüfte, welche Neuigkeiten es auf seinen Dating-Apps so gab. Er nutzte drei: Tinder, OkCupid und eine App namens Jaumo, von der ich bisher noch nie etwas gehört hatte.

»Jaumo?«, fragte ich.

»Also: Das ist praktisch Tinder für Hässliche«, fasste Philipp sein Jaumo-Nutzererlebnis zusammen. »Eher was für die originelle Phase.«

»Aha«, erwiderte ich mit einem irritierten Blick.

Und dann – genau in diesem Moment – passierte es. Ich hatte ein Déjà-vu. Zumindest hielt ich es anfangs dafür, aber ich stellte schnell fest, dass es gar kein Déjà-vu war. Es waren nur zwei Bilder, die sich sehr ähnlich waren.

Während Phillips Finger über das Display seines Handys glitten und er mir hin und wieder Fotos von attraktiven oder bei Jaumo eben sehr unattraktiven Frauen zeigte, fiel mir auf, wie sehr er mich an meine Freundin Magda erinnerte.

Philipp bewegt sich auf Dating-Apps, wie Magda sich auf den Onlineshops von Mango, Zara und H&M bewegt, wenn sie einkauft. Auch ihre Finger bewegen sich mit beeindruckender Geschwindigkeit, auch sie scannt Listen mit Produkten ab, und auch sie zeigt mir Teile, die ihr gefallen, Kleidungsstücke, zwischen denen sie sich nicht entscheiden kann, und Teile, die eine Zumutung sind. Diese Ähnlichkeit war mir bisher gar nicht so aufgefallen. Beide konsumieren, dachte ich. Magda Kleidung und Philipp eben Menschen, und das war der Moment, in dem mir unser eigentliches Dilemma klar wurde.

Es ist schon beunruhigend, wie sehr Dating-Apps an Onlineshops erinnern. Die Struktur ist ähnlich. Die Mechanismen, die in unserem Kopf stattfinden, sind dieselben. So gesehen geben wir bei der Partnerwahl den gleichen Impulsen nach wie beim Produktkauf. Da stellt sich natürlich die

Frage, inwieweit es uns beeinflusst, wenn wir Menschen nach ähnlichen Prinzipien auswählen, nach denen wir auch Produkte kaufen. Ob es uns auch zu Verbrauchern macht, wenn es um Liebesbeziehungen geht? Ob wir zu Konsumenten der Liebe geworden sind?

Ich fange mal mit mir an.

Wenn ich ganz ehrlich bin, scheint mein Liebesleben der vergangenen Jahre diese These zu bestätigen. Mir fällt auf, wie sehr es einem Zalando-Bestellvorgang ähnelt. Bei Zalando kann man Produkte bestellen, anprobieren und dann zurückschicken, wenn sie einem nicht gefallen. Genauso bin ich oft mit Frauen umgegangen, und genauso gingen auch nicht wenige Frauen mit mir um. Mein Liebesleben ist unverbindlicher geworden. Und auch wenn ich es mit meiner Haltung vergleiche, mit der ich Produkte konsumiere, die ich nicht zurückgeschickt habe, entdecke ich beunruhigende Parallelen.

Viele kaufen Kleidungsstücke heutzutage nicht, damit sie ein Leben lang halten. Man setzt voraus, dass ihre Qualität mit der Zeit nachlässt oder sie irgendwann aus der Mode gekommen sind. Wenn ich sie kaufe, bezahle ich sie schon in dem Bewusstsein, sie zu ersetzen. Obwohl meine Kleidung teilweise so teuer ist, dass Freunde mit unkontrollierten, verständnislosen Lauten reagieren, wenn ich ihnen widerwillig die Preise verrate, zeigen meine Erfahrungen, dass meine Jacketts, T-Shirts und Schuhe schon nach zwei oder drei Jahren ersetzt werden müssen – wenn es gut läuft. Meistens läuft es allerdings schlecht.

Ähnlich geht es mir bei Dates.

Wenn ich Frauen date, geht etwas in mir schon instinktiv davon aus, dass die Beziehung nicht lange halten wird. Während des Dates nehme ich das gar nicht so wahr, aber die Überzeugung ist da. Und auch sie ist aus meinen Erfahrungen entstanden. Jede Frau, mit der es nicht funktioniert hat, ist ein weiterer Beweis, der diese Überzeugung bestätigt. Aus der Summe meiner vergangenen Erfahrungen schließe ich auf die Erfahrungen meiner Zukunft. Ich gehe von einer Trennung aus. Obwohl ich mich nach einer Beziehung sehne, die lange Bestand hat, geht etwas in mir bereits beim ersten Date davon aus, dass ich sie ersetzen werde. Wie ein Kleidungsstück in der nächsten Saison.

Scheiße!, dachte ich. Offensichtlich hatte ich ein Konsumproblem. Und zwar in der Liebe. Schon nach dem ersten flüchtigen Blick war mein Liebesleben voller Beweise für diese These.

Die Frage war jetzt allerdings, ob ich überhaupt tiefer schürfen wollte. Ob das den Blick auf meine Liebesbeziehungen entstellen würde. Oder auf meine Gefühle. Ich wollte das eigentlich nicht. Ich wollte mir den Zauber bewahren. Aber offensichtlich steckte ich ja fest. In einem endlosen Kreis, den ich in keiner meiner Beziehungen verließ, bis sie zu einer Folge von Wiederholungen geworden waren. Ich fing immer wieder neu an, um mit jeder Frau an denselben Endpunkt zu gelangen. Variabel war nur der Zeitraum, den wir miteinander verbrachten, bevor einer von uns absprang.

Der Konsument in mir

Man sagt ja, dass uns Algorithmen inzwischen besser kennen als wir uns selbst. Das ist ein Gedanke, der mich beunruhigt. Aber es ist auch eine interessante Frage, wie viel die Daten, die ich permanent von mir preisgebe, eigentlich über mich erzählen. Inwieweit meine Bewegungsprofile, Browserverläufe und Einkäufe auf irgendwelchen Servern Diagramme entstehen lassen, aus denen man herauslesen kann, wer ich wirklich bin. Inwieweit diese Diagramme meine wahre Identität abbilden, besser, als ich sie jemals einschätzen kann.

Aber dann fällt mir mein Denkfehler auf, denn die Algorithmen analysieren ja nicht meine Persönlichkeit als Mensch, sie bewerten meine Identität als Konsument. Sie durchleuchten, inwiefern ich als Verbraucher funktioniere. Sie sollen herausfinden, welche Produkte ich kaufen würde und wie ich am besten davon zu überzeugen bin, dass ich sie kaufe. Jedes Product-Placement in einem Film, jeder Werbespot, jede Anzeige, jedes Foto und Video eines Influencers ist darauf ausgerichtet, den Konsumenten in mir anzusprechen. Die Frage ist, inwieweit diese Einflüsse unser Bewusstsein bestimmen. »Der Verbraucher ist vielleicht die zentrale Sozialfigur der westlichen Gegenwart«, schreibt die *Zeit*. Von Geburt an werden wir darauf konditioniert, zu konsumieren. Wir bewegen uns in einem Wertesystem, das auf der Annahme beruht, dass Konsum den Menschen glücklich macht und uns erfüllt. Unsere Antriebe und Wünsche, unser Denken und Fühlen sind von der Überzeugung durchdrungen, dass uns nur Konsum ein Gefühl von Lebendigkeit gibt. Auch mir geht es um neue Reize. Sie vermitteln mir das Gefühl zu leben. Ich verstehe unter Lebensqualität eine Folge von Momenten, die mein Belohnungssystem aktivieren, weil sie mich bestätigen oder befriedigen. Durch den Konsum von Produkten, Dates, Partys und Konzerten, Sex, Alkohol, Netflix-Serien und Matches.

Ich saß auf meiner Couch, meinen Laptop vor mir. Genau genommen *musste* ich sogar herausfinden, inwieweit der Konsument in mir beeinflusste, wie ich dachte, wie ich mich verhielt und wie ich reagierte. Das verstand ich jetzt. Ich musste herausfinden, inwieweit der Konsument in mir meine Identität ausmachte. Wie weit er sich ausgebreitet hatte, inwieweit er sie bestimmte. Vielleicht legte genau das den Punkt frei, an dem ich ansetzen konnte, um wirklich etwas zu ändern. Um den Kreis, in dem ich mich seit Jahren bewegte, aufzubrechen und zu verlassen.

Ich klappte meinen Laptop zu, stand auf und ging in die Küche, um mir einen Kaffee zu machen. Während der Wasserkocher rauschte, sah ich aus dem Fenster und beobachtete die Passanten auf der Promenade fünf Stockwerke unter mir. Der Weg vor meinem Haus war voller junger Menschen, und ich fragte mich, wie viele von ihnen Single waren. Wie viele von ihnen Tinder nutzten. Und dann fragte ich mich, wie viele der Frauen da unten ich schon auf Tinder gesehen hatte. Wie viele ich weggewischt hatte und wie viele von ihnen mich.

In der Überflussgesellschaft der Liebe

Der Vorteil von Dating-Apps ist ja, dass man über sie Menschen kennenlernen kann, denen man in seinem Alltag nie begegnet wäre. Dieser Vorteil kann allerdings zu einem großen Nachteil werden. Dating-Apps machen mir nämlich auch klar, wie groß der Pool potenzieller Partner ist. Und je größer dieser Pool ist, aus dem man wählen kann, desto mehr verliert die einzelne Person in ihm an Bedeutung.

Erschwerend kommt noch hinzu, dass ich sehr wählerisch bin, während ich diesen Pool durchforste. Meistens wähle ich aus – sagen wir mal – hundert Profilen nur eine, in Ausnahmefällen auch mal zwei Frauen aus, die mir gefallen. Für einen Mann ist das eher ungewöhnlich. Die meisten Männer, die ich kenne, haben da vollkommen andere Quoten.

Am Wochenende hat mir zum Beispiel ein Bekannter erzählt, dass er einfach mal hundert Frauen bei Tinder gelikt hat und jetzt mal guckt, was so passiert.

Das ist dann das Endstadium, dachte ich. Wahllos hundert Frauen bei Tinder zu kontaktieren – das ist ja schon eine Discountermentalität. Mein Bekannter stellt Quantität über Qualität. Mit der Suche nach Liebe hat das nichts mehr zu tun. Sein Konsumverhalten orientiert sich wohl eher an den Möglichkeiten und weniger an der Notwendigkeit.

Wenn man die Konsumgesellschaftsschablone auf sein Liebesleben legt, entdeckt man beunruhigende Parallelen. Er empfindet jede Frau als Substitutionsgut für die andere. Bei Wikipedia steht: »Als Substitutionsgüter bezeichnet man Güter, die dieselben oder ähnliche Bedürfnisse stillen und daher vom Konsumenten als gleichwertiges Ersatzgut angesehen werden.« Frauen sind für meinen Bekannten austauschbar, ob er es sich eingesteht oder nicht, er empfindet sie schon bei der Suche als ersetzbar. Der Wert einer einzelnen Person verschwindet in der Masse. Der Konsument hat die Kontrolle übernommen.

Wenn man so will, entspricht mein Konsumverhalten dem Gegenteil. Ich wische eher nach rechts. Wenn ich auf Tinder die Profile in immer höherer Geschwindigkeit nach links wische, spüre ich allerdings schon die Auswirkungen. Ich spüre die Übersättigung. Es ist ein Profilfoto-Overkill, der mich abstumpft. Die vielen Gesichter beginnen miteinander zu verschwimmen. Obwohl ich weiter unzählige Frauen nach links wische, schalte ich ab.

Wenn ich bei einem Serienmarathon zu viele Folgen sehe, entsteht ein ähnlicher Effekt. Auch wenn ich die Serie mag, beginne ich irgendwann abzustumpfen. Mit jeder neuen Folge berührt mich der Inhalt weniger. Darum kann ich mich über etwas freuen, was viele als Nachteil empfinden: Wenn sich die Streamingdienste entscheiden, bei neuen Staffeln von Serien immer nur eine Folge pro Woche zu veröffentlichen. Ich sehe die einzelnen Episoden dann viel bewusster. Ich genieße sie. Hätte ich sie in einem zehnstündigen Serienmarathon gesehen, wäre sie irgendwann Teil eines mehrstündigen Grundrauschens geworden. Ein Grundrauschen, in dem die Folgen mit der Zeit verschwimmen und die Grenze zwischen wichtig und unwichtig unkenntlich wird. Ich übersehe wichtige

Szenen, weil sie in der Masse bedeutungslos geworden sind. Genauso geht es mir bei Tinder.

Es kommt nicht selten vor, dass meine Wischgeschwindigkeit bei Tinder so hoch ist, dass ich die Fotos von Frauen, die mir gefallen, aus Versehen ebenfalls ablehne. Ich registriere das meistens erst, wenn ich schon zwei Profile weiter bin. Ich habe den Rhythmus so sehr verinnerlicht, dass er zur Routine geworden ist. Und Routine lässt einen die Dinge übersehen, auf die es ankommt.

Ich befürchte, ich bin da kein Einzelfall, denn in der Bezahltversion der App ist es möglich, ein Profil zurückzuwischen, das sonst unwiederbringlich verloren wäre. Wenn eine solche Funktion so wertvoll ist, dass sich Tinder ihre Freischaltung bezahlen lässt, bin ich offensichtlich nicht allein.

Manchmal spüre ich sogar, dass mir durch diese Übersättigung das Gefühl dafür verloren geht, dass sich hinter den unzähligen Profilbildern wirkliche Menschen befinden. Ich bin nicht mehr in der Lage, die Identität der Personen hinter den Profilen wahrzunehmen. Sie sind zu Objekten geworden. Zu Katalogware.

Offensichtlich bin auch ich auf Shoppingtour.

Fast Food, Fast Fashion, Fast Love

Wir leben in einer Zeit, in der wir mehr Dates haben als jede Generation zuvor und in der sich mehr Menschen als je zuvor nach relativ kurzer Zeit sagen, dass es nicht passt, um dann mit anderen Partnern auszuprobieren, was mit dem vorherigen nicht geklappt hat. Ich glaube, dass diese Umstände etwas mit einem machen. Sie ändern die Ziele.

Einmal habe ich bei einem Essen in der Wohnung eines Freundes einen Mann namens Julian kennengelernt, der damit prahlte, mit zweihundert Frauen geschlafen zu haben.

»Zweihundert?«, fragte ich.

»Mindestens«, betonte er ernst. »Irgendwann hab ich aufgehört zu zählen. Ich hab da einfach nicht mehr durchgesehen.«

»Klar«, sagte ich und dachte konsterniert: Wie unsympathisch.

Julian sah mich abwartend an. Während wir schwiegen, mischte sich in seine Selbstzufriedenheit eine Spur Unsicherheit. Offensichtlich reagierte ich nicht so beeindruckt, wie er es erwartet hatte.

»Ich weiß ja auch nicht, woran es liegt«, fuhr er fort, um das Schweigen zu brechen. »Aber sobald ich mit einer Frau geschlafen habe, beginne ich schon, das Interesse zu verlieren. Wenns schlecht läuft, schon beim ersten Mal, wenns gut läuft, nach dem dritten oder vierten.«

»Dein eigentliches Element ist also eher die Eroberung«, sagte ich nach einer Pause.

»Vielleicht«, sagte er, als hätte ich ihn damit auf einen Gedanken gebracht. Wahrscheinlich würde er die Formulierung verwenden, wenn er dem Nächsten von seinen sexuellen Erfolgen erzählte. Ein Gedanke, der in mir einen leichten Brechreiz erzeugte.

Erst später habe ich begriffen, dass ich damals einem Prototyp gegenüberstand. Einem Prototyp, der erfolgreich das kapitalistische Prinzip unserer Wegwerfgesellschaft auf sein Liebesleben adaptiert hatte. Der Mann befand sich gewissermaßen in der Endphase. Sein Liebesleben war zu einer Art Fließbandproduktion geworden, bestimmt zu schnellem, effizientem und reichlichem Konsum.

Ihm ging es ausschließlich um die Anzahl, er verstand sich als Jäger und die Frauen waren seine Trophäen. Er hatte keine der Frauen kennengelernt, er hatte sie nur für eine Nacht besessen. Der Reiz, der ihn antrieb, bestand aus dem Erfolgserlebnis, sie davon überzeugt zu haben, mit ihm zu schlafen.

Wenn der Reiz schwächer wurde und ihm nicht mehr die nötige Befriedigung verschaffte, wurden sie nutzlos für ihn. Der Reiz entstand erst durch eine neue Eroberung.

So sehr es mir auch widerstrebt, mich mit einem so unangenehmen Menschen wie ihm zu vergleichen, muss ich mir dann doch eingestehen, was mich eigentlich abstößt: Ich entdecke Ähnlichkeiten.

Dates als Routine

Vor einigen Jahren hatte ich ziemlich viele Dates. Genau genommen waren es sogar zu viele. Es waren Dates dabei, bei denen es zu keinem zweiten kam, Dates, die zu mehrwöchigen oder -monatigen Liebschaften führten. Aber mit den meisten hatte ich zwei- oder dreimal Sex, bevor wir wieder aus dem Leben des anderen verschwanden.

Irgendwann stellte ich jedoch etwas Beunruhigendes fest. Mit jedem neuen Date verlor sich das Gefühl ein wenig mehr, das ein Date zu etwas Besonderem machte. Sie wurden immer beliebiger. Jedes neue Date war eine Wiederauflage des vorherigen, eine Art Kopie. Sie unterschieden sich nur durch leichte Variationen voneinander. Sie fügten sich aus Routinen zusammen, bis sie selbst zu einer Routine geworden waren.

Und irgendwann spürte ich einen anderen Effekt, der mich beunruhigte: Wenn einem die Frauen, mit denen man sich trifft, mit jedem neuen Date immer weniger bedeutend erscheinen, wenn sie immer beliebiger und austauschbarer werden, weil sie ein Gesicht in einer Folge von Gesichtern werden, verschiebt sich etwas. Mein Ziel verlagerte sich. Obwohl ich mich mit den Frauen traf, weil ich mich nach einer Beziehung sehnte, hatte ich diese Sehnsucht ganz unbemerkt im Laufe unzähliger Dates ersetzt. Ohne dass ich es mir eingestand, ging ich gar nicht mehr davon aus, mit der Frau zusammenzukommen, die mir gerade gegenübersaß. Meine Sehnsucht nach einer Beziehung war durch die Suche nach Sex ersetzt worden. Ohne dass es mir auffiel, war ich zu einem Verbraucher geworden, zu einem Konsumenten der Liebe. Auch ohne eine Dating-App zu benutzen. Es funktionierte offensichtlich auch analog.

Ich habe mich auf dem Weg verfangen. Wie ein Konsument, der immer weiterkonsumiert, damit die Wirtschaft funktioniert. Es geht nicht um eine tiefe, nachhaltige Befriedigung, die die tiefgehende Liebesbeziehung auslöst, sondern um eine Aneinanderreihung vieler intensiver Kurzstrecken. Aber schnelle Reize, die keine tiefgehenden Erfahrungen auslösen, sind austauschbar, eine Wiederholung, um den Pegel zu halten.

Im Grunde genommen machte ich das Gleiche wie Julian. Ich gestand es mir nur nicht ein.

Die Illusion von Liebe

Am Ende meiner – nennen wir sie mal – maßlosen Datingphase hatte ich eine Liaison mit einer Frau, mit der ich nicht zusammenkommen wollte. Schon als wir uns nach unserem ersten Date wieder verabredeten, war mir klar, dass wir uns bereits im Trennungsprozess befanden, den wir mit jedem weiteren Treffen verlängern würden. Als wir uns zum zweiten Mal trafen, sagte ich Mia nach dem Sex, dass ich keine Zukunft mit ihr sah.

Das ist ein Geständnis, das gefährlich sein kann. Ich kenne Männer, die die Beziehung mit einer Frau monatelang aufrechterhalten können, obwohl sie nicht an ihr interessiert sind. Vielleicht liegt es daran, dass sie nicht allein sein können, oder daran, dass ihnen durch die Frau die Sicherheit gegeben wird, regelmäßig mit jemandem schlafen zu können. Mir ist so etwas fremd. Ich kann das nicht. Es hat etwas Scheinheiliges, ein Gefühl, das sich nicht richtig anfühlt.

Trotz dieses Gefühls mache ich solche Geständnisse erst, wenn ich mit einer Frau geschlafen habe. Ein seltsamer Zwiespalt, über den ich wohl mal nachdenken sollte.

Mia reagierte allerdings nicht so entschieden, wie ich es von Frauen erwarten würde, wenn man ihnen nach dem ersten Sex sagt, dass man eigentlich nicht interessiert ist. Ich stellte mich schon auf die Vorwürfe ein, mit denen mich Mia gleich überschütten würde, aber sie blieb vollkommen entspannt.

Sie wandte ein, dass wir ja beim Sex gut harmonierten, also könnten wir uns gern weiterhin sehen. Ich sah sie erstaunt an, während sie sich wieder sanft an mich schmiegte.

In dem Roman *Die unerträgliche Leichtigkeit des Seins* wird eine Regel benannt, die man befolgen sollte, wenn man sich nur trifft, um miteinander zu schlafen: Entweder zwischen den Treffen liegen drei Wochen oder man trifft sich generell nur dreimal.

Die Abstände hielt ich zwar ein, aber wenn ich mich mit einer Frau treffe, folgt das einem Gesamtkonzept. Ich will mit ihr einen angenehmen Abend verbringen, der mit Gesprächen gefüllt ist, um dann – sozusagen als Höhepunkt, auf den alles zuläuft – miteinander zu schlafen.

Die Autorin Anna Zimt, die in einer offenen Ehe lebt, hat mal zu mir gesagt: »Ich ficke immer den ganzen Menschen.«

Ich würde es nicht so vulgär ausdrücken, aber ich sehe es genauso. **Wenn ich mit einer Frau schlafe, will ich nicht nur mit ihrem Körper schlafen, Erotik ist ja das Zusammenspiel aller Facetten, wie man sich gibt, was man denkt oder fühlt.**

Es waren Sextreffen, die sich nicht so anfühlen sollten. Ohne dass ich es so benannt hätte, war das wohl die Idee. Wir saßen auf meinem Balkon, redeten stundenlang, während wir eine Flasche Wein leerten, manchmal auch eine zweite anbrachen, bevor wir miteinander schliefen.

Mia sagte mir, dass sie den Sinn dieser Gespräche nicht verstand, auch weil sie ja eine Bindung aufbauten, die eine Trennung schmerzvoller werden lassen könnte. Ich sagte, dass unsere Gespräche, die Stimmung auf meinem Balkon und der anschließende Sex zusammengehörten.

Sie verspätete sich absichtlich, kam erst um 23 Uhr, um unsere Gespräche umgehen und schneller Sex haben zu können. Ich nahm an, einen gemeinsamen schönen Abend zu haben, aber durch die Vertrautheit, die dadurch entstand, fing sie an zu leiden, weil sie sich mehr wünschte.

Erst als ich dieses Erlebnis rückblickend durch den Filter betrachtete, verstand ich mich wirklich.

Der Konsument in mir bestimmte mein Denken, Fühlen und Handeln. Ihm ging es nur darum, dass ich mich gut fühlte, er kannte keine Empathie.

Ich wollte einen vorübergehenden Rausch. Ich war nicht an Mia interessiert, ich war an dem Gefühl interessiert, das in mir entstand, wenn wir auf meinem Balkon saßen. Ich wollte das Gefühl konsumieren, wie eine Droge. Es ging mir nur um meine Befriedigung. Ich wollte eine Liebesbeziehung spielen, für einige Stunden in der Rolle aufgehen, meinen Gefühlen glauben und kurz vergessen, dass sie verschwunden sein würden, wenn wir am nächsten Morgen erwachten. Und ich sie wieder auf Distanz hielt. Ich wollte eine Liebesbeziehung imitieren. Ich wollte mich einige Stunden lang einer Illusion hingeben. Herausgehoben aus den Umständen. In einem in sich geschlossenen Fragment der Zeit, auf das Vergangenheit und Zukunft keinen Einfluss hatten. Ich wollte eine Illusion von Liebe. Sozusagen eine portionierte, künstliche Liebe, die Teil eines hedonistischen Entwurfs geworden war.

Eben genau wie Julian.

Die Liebe in unserer Bedarfsweckungsgesellschaft

Ich muss ganz ehrlich sagen, ich habe nicht erwartet, dass sich die Prinzipien einer Konsum-, Überfluss- und Wegwerfgesellschaft so gut auf das moderne Singleleben anwenden lassen. Auch auf meins. Das ist schon erschreckend, gerade weil es mir ja auch klarmacht, wie gut sich mein Liebesleben der letzten Jahre in diese Mechanismen eingepasst hat.

Ich finde es erstaunlich, wie sehr mein Denken von den Prinzipien durchdrungen ist, nach denen sich die Konsumgesellschaft richtet, in der wir leben.

Wie bei der Produktauswahl in Onlineshops erscheinen mir die Auswahlmöglichkeiten in Dating-Apps scheinbar endlos. Wenn ich dann doch einmal an die Grenze stoße, ändere ich einfach die Suchparameter. Es hört nie auf. Es gibt immer Nachschub. Und das ist mir bewusst. Bei Produkten *und* bei Menschen. Das ist ein Wissen, das einen überfordern kann. Der Mensch scheitert an zu vielen Möglichkeiten. Je mehr Möglichkeiten man hat, desto schwerer fällt es, sich festzulegen.

Wir sind Konsumenten in einer Bedarfsweckungsgesellschaft, deren Prinzip es ja ist, uns erst das Gefühl zu vermitteln, Produkte kaufen zu müssen, die wir gar nicht vermisst hatten. Wir sind darauf konditioniert, nicht damit zufrieden zu sein, was wir haben. Wir werden permanent mit neuen vermeintlichen Bedürfnissen überschüttet. Sie werden uns eingeredet. Viele scheinen dieses Prinzip so verinnerlicht zu haben, dass sie dessen Mechanismen auch im Zwischenmenschlichen anwenden.

Wenn die Gefühle abebben und mir nicht mehr die nötige Befriedigung verschaffen, müssen sie wiederholt werden, um nach ihrem Abebben wiederum erneuert zu werden. Ein endloser Prozess, dem ich mich nur entziehen könnte, wenn ich mein Wertesystem ändere. Mein Verständnis von Glück und davon, was ein wahrhaftiges Leben ausmacht oder mit welchem Selbstverständnis ich meine Liebesbeziehungen betrachte.

Konsum gibt uns nur einen kurzen Moment der Befriedigung, es ist kein nachhaltiges Gefühl. Darum geht es ja auch nicht. Wir sollen schließlich immer mehr kaufen, damit unsere Wirtschaft funktioniert. Beim Kauf von Kleidung hört man ja nicht auf zu suchen, wenn man ein Kleidungsstück ausgewählt hat. Das neue Kleidungsstück ist etwas Vorübergehendes – bis die nächste Saison kommt.

Beunruhigend wird es allerdings, wenn man dieses Prinzip auch auf Menschen anwendet. Wenn uns Menschen als Katalogware offeriert werden. Wie in Onlineshops werden wir ja auch in Dating-Apps mit einer Unmenge von »Angeboten« überschüttet. Da fällt es schwer, sich festzulegen.

Wir sind permanent auf der Suche, die zu einem Selbstzweck geworden ist. Und wenn man permanent auf der Suche ist, kommt man nie an. Dann hat man sich in einem Übergang eingerichtet. In einem ewigen Provisorium gewissermaßen.

Alles kann durch eine bessere Version ersetzt werden, die für das eigene Leben mehr Wert haben kann. Vielleicht ist diese Überzeugung inzwischen wirklich so tief in unserem Bewusstsein verankert, dass viele sie auch auf das Zwischenmenschliche anwenden.

Wir sind auf einen Verbrauch konditioniert, bei dem die Neuanschaffung eines Produktes weniger kostet als dessen Reparatur. Es ist komfortabler, etwas zu ersetzen, als es zu reparieren.

Tinder ist gut

Das Design jedes Onlineshops wurde so entworfen, dass wir uns intuitiv in ihm zurechtfinden. Es geht um den effizientesten Weg zum Kaufabschluss. Genauso funktionieren Dating-Apps.

Erst kürzlich habe ich mal wieder einen dieser Artikel gelesen, in dem Tinder analysiert wurde. Weil der Artikel in der *FAZ* stand, fand die Analyse auf hohem Niveau statt. Die Autorin hat sich ziemlich kompliziert ausgedrückt, aber letztlich wollte sie wohl sagen, dass uns Tinder zu pathologischen Nymphomanen erzieht. Zu Sexsüchtigen, die ihr Leben als Pornofilm verstehen und das auch so umsetzen. Tinder ist eine Sex-App, rief mir der Artikel zu. Eine Schlussfolgerung, die sich offen gestanden auch mit meinen Erfahrungen deckt.

Es gibt ja bei Tinder diese Funktion, Profile per Nachricht an andere zu verschicken. Sie ist eigentlich für den Fall gedacht, dass man eine Person entdeckt, von der man annimmt, sie würde einem Freund gefallen. Ich habe einen Bekannten, der diese Funktion häufig nutzt. Er schickt mir gefühlt jeden zweiten Tag Profile von Frauen auf mein Handy. Allerdings nicht, weil ihm mein persönliches Glück am Herzen liegt. Nein. Er nutzt sie eher zweckentfremdend.

Er leitet mir nämlich die Profile der Frauen weiter, mit denen er geschlafen hat. Mich zu informieren, scheint zu seinem Vollzugsritual zu gehören. Mir war offen gestanden gar nicht klar, wie wenig Sex ich eigentlich habe, seitdem ich über die Frequenz seiner Liebschaften so umfassend informiert bin. Damit fügt er sich in ein Konzept, mit dem Tinder ja inzwischen generell assoziiert wird.

Vor zwei Jahren war ich auf dem 34. Geburtstag meiner Nichte Sophie. Im Laufe des Abends passierte etwas Außergewöhnliches. Mein Tinder-Bild wurde erschüttert.

Als ich eintraf, stellte sich ziemlich schnell heraus, dass ich der einzige Single auf der Party war. Wenn ich als Single auf Paare treffe, interessiert mich immer, wie sie sich kennengelernt haben. Dabei geht es mir weniger um die Geschichte, die sie später ihren Kindern oder Enkeln erzählen werden.

Mir geht es eher darum herauszufinden, wie oder wo man Frauen kennenlernen kann, mit denen man dann tatsächlich eine gesunde Beziehung führt. An den Orten, an denen ich mich abends aufhalte, findet man eher Frauen, die keine Beziehung, sondern eher eine Therapie bräuchten. Darum interessiert mich immer, wie sich Paare begegnet sind, deren Beziehung anscheinend funktioniert.

Nun ja.

Als ich meine Nichte fragte, wie sie ihren Freund kennengelernt hat, mit dem sie jetzt seit einem guten Jahr zusammen ist, sagte sie: »Auf Tinder.«

»Tinder?«, wiederholte ich, und es klang wohl fassungsloser, als es eigentlich sollte.

Sophie sah mich mit unschuldigem Blick an.

Auf dem Geburtstag gab es noch zwei weitere Paare, die sich über die App kennengelernt haben. Beide Paare sind inzwischen verheiratet. Ich sah sie irritiert an, weil ich ja bisher ausschließlich Menschen kannte, die Tinder als App für schnellen, unverbindlichen Sex nutzten.

Plötzlich passierte es. Ich verstand, dass diese drei Paare Tinder einfach nur richtig benutzt haben.

Tinder hat viele Vorteile. Man kann zum Beispiel Menschen kennenlernen, die man sonst nie getroffen hätte. Man weiß von vornherein, ob sie an Sex oder einer Beziehung interessiert sind, was hilfreich sein kann, um schon im Voraus erste Missverständnisse auszuschließen. So gesehen ist Tinder ein wertvolles Tool.

Wenn ich jetzt so darüber nachdenke, finde ich es erstaunlich, dass sich so viele über dieses Werkzeug aufregen. Tinder wird genau genommen nur als Sex-App empfunden, weil so viele sie als Sex-App nutzen. Das Problem ist nicht die App. Es sind die Menschen, die sie bedienen. Wie man Tinder nutzt, sagt wesentlich mehr über einen selbst aus als über die App.

Ein Prinzip, das sich so ziemlich auf alle neuen Technologien anwenden lässt.

Vor einer Woche rief mich Sophie an, um mir freudestrahlend mitzuteilen, dass ich Großonkel werde. Sie war im dritten Monat schwanger. Während wir telefonierten, vibrierte mein Handy. In der Nachricht, die ich erhielt, war ein Ultraschallbild meiner Großnichte.

»Es ist also ein Tinder-Kind«, sagte ich. Aber in dem Zusammenhang hatte das Wort keinen schalen Beigeschmack. **Dass Dating-Apps wie Onlineshops entworfen worden sind, ist nicht das Problem. Die Probleme gibt es auch ohne Tinder. Aber die Technologie ist ein Katalysator für Eigenschaften, die ohnehin in uns angelegt sind. Die meisten haben nicht gelernt, sie richtig zu benutzen.**

Dating-Apps zeigen nur, wie viele in der Liebe als Konsumenten agieren.

Welche Art Konsument will ich in der Liebe sein?

Das moderne Liebesleben der jüngeren Generationen ist ein Rätsel. Die Kommentatoren und Psychologen betrachten, erforschen und bewerten, was da seit einigen Jahren geschieht, sind aber im Grunde genommen ratlos. Ich bin es ja auch. Sonst würde ich andere Bücher schreiben. Ich gelte als Beziehungsexperte, obwohl meine längsten Beziehungen immer nur kurz gehalten haben. Ich suche nach Antworten. »Er ist ein Suchender, der zu den Suchenden spricht«, hat die *Zeit* mal über mich geschrieben. Vielleicht beschreibt mich das am besten.

Aber während ich mich durch immer neue Artikel las und ständig neue Anhaltspunkte entdeckte, wie sehr unser Konsumverhalten dem Verhalten in Liebesbeziehungen entspricht, kam mir ein Gedanke.

Eigentlich war alles da. Soziologen und Wirtschaftswissenschaftler hatten die Lösungen in unzähligen Büchern und

Artikeln beschrieben. Man musste nur ein paar Substantive austauschen. Vielleicht musste man nur den Filter anwenden, und aus den Erkenntnissen darüber, wie wir gesünder, bewusster und nachhaltiger konsumieren, könnte man ableiten, wie wir gesünder und nachhaltiger lieben. Vielleicht war das ein erster Schritt zur Lösung. Vielleicht war es tatsächlich so einfach.

Um von einer Wegwerfgesellschaft wegzukommen, müssten Konsumenten ihr Verhalten ändern. Und ihr Verständnis von Konsum. Das fällt nicht leicht, weil es für viele ein Selbstverständnis geworden ist. Und wenn etwas Selbstverständliches geändert wird, empfindet man es schnell als Einschränkung. Die Fragen, die man sich stellen sollte, werden nicht gestellt.

Was brauche ich wirklich? Welche Befriedigung wünsche ich wirklich? Welche hat einen tieferen Wert? Das sind die Fragen, auf die es ankommt.

Kürzlich habe ich ein Interview mit dem Soziologen Hartmut Rosa gelesen, in dem es darum ging, welche Art von Konsum uns glücklich macht und welche unglücklich.

»Zum befriedigenden Konsum gehört ein Resonanzversprechen«, sagt Rosa. »Das, was wir kaufen, muss uns auch berühren. Es muss uns versprechen: Hinterher bist du ein anderer Mensch.«

Vielleicht sollte man sich gar nicht die Frage stellen, ob man in der Liebe als Konsument agiert. Man sollte es voraussetzen. Vielleicht sollte man sich eher fragen, als welche Art Konsument man in der Liebe agieren will. Ob wir nachhaltig und gesund konsumieren oder in einer Discountermentalität gefangen sind.

Wenn man davon ausgeht, dass der Konsument in einem auch im Zwischenmenschlichen die Entscheidungen trifft, sollten wir damit beginnen, unser verzerrtes Verständnis von

Konsum zu korrigieren. Wir benutzen das Wort offensichtlich falsch. Wir haben den Begriff »konsumieren« durch »kaufen« ersetzt. Aber kaufen macht nur zufrieden, wenn wir die Dinge wirklich auch benutzen. Wir müssten also durch das Kaufen und Benutzen ein anderes Selbstverständnis unserer selbst bekommen. »Dazu aber«, sagt Hartmut Rosa, »müssen wir uns die Dinge auch aneignen und anverwandeln können, sonst bleiben sie uns fremd.«

Und genau das gilt auch für die Liebe. Man muss nur ein paar Worte austauschen.

Liebe ist langweilig
Wie Liebe zu Verliebtheit wurde

Mir geht es wie vielen, wenn es um die eigenen Fehler geht: Ich erkenne sie erst, wenn sie mir bei anderen auffallen. Das liegt daran, dass man sich meistens selbst zu nah ist. Es fehlt der nötige Abstand, um sie erkennen zu können. Wenn mir unangenehme Eigenschaften an anderen auffallen, frage ich mich, ob sie in mir vielleicht nur ein solches Gefühl auslösen, weil sie mich an mich selbst erinnern. Es ist teilweise erschreckend, was ich mit dieser Methode über mein eigenes Verhalten herausfinde.

Ein Fehler, der mir bei anderen auffällt und mir selbst zeigt, dass ich ihn ständig mache, ist die gedankenlose Verwendung des Wortes »Liebe«. Wie so viele wünsche ich mir etwas, das ich nur als Liebe bezeichne, obwohl ich mich nach etwas vollkommen anderem sehne. Ich spreche von Liebe, meine aber den Zustand einer unbegrenzten Verliebtheitsphase. Natürlich weiß ich, dass Verliebtheit und Liebe nicht dasselbe sind, aber trotzdem richte ich mich nicht danach. Ohne es wirklich zu registrieren, wende ich dieses Wissen nicht auf das wirkliche Leben an. Meine Sehnsucht, die Liebe und Verliebtheit verwechselt, ist ein uneingestandener Selbstbetrug, mit dem ich nicht die große Ausnahme von der Regel bin. Leider, muss man wohl sagen, denn dieser Selbstbetrug zählt zu den großen Missverständnissen unserer Gegenwart. Oft erlebt man nur die Konsequenzen dieses Selbstbetrugs, wie zum Beispiel die Überzeugung, dass es der falsche Partner sein muss, wenn irgendwann die Verliebtheit nachlässt.

Wenn man ein Wort ständig falsch benutzt, ändert man auch den Sinn, und ich befürchte, dass das Scheitern der meisten Liebesbeziehungen unserer Zeit darauf zurückzuführen ist: Wir haben den Sinn des Wortes »Liebe« geändert.

Natürlich ist mir vollkommen klar, dass Verliebtheit und Liebe nicht dasselbe sind. So geht es den meisten. Trotzdem will etwas in mir Verliebtheit unbedingt für Liebe halten, obwohl ich es doch eigentlich besser weiß. Es ist ein Muster, und für dieses Muster gibt es gute Gründe, die vielen wahrscheinlich gar nicht klar sind. Sie sind so tief in uns verankert, dass es sehr schwer ist, sich von ihnen zu lösen. Aber sie auszuleuchten und zu verstehen, warum dieser Selbstbetrug so fest in unsere Identität graviert ist, kann eine Hilfe sein, ihn aufzubrechen.

Liebe ist das Gegenteil von Verliebtheit

Es gehört inzwischen zu meinen Gewohnheiten, vor allem mit den Psychologen in meinem Freundeskreis zu sprechen, wenn ich Probleme mit Frauen habe. Ich schätze ihren professionellen Blick, der keine Umwege kennt, obwohl ich auch weiß, dass dieser Blick nicht immer vorteilhaft ist. Solche Gespräche können nämlich schnell pathologisch werden. Sie können den Zauber meiner strahlenden und einzigartigen Verliebtheit unmittelbar sehr blass, austauschbar und entstellt erscheinen lassen.

Es ist ein bisschen so, als würde man Textzeilen der Band Rammstein hören, in denen sexuelle Erlebnisse beschrieben werden. Till Lindemann hat ja die verstörende Gabe, in seinen Texten diesen eigentlich sehr schönen Akt irritierend brachial auf das rein Fleischliche zu reduzieren. Sex klingt bei Rammstein, als wäre man gerade beim Metzger. Ich werde nie die Textzeile vergessen, in der das Liebesspiel mit den Worten »Ich fühl mich wohl in deiner Haut« umschrieben wird, obwohl ich das Lied, in dem sie vorkommt, nur einmal gehört habe. Ich weiß allerdings noch dessen Namen. Der Song heißt: *Rein, raus*. Pragmatischer kann man Sex wohl kaum beschreiben.

Wenn es schlecht läuft, kann es also schnell mal passieren, dass sich meine Psychologenfreunde in die Till Lindemanns meines Bekanntenkreises verwandeln. In die Till Lindemanns der Liebe sozusagen. Aber bei Lukas, den ich noch gar nicht so lange kenne, läuft es meistens gut. Vielleicht liegt es daran, dass er als Paartherapeut arbeitet.

»Verliebtheit und Liebe sind ja kaum miteinander verwandt, obwohl die Wortstämme ja tatsächlich etwas anderes vermuten lassen«, sagte er, als ich ihm erzählte, dass ich an diesem Text arbeite. Dann fügte er entschieden hinzu: »Genau genommen schließen sie sich sogar aus.«

»Wie bitte?«, ich warf Lukas einen überraschten Blick zu.

»Natürlich. Da werden doch vollkommen verschiedene Botenstoffe ausgeschüttet. Verliebtheit ist ja ein Ausnahmezustand, bei dem der Körper in einem Dopamin-, Endorphin- und Adrenalinrausch ist. Und Adrenalin ist ja nicht nur ein Botenstoff, der ausgeschüttet wird, wenn du verliebt bist. Sondern auch in Angst-, Gefahr- und Stresszuständen. Es macht also keinen Unterschied, ob du eine Nahtoderfahrung erlebst oder ob du verliebt bist.«

»Gut zu wissen«, lachte ich.

»Und wenn man liebt, passiert genau das Gegenteil«, fuhr Lukas fort. »Da wird zwar auch Dopamin ausgeschüttet, aber auch Oxytocin und Serotonin, und die lösen in uns Sicherheit und Ruhe aus.« Er machte eine kurze Pause, bevor er feierlich sagte: »Da entsteht dann dieses angenehme Gefühl, nach dem wir uns alle so sehnen: angekommen zu sein.«

Lukas war in seinem eigentlichen Element, das sah man ihm an, und ich genoss es, ihm zuzuhören.

»Wenn man es evolutionsbiologisch betrachtet, gibt es Verliebtheit doch auch nur aus einem Grund«, fuhr er fort. »Um unsere Vermehrung zu sichern. Eine kurze, euphorische Phase, in der wir so oft wie möglich miteinander schlafen sollen, um

Nachwuchs zu zeugen. Die Liebe ist dann für das Soziale zuständig. Sie sorgt für Zufriedenheit und Glück im sozialen Miteinander, denn nur als soziales Wesen ist der Mensch überlebensfähig. Und dass die Verliebtheit irgendwann nachlässt, hat auch nur eine ganz pragmatische Ursache: Es ist ein Schutzmechanismus. Auf die Dauer ist Verliebtheit nämlich für den Körper schädlich. Verliebtheit, das ist ein totaler Stresszustand, auch wenn es positiver Stress ist. Und ein Körper kann nicht gesund und lange leben, wenn er einer ständigen Adrenalinausschüttung ausgesetzt wäre. Darum fährt er sie irgendwann runter.«

»Tja«, sagte ich, während ich meinen Blick hob. »Und das ist dann gut für den Körper, aber schlecht für die Beziehung.«

»Genau«, sagte Lukas mit einem Lächeln und leerte sein Weißweinglas.

Ich lächelte ebenfalls, aber es waren die Reste eines Lächelns, denn gerade verstand ich, warum meine Beziehungen endeten, bevor Liebe überhaupt entstehen konnte.

Hedonisten der Liebe

Es gibt verschiedene Ideen davon, was Glück ist. Der Schauspieler Harald Juhnke hat sein Verständnis von Glück mit den Worten »Keine Termine und leicht einen sitzen« beschrieben. Klingt erst mal nicht schlecht. Dagegen spricht allerdings die Vorstellung von Albert Schweitzer, der einmal gesagt hat, Glück sei für ihn »einfach eine gute Gesundheit und ein schlechtes Gedächtnis«. Im *Spiegel* habe ich vorletztes Jahr einen Artikel über das Glück gelesen. In dem Text stand: »Pessimisten sagen: Glück ist die Abwesenheit von Leid. Hedonisten sagen: Glück ist Konsum. Neurobiologen sagen: Glück ist Biochemie.« Wie so oft kommt es immer auf den philosophischen Ansatz an, mit dem man ins Leben blickt.

Wenn ich mich frage, welche Philosophie entscheidet, was
ich als Glück empfinde, muss ich mir eingestehen, dass ich
offensichtlich den hedonistischen Ansatz gewählt habe. Dass
Glück durch Konsum entsteht. Es war jedoch keine bewusste
Entscheidung. Ich hatte das nie so geplant. Es passierte einfach.
Oft habe ich diese Haltung nur durch ihre Konsequenzen erlebt. Wie zum Beispiel durch meine Überzeugung, dass irgendetwas mit der Beziehung nicht mehr stimmt oder dass es die
falsche Partnerin sein musste, als meine Verliebtheit nachließ.
Die Haltung war da. Ich war ein uneingestandener Hedo-
nist der Liebe. Und die Gründe dafür können sehr aufschlussreich sein.

Konsumgesellschaft

Ich frage mich, ob es einen Menschen beeinflusst, wenn ihm ein
Leben lang zugerufen wird, Produkte, die man gekauft hat, durch
neue und aufregendere Modelle zu ersetzen. Verändert es den
Blick, mit dem dieser Mensch generell sein Leben betrachtet?
Verändert es das Bewusstsein so sehr, dass man mit demselben
Verständnis auf seine Freundschaften und Liebesbeziehungen
blickt wie auf sein Smartphone oder seine Kleidungsstücke?
Wenn Konsum die Wirtschaft lebendiger macht und wachsen
lässt, nimmt man dann irgendwann auch an, dass dieses Prinzip
alle Bereiche des Lebens einschließt? Nimmt man an, dass Konsum das Leben generell wahrhaftiger macht? Dass man nur das
Gefühl hat zu leben, wenn man konsumiert?
Mein erster Impuls ist es, diese Fragen resolut mit Nein zu
beantworten. Aber wenn ich mir mein Liebesleben der vergangenen Jahre so ansehe, wird dieses Nein schon brüchig.
Mein Liebesleben bestand aus einer Folge von Verliebtheitsbeziehungen. Ich habe es für die Sehnsucht nach tiefen und
wahren Gefühlen gehalten, aber es war nur der Wunsch
nach dem Rausch. Ich wollte fortwährende Reizüberflutung,

Leidenschaft, Begeisterung. Ich habe meine Liebesbeziehungen am Rausch der Verliebtheit gemessen. Ich sehnte mich nach Verliebtheit wie nach einer Droge, die mein Bewusstsein ändert und einen Rausch erzeugt, der aus dem Alltäglichen das Besondere macht. Wenn dieser Rausch abebbte, nahm ich an, dass die Luft raus war, dass der Alltag die Kontrolle übernommen hatte. Ließ dieser Rausch nach, sprach das schon gegen eine gemeinsame Zukunft. Ich sehnte mich nach dem Zustand des Anfangs. Genau genommen hatte ich mich in den Anfängen verfangen.

Offensichtlich bin ich ein Junkie, dachte ich. Ein Endorphin- und Adrenalinjunkie.

Ob erfüllte oder unerfüllte Verliebtheit, es ging mir um Endorphin- und Adrenalinausschüttungen. Wenn man so will, habe ich – wie jeder Verliebte – die geliebte Person als Droge benutzt, als Katalysator für Endorphinausschüttungen. Ich habe sie konsumiert. Wenn sie allerdings keinen Rausch mehr auslöste, habe ich sie ersetzt.

Ich fürchte, ich muss die Frage, die ich anfangs so resolut verneinen wollte, mit Ja beantworten. Aber was für ein Mensch ist da entstanden? Wer bin ich geworden? Was ist mein eigentlicher Antrieb?

Verliebtheit ist die Liebe der Konsumenten

Kaum etwas zeigt mir so klar, wie sehr ich meine Bedürfnisse angepasst habe, um ein Konsument der Konsumgesellschaft zu sein, wie meine verzerrte Vorstellung von Liebe. Sie hängt unmittelbar mit meinem verzerrten Verständnis von Glück, Lebendigkeit und Erfolg zusammen, dem ich mich ebenfalls nicht entziehen kann. Der weitverbreitete Irrtum, dass Lebendigkeit nur entsteht, wenn das Leben aus einer Aneinanderreihung von befriedigenden Momenten besteht. Wir kultivieren ein falsches Verständnis von Lebensqualität.

Unsere Gesellschaft beruht ja auf der Annahme, dass Konsum die Menschen glücklich macht und erfüllt. Und das ist aus wirtschaftlicher Sicht ganz natürlich. Unsere Konsumgesellschaft ist auf Menschen angewiesen, die jedem neuen Reiz nachgeben. Sie braucht Endorphin- und Adrenalinjunkies, um überhaupt funktionieren zu können. Denn unsere Wirtschaft beruht auf dem Prinzip des ewigen Wachstums, wir sollen also jedes Jahr mehr kaufen, mehr Geld ausgeben, um uns unterhalten zu lassen, wir sollen immer süchtiger nach befriedigenden Erlebnissen werden. Und soweit ich das einschätze, machen wir das sehr gut. Was wir als Leben empfinden, entspricht Dingen, die das System am Laufen halten: Konsum, beruflicher Erfolg, befriedigende Erlebnisse und die Anhäufung von Besitz. Mit jedem Kleidungsstück, das wir kaufen, jeder Party und jedem Konzert, das wir besuchen, jedem Like und Match, das uns Bestätigung gibt, und jeder Pushmitteilung, die auf unserem Smartphone aufleuchtet und uns vermittelt, am Leben anderer teilzunehmen. Mit jedem dieser schnellen befriedigenden Reize entsteht ein Gefühl, das ansatzweise Glück entspricht. Aber sie lösen nur eine kurzfristige Befriedigung aus. Wenn sie nachlässt, brauchen wir einen neuen Reiz. Wir sind ständig auf neue Reize angewiesen, um dieses Level zu halten. Wir kultivieren das Glück des Konsumenten, das auf die tagtägliche Reizüberflutung angewiesen ist.

Ich stelle immer mal wieder fest, wie sehr mein Denken und Fühlen von diesem Prinzip durchdrungen ist, dass es sich in Bereiche ausgebreitet hat, die es nicht betreffen darf. Meine Idee von Liebe fügt sich nahtlos in dieses Konzept.

Ich sehne mich nach der Liebe des Konsumenten, in der Liebe als Rausch einer endlosen Verliebtheitsphase empfunden wird.

Wir haben uns inzwischen so in diesen verzerrten Werten verfangen, dass uns nur Konsum ein Gefühl von Lebendigkeit gibt. Der Konsum von Produkten, Partys, Erfolgserlebnissen, Konzerten, Alkohol, Gefühlen oder Netflix-Serien. Aber Konsum ist nur ein Kompensieren von Lebendigkeit, ein Ersatz für Glück. Er ist eine Ablenkung vom wahrhaftigen Leben. Aber das »wahre Leben« ist etwas, was weit über diesen Dingen steht. Aber dass Konsum eben nicht glücklich macht und exzessive Arbeit eher in den Burn-out führt, würde das System, in das wir hineingeboren wurden, infrage stellen. Aber vielleicht wird einem ja erst klar, wie verzerrt unsere Werte inzwischen sind, wenn man sich die Auswirkungen ansieht, wenn wir diese Prinzipien auf das Zwischenmenschliche anwenden.

Ist eine Langzeitbeziehung überhaupt der Entwurf, nach dem man sich sehnt?

Wenn man so will, widerspricht das Gefühl von wirklicher Liebe dem Glücksverständnis, auf das wir mittlerweile konditioniert sind. Es sind die Verliebten, die uns faszinieren. Die Liebenden sind eher langweilig.

Natürlich habe ich auch Beziehungen geführt, die länger hielten, als meine Verliebtheitsphase andauerte. Mit zwei Frauen habe ich auch zusammengewohnt. Nacheinander natürlich. Ich hätte also zweimal die Entscheidung für die Liebe treffen können. Sie stellte sich nicht ein, ich spürte sie nicht, aber heute weiß ich, dass ich sie übersehen habe. Denn im Gegensatz zu den lauten, schnellen Botenstoffen der Verliebtheit sind die Botenstoffe, die durch Liebe ausgeschüttet werden, viel leiser und subtiler. Ihre Substanz entsteht in der Zeit. Und man nimmt sie oft in ruhigen Momenten wahr, in denen man sich angekommen fühlt.

»Das Missverständnis, eine ewige Verliebtheitsphase für Liebe zu halten, produziert Menschen, deren Element auch gar keine Langzeitbeziehungen sind«, sagte Lukas. »Sie sehnen sich nicht nach Liebe, sondern nach dem Rausch der

Verliebtheit. Wenn der Rausch beginnt, sich im Alltäglichen aufzulösen, verlieren sie sofort das Interesse. Genau genommen wünschen sich die meisten keine Liebe, sondern eine ewige Verliebtheitsphase.« Er machte eine Pause, bevor er weitersprach.

»Genau genommen ist Verliebtheit der Entwurf für Narzissten, weil sich zwei Menschen in dieser Phase pausenlos überhöhen und bestätigen.«

Auch das noch, dachte ich bitter, denn ich begriff, dass er gerade auch über mich sprach. Auch ich bin auf der Suche nach Intensität. Ich wünsche mir diese wundervolle Stimmung zwischen zwei Menschen, dieses Gefühl, wie sehr man einander genießt und wie plötzlich aus alltäglichen Dingen etwas Besonderes wird. Ich wünsche mir einen Menschen, durch den das Alltägliche zu strahlen beginnt, gewissermaßen das Ideal von Romeo und Julia, natürlich ohne den schnellen Tod.

»Wenn die laute Verliebtheit von der leisen Liebe ersetzt wird, wird alles langsamer, routinierter, träger«, sagte Lukas.

»Aber eben auch vertrauter, tiefer und sicherer. Verglichen mit der Euphorie einer Verliebtheit ist Liebe langweilig. Darum beenden Endorphinjunkies am Ende der Verliebtheit die Beziehung. Eine auf Liebe beruhende Partnerschaft ist einfach nicht ihre Form einer Beziehung.«

»Jeder kann lieben«, sagte er.

»Ist das so?«, fragte ich.

»Natürlich«, sagte er. »Aber die Frage, die man sich eigentlich stellen sollte, ist eine andere: Ob man überhaupt lieben will. Ob eine auf Liebe beruhende Partnerschaft überhaupt die Form einer Beziehung ist, nach der man sich sehnt. Ob man Verliebtheitsbeziehungen vorzieht, die man mit dem Ende des Rausches beendet, oder ob man in einer wirklichen Liebesbeziehung aufgehen will. Es ist keine Entscheidung zwischen gut oder schlecht, Bedürfnisse sind nun mal verschieden. Man sollte sich nur nichts vormachen.«

Es gibt keine Liebe in der Komfortzone

Die Versicherungsvertreter der Liebe

Manchmal frage ich mich, woran es eigentlich liegt, dass uns Liebesgeschichten so faszinieren. Warum die Liebespaare in Büchern und Filmen eine so starke Faszination auf uns ausüben. Natürlich liegt es daran, dass wir alle so etwas schon einmal erlebt haben, erfüllt oder unerfüllt. Wir können es nachempfinden, mitfühlen, uns hineinversetzen. Aber es gibt noch einen anderen, viel entscheidenderen Aspekt, der mich an den Liebespaaren in den großen Geschichten so begeistert. Was uns an ihnen fasziniert, ist die Möglichkeit, die sie aus ihrer Liebe ziehen. Romeo und Julia sind da ein sehr gutes Beispiel, auch weil die meisten Liebespaare in Büchern und Filmen eine Abwandlung ihrer Geschichte sind. Als Kinder zweier auf den Tod verfeindeter Familien stellen sie sich gegen alle Konventionen. Wenn es nach ihren Familien ginge, dürften sie eigentlich gar nicht zusammen sein. Sie aber stellen sich gegen die Umstände, sie treten aus ihnen heraus und erheben sich über sie. Vielleicht rührt daher der schöne Spruch: Zu zweit gegen den Rest der Welt.

Wenn ich darüber nachdenke, was die großen Liebespaare vereint, verstehe ich, warum es vielen Leuten so schwerfällt, sich zu verlieben. Ihre Herangehensweise ist einfach vollkommen falsch. Es geht den meisten überhaupt nicht darum, sich über Konventionen zu erheben, sie wünschen sich vielmehr das Gegenteil: große Gefühle, ohne ihre Komfortzone verlassen zu müssen. Sie wünschen sich einen Partner, der sich möglichst unkompliziert in den eigenen Lebensentwurf einpasst. Sie wünschen sich eine Liebe ohne Reibungen oder damit verbundene Verletzungen. Eine Liebe ohne Risiko.

Es gibt eine ziemlich bekannte Werbekampagne des Partnerportals Parship, deren Werbeagentur etwas Erstaunliches ausgerechnet hat. Und zwar, dass sich alle elf Minuten jemand über Parship verliebt. Alle elf Minuten! Das klingt gut. Es klingt beruhigend, weil es die große Liebe erreichbar macht. Ich frage mich allerdings, wie man so etwas ausrechnet. Wie man so etwas überhaupt ausrechnen kann. Aber Parship scheint es ja irgendwie geschafft zu haben. Und sie haben eine Formel für die Liebe entwickeln lassen, die so gut ist, dass sie alle elf Minuten greift. So gesehen gäbe es doch eigentlich keinen Anlass, dieses Buch zu schreiben.

Daran musste ich denken, als mir kürzlich eine Freundin, die seit einiger Zeit Single ist, erzählte, dass sie sich auf einem Datingportal angemeldet hat. Sie hatte einen dieser endlosen Fragebögen ausgefüllt, anhand dessen potenzielle Partner für sie ausgewählt werden. Sie wirkte sehr zuversichtlich, als sie es mir erzählte.

»Die Erfolgsquote liegt bei 47 Prozent«, sagte sie.

»Aha«, sagte ich, und das offensichtlich in einem Tonfall, durch den sich die Zuversicht in ihrem Blick mit Unsicherheit mischte. Sie wollte Bestätigung. Leider war ich dafür der falsche Ansprechpartner.

47 Prozent. Das ist natürlich eine Information, die Sicherheit ausstrahlt, aber irgendwie finde ich es seltsam, wenn nach einem Ausleseverfahren durch Parameter oder Algorithmen ausgewählt wird, wer am besten zu einem passt. Man sagt ja, dass die Algorithmen uns besser kennen als wir uns selbst,

aber auf mich wirkte es wie der Versuch, Liebe mit Ingenieurslogik lösen zu wollen.

Vor einiger Zeit habe ich ein Interview mit dem französischen Philosophen Alain Badiou gelesen, der das ähnlich sieht. Er nennt Datingportale ein wenig verächtlich, aber auch sehr passend, »die Versicherungsvertreter der Liebe«. Sie bieten praktisch eine Vollkaskoversicherung der Liebe an. »Die Liebe wird zu einer Kalkulation«, sagt er. »Durch Filter wird der vermeintlich passendste Partner gefunden, man nimmt an, man könne eine Art vorbereitete Partnerschaft führen.«

Natürlich habe ich auch schon solche Fragebögen ausgefüllt und anhand der Fragen festgestellt, dass es dem Algorithmus vor allem darum geht, jemanden zu finden, mit dem ich möglichst viele Gemeinsamkeiten habe. Vielleicht liegt da schon der Fehler. Offen gestanden weiß ich gar nicht, ob ich es so gut finden würde, wenn meine Freundin genauso wäre wie ich. Eine Frau, die so viele Gemeinsamkeiten mit mir hat, dass sie praktisch eine weibliche Version von mir ist. Michaela und Michael gewissermaßen. Die Überkomfortzone. Sicherer geht es nicht. Und da offenbart sich schon ein Denkfehler dieser Methode. Wenn ich mir vorstelle, in einer Beziehung tagtäglich einem Menschen wie mir selbst ausgesetzt zu sein, würde ich wahnsinnig werden.

Vielleicht ist tatsächlich der große Denkfehler der Digitalisierung, alle Probleme mit Ingenieurslogik lösen zu wollen. Einer mathematischen Logik, in der Gefühle nicht vorgesehen sind, weil Gefühle nun mal nicht kalkulierbar sind.

Liebe als Kosten-Nutzen-Rechnung

Der Schweizer Verleger Michael Ringier hat einmal gesagt: »Im Internet finde ich ja meist nur, was ich suche. In der Zeitung finde ich Dinge, von denen ich gar nicht wusste, dass sie mich interessieren.«

Er hat das auf den Unterschied zwischen klassischer Tageszeitung und dem Internet bezogen. Darauf, dass uns online oft nur auf unsere Interessen zugeschnittene Nachrichten gezeigt werden. Vielleicht wäre es klug, *diesen* Satz mal auf Menschen anzuwenden. Vielleicht ist das ein Ansatz: **Sich auf jemanden einzulassen und von ihm überraschen zu lassen. Sich die Zeit zu nehmen und tiefer zu gehen. Aber viele wollen sich nicht überraschen lassen. Sie wollen keine Experimente.** Ihre Vorstellungen von Liebe sind zu einer Kalkulation geworden.

Wie die des Mannes, den meine Freundin Ines vor einigen Monaten datete. Dieser Mann hatte sehr konkrete Vorstellungen von der Frau, mit der er sein Leben teilen wollte. Ihm ging es allerdings weniger um menschliche Eigenschaften, er glich Ines' Lebensumstände eher mit einem Anforderungskatalog wirtschaftlicher Rahmenbedingungen ab.

»Dreitausend Euro muss die Frau schon verdienen, mit der ich zusammenkomme«, sagte er, bevor er nach einer kurzen Pause präzisierte: »Netto natürlich.«

»Wie sympathisch«, lachte ich, als mir Ines dieses wundervoll romantische Erlebnis schilderte. »Und? Seht ihr euch wieder?«

»Natürlich nicht«, sagte sie entschieden, musste dann aber ebenfalls lachen. »Ich bin ja durch sein soziales Raster gefallen.«

»Glücklicherweise«, sagte ich.

Ihr Date sehnte sich nicht nach einer Liebesbeziehung, der Mann sehnte sich nach einem Arrangement. Nach einem wirtschaftlichen Fundament, um seinen Plan eines perfekten Lebens umzusetzen. Jemand, der die Liebe als Teil einer Lebenskonstruktion versteht und ihr alles unterordnet, auch dass man keine Gefühle zulässt, wenn jemand nicht in den Plan passt, wird nie wirklich lieben. Liebe kann nicht Teil eines Plans sein. Solche Menschen sehen immer nur sich selbst und ihren Plan. Die Bedürfnisse einer anderen Person hingegen sehen sie nicht. Solche Leute sehnen sich nicht nach einer Vision, in der man sich den Konventionen entzieht. Sie sehnen sich nach einer Altbauwohnung, schönen Möbeln, der richtigen Kaffeemaschine. Sie sind auf dem Weg, sich ein perfektes Leben zusammenzustellen, indem sie es sich zusammenkaufen. Und auch der Partner muss sich in diese Idee einpassen. Wer eine Liebesbeziehung als Kosten-Nutzen-Rechnung ansieht, hat sein Denken so eng an die Mechanismen unserer Konsumgesellschaft angepasst, dass er sie für einen menschlichen Wert hält.

Ich frage mich manchmal, was in solchen Menschen vor sich geht, wenn sie irgendwann alles gekauft haben. Wenn man an dem Punkt ist, an dem das Leben anhand der selbst vorgegebenen Punkte perfekt sein müsste, man aber spürt, dass einem das, worauf es eigentlich ankommt, fehlt. Weil man die Prioritäten immer falsch gesetzt hat. Weil der gesetzte Plan sich nicht am menschlichen Glück orientiert. Er ist rein kapitalistisch an das Ziel angepasst, die Wirtschaft immer weiterwachsen zu lassen. Vielleicht muss man erst den Punkt erreichen, an dem alles gekauft ist, um zu verstehen, dass die Idee falsch war. Vielleicht muss man erst das Ziel erreichen und zurückblicken, um das zu erkennen. Vielleicht ist es eine dieser Erfahrungen, die einem andere nicht vermitteln können. Man muss sie selbst machen.

Jetzt ist es Zeit für ein Geständnis. So sprachlos ich war, als Ines mir von ihrem Date erzählte, muss ich jedoch gestehen, dass auch mir solche Gedanken nicht fremd sind.

Ich wünsche mir eine Frau, die im Leben steht und die auch Geld verdient. Das hat Vorteile. Wir könnten uns zum Beispiel eine größere Wohnung leisten, für die ich dann weniger zahlen würde als für meine jetzige, weil wir die Miete teilen könnten. Das sind keine romantischen Gedanken, ich weiß, aber die Fantasien, wie wir uns beide eng umschlungen durch die hohen Zimmer einer weiträumigen Altbauwohnung bewegen, sehen schon sehr romantisch aus.

Offenbar habe ich auch einen Plan. Auch ich kalkuliere. Es gibt jedoch einen wichtigen Unterschied. Ich ordne ihm nicht meine Gefühle unter. Das ist der Unterschied zwischen Ines' Date und mir. Man plant etwas, und dann kommt das Leben dazwischen. Manchmal lebt man aber auch, und dann kommt eine Kalkulation dazwischen. Wie bei Meike und Patrick, einem Paar, das es mal in meinem Bekanntenkreis gab. Die Vergangenheitsform dieses Satzes hat gute Gründe. Es ist schon einige Jahre her, da schlug Meike ihrem Freund vor, in eine gemeinsame Wohnung zu ziehen. Sie waren seit drei Jahren zusammen, der Schritt erschien ihr schlüssig. Aber schon der Blick, mit dem Patrick ihren Vorschlag erwiderte, verunsicherte sie. Als er versprach, darüber nachzudenken, nahm sie an, dass es seine Art war, einem Konflikt auszuweichen, und er das Thema zukünftig nicht mehr anschneiden würde. Einige Tage darauf kam er allerdings wieder darauf zurück.

»Ich hab das mal durchgerechnet«, sagte er. »Also, ein Umzug ist ja jetzt nicht unbedingt billig.« Er sah sie einen Moment lang an, bevor er einen sehr endgültigen Satz hinzufügte. Er sagte: »Und ganz ehrlich, so viel ist mir unsere Beziehung momentan nicht wert.«

Meike sah ihn fassungslos an, der Satz traf sie wie ein Schlag in die Magengrube.

Wenn ich so etwas sagen würde, dann wäre es Bestandteil einer Taktik, um das Ende unserer Beziehung möglichst leidlos herbeizuführen. Ich zwinge sie mit meinem Verhalten, sich von mir zu trennen, weil sie mich für einen Arsch hält. Ich glaube allerdings nicht, dass Patrick diese Taktik bewusst angewandt hat. Das Ergebnis war trotzdem dasselbe. Die beiden sind nicht mehr zusammen. Ich kann gar nicht mehr sagen, wie viel Zeit sie gebraucht hat, um sich von ihm zu trennen, ich weiß allerdings, dass es länger war, als er es verdient hatte. Was stimmt eigentlich mit den Leuten nicht?

Die beiden Männer sind natürlich drastische Beispiele, aber ihre Haltung zeigt, wohin es sich entwickeln kann, wenn man die Haltung, die in den meisten von uns angelegt ist, zu Ende denkt. Ohne Kompromisse. Wenn man eine Liebesbeziehung als Kosten-Nutzen-Rechnung versteht.

Der Konsument in uns ist darauf konditioniert, für alles, was man investiert, auch etwas zu erhalten. **Wenn wir etwas geben, erwarten wir eine Gegenleistung. Liebe entzieht sich dieser Logik. Wenn man wirklich liebt, liebt man bedingungslos.** Die Figur Annie Landsberg (gespielt von Emma Stone) hat die bedenkenswerte Haltung von vielen in der wundervoll surrealen Netflix-Serie *Maniac* mit einem sehr treffenden Satz zusammengefasst: »Dafür, dass Liebe bedingungslos sein sollte, stellen wir ganz schön viele Bedingungen.«

Obwohl wir in Zeiten leben, in denen uns alle Möglichkeiten offenstehen, sind wir zu Pragmatikern im Zwischenmenschlichen geworden. Es ist ein Pragmatismus, der alles durchdringt. Es ist ja nun mal so, dass wir Geschöpfe der Konsumgesellschaft sind, wir sind in sie hinein- und in ihr aufgewachsen. Sie hat uns so gut erzogen, dass keine Generation vorher so angepasst war wie wir. Das macht natürlich etwas mit uns. Wir haben ein Konsumproblem, was inzwischen auch unser Verständnis von Liebe verzerrt hat. Es ist ja ein Prinzip unseres Wirtschaftssystems, die Dinge danach zu beurteilen, inwieweit man sie zu seinem eigenen Vorteil ausnutzen kann. So geht es vielen in ihrem Verständnis von Liebe. Es ist eine »Liebe«, die nach Gegenleistung verlangt. Wenn man Gefühle investiert hat, dann will man auch etwas Adäquates dafür bekommen.

Man versteht die Liebe als eine Art Handel. Viele sehnen sich nicht nach Liebe, sondern nach etwas, das sie nur als Liebe bezeichnen. Es ist die »Liebe« der Konsumenten. Die größte Gefahr für die Liebe ist ihre Bedrohung durch unser Sicherheitsdenken. Die sicherheitsbesessene »Liebe« des Konsumenten, in der man selbst im Mittelpunkt steht. Eine »Liebe«, in der es um den Handel mit Gefühlen geht. Eine Kosten-Nutzen-Rechnung. Das nimmt der Liebe die Poesie.

Gefühle sind gefährlich geworden

Wir wünschen uns eine Liebe ohne Risiko. Aber Gefühle sind immer ein Risiko. Wir wollen nicht verletzt werden, denn das wurden wir schon oft genug. Wir wünschen uns eine sichere Liebe, die ohne Verletzungen auskommt. Aber die gibt es nicht. Man sagt ja, dass es heutzutage vielen schwerfällt, sich zu entscheiden. Aber sie entscheiden sich ja, nämlich dazu, sich nur von der Furcht leiten zu lassen, verletzt oder verunsichert zu werden. **Der Fehler ist, Entscheidungen aus Angst zu treffen. Entscheidungen sollten getroffen werden, um etwas zu ermöglichen, und nicht, um etwas zu verhindern.** Und in dieser Haltung sind Gefühle nicht vorgesehen, auch wenn das eine Wahrheit ist, die sich viele nicht eingestehen. Man verschließt sich, um nicht verletzbar zu sein. Man fürchtet sich vor den eigenen Gefühlen. Sie verunsichern einen, und in der sicherheitsbesessenen Liebe geht es ja vor allem darum, Unsicherheiten auszumerzen.

Ich habe immer dann begriffen, dass ich tiefe Gefühle für eine Frau empfand, wenn mein Plan plötzlich keine Bedeutung mehr hatte. Wenn die Bedingungen, die ich über die Jahre zusammengestellt habe, schlagartig wertlos geworden sind. Gefühle hebeln die Planungen schnell aus. Leider gewinnen die Planungen, die keine Gefühle zulassen, immer öfter. Vielen scheint es tatsächlich eher darum zu gehen, einen Plan umzu-setzen, als tiefe Gefühle zuzulassen. Jemanden zu finden, der zum eigenen Selbstbild passt. Jemanden, den man hinzufügt, anstatt gemeinsam etwas Neues zu gestalten. Diese Idee von Liebe haben Menschen, die nur sich selbst sehen. Ein Ent-wurf, den die Ichbezogenen für Liebe halten. Die Band Mia singt: »Lass mich die Welt durch deine Augen sehen, meine Welt ist mir zu klein.« Gefühle sind nun mal irrational, man kann sie nicht pla-nen. Sie sind unkalkulierbar. Darum fürchten sich so viele vor ihren Gefühlen. Sie sehen Gefühle als eine Gefahr. Weil sie un-berechenbar sind. Darum lässt man sie gar nicht erst zu. Vor-sichtshalber.

Alles wird durchdacht und abgewogen. Unsere Gefühle sind von unseren Unsicherheiten bestimmt. Wer seine Gefühle zeigt, ist verletzbar, und weil wir Verletzbarkeit als Schwä-che wahrnehmen, verschließen wir unsere Herzen. Wir sind Kontrollfreaks, deren Handeln und Fühlen von der Angst vor Verletzung bestimmt ist. Sobald uns unsere Gefühle in ihrer Irrationalität verwirren, nehmen wir sie als Unruhe war, als Belastung.

Also befreit man sich von Gefühlen. Man befreit sich von ihren unangenehmen Nebenwirkungen. Auch in der Liebe. Viele wollen kein Risiko eingehen und in der Sicherheit ihrer Komfortzone bleiben. Man will sein Leben nicht ver-komplizieren und wird den anderen los, wenn es zu unbequem wird. Man bleibt in der Komfortzone und ruht sich auf der Suche nach Liebe aus. Da wiederholt man die Verliebtheits-phase lieber mit einem anderen Partner. Das Liebesleben wird zu einer Aneinanderreihung von Wiederholungen. Ein ewiger Kreislauf. Die wirkliche Veränderung wäre es, aus diesem Kreis-lauf auszubrechen. Bleibt man auf ewig in seiner Komfortzone, ist sie nichts anderes als ein selbst gebautes Gefängnis.

Unsere Vorstellung von Liebe ist verzerrt, denn sie ist zu einer Kalkulation geworden. Aber Verliebtheit ist nicht kalkulierbar, sie entsteht aus dem Unerwarteten. Die Liebe ist kein Vertrag, man kann sich nicht absichern. Liebe ist Risiko, denn sie ist eine Grenzüberschreitung. Und Grenzüberschreitungen sind immer mit Risiko verbunden. Zu lieben ist das, was dem Leben Intensität und Bedeutung verleiht. Liebe ist eine Chance, seine Haltungen, sein Denken und Fühlen durch die Haltungen, Gedanken und Gefühle eines anderen Menschen zu erweitern, als Mensch zu reifen. Aber das funktioniert nur, wenn man den anderen wirklich an sich heranlässt. Wenn man sich öffnet. Darum trifft es die englische Formulierung »falling in love« so gut. Man muss sich fallen lassen, um sich verlieben zu können. Die Voraussetzung ist einfach, dass man sich öffnet. Man muss loslassen, die Gefühle zulassen und sich verletzlich machen. Wer fällt, ist wehrlos. Angreifbar. Und davor fürchten wir uns. Aber genau das ist der Schlüssel zu wirklich tiefen Gefühlen. Also benutzt ihn.

Streitet miteinander!

Was die Art, sich zu streiten, über den Zustand einer Beziehung sagen kann

Als ich neulich einen Spätverkauf in der Schönhauser Allee betreten wollte, wich ich erschrocken einige Schritte zurück und duckte mich instinktiv. Aus dem hinteren Teil des Geschäfts waren laute und wütende Stimmen zu hören. Wenn man wie ich zu viele Folgen der Serie *Criminal Minds* gesehen hat, erwartet man in solchen Situationen ja schon irgendwie, dass jetzt gleich mit einem Kapitalverbrechen zu rechnen ist. Ich hatte mein Handy bereits in der Hand, um die Polizei anzurufen, aber dann sah ich, dass ich mich getäuscht hatte. Es waren nicht die Stimmen verschiedener Menschen, es war nur eine Stimme. Und zwar die des Besitzers, der hinter dem Tresen auf und ab lief, während er wild gestikulierend telefonierte. Es war offensichtlich ein Streit, und der Mann wirkte sehr verzweifelt. Als er mich sah, warf er mir einen dankbaren Blick zu und sagte seinem Gesprächspartner, er müsse jetzt auflegen, weil er sich um einen Kunden kümmern müsse. Er trennte die Verbindung und sah mich verzweifelt an.

»Meine Freundin«, sagte er bitter. Dann hielt er das Display seines Smartphones in meine Richtung, das vollkommen zersplittert war. »Sieben Mal musste ich die Glasplatte schon erneuern lassen.« Er erklärte mir, dass die Streitigkeiten mit seiner Freundin seit Monaten so emotional waren, dass er ihre telefonischen Auseinandersetzungen häufig beendete, indem er sein Handy wutentbrannt zu Boden schleuderte.

»Worum gings denn gerade?«, fragte ich, weil ich spürte, dass der Mann einen Gesprächspartner brauchte.

»Keine Ahnung«, rief er hilflos. »Irgendwas Sinnloses. Die Frau macht mich wahnsinnig.« Ich nickte, denn das war ein Gefühl, das ich kannte. Das Konzept ihrer Streitigkeiten war das einer Streitkultur, die ich selbst oft kultiviert habe. Es sind Streitigkeiten, bei denen sich der Sinn verschoben hat, den ein Streit eigentlich haben sollte. Es geht nicht mehr um die Lösung eines Konfliktes, sondern darum, einander die Fehler des anderen vorzuwerfen. Wir gerieten aufgrund unbedeutendster Anlässe in eine Vorwurfsspirale gegenseitiger Schuldzuweisungen. Die Art, sich zu streiten, ist ein Symptom, an dem man ziemlich gut den Zustand einer Beziehung erkennen kann. Wenn Streitigkeiten auf einer solchen Ebene stattfinden, ist das das Ende eines Prozesses. Wer sich so streitet, ist gar nicht mehr bereit, an der Beziehung zu arbeiten. Es geht nur noch um einen selbst. Ohne es uns einzugestehen, arbeiteten wir bereits an der Trennung. Wir bereiteten sie praktisch mit jeder Verletzung, die wir uns zufügten, vor.

Dabei kann ein Streit sehr wertvoll sein, wenn man ihn richtig führt. **Wenn es ein konstruktiver Streit ist und man seinen Emotionen und vor allem seinem Ego nicht die Kontrolle überlässt. Manchmal braucht man nun mal ein Ventil. Wenn sich zwei Menschen füreinander entschieden haben, sind Reibungen vollkommen natürlich. Wenn man so will, ist ein Streit ja nichts anderes als eine Diskussion, die die Geduld verloren hat. Und so sollte man ihn auch sehen. Als Debatte.** Als eine andere Form einer Diskussion, in der es eigentlich darum geht, wie man besser miteinander leben kann.

Die Kunst einer Beziehung besteht ja auch darin, sich gesund streiten zu können. »In Partnerschaften muss man sich manchmal streiten, denn dadurch erfährt man mehr voneinander.« Das hat Goethe einmal gesagt, und wenn es nach meinen Erfahrungen geht, hat er recht. Ich würde sogar noch einen Schritt weiter gehen als Goethe. Ich würde sagen, bei einem Streit lernt man seinen Partner am besten kennen. Erst in hochemotionalen Momenten können sich Seiten einer Person offenbaren, die sie normalerweise sorgfältig verbirgt, vielleicht auch vor sich selbst. Eine meiner Ex-Freundinnen wurde beispielsweise in Streitigkeiten zu einer Person, die mir klarmachte, wie wenig ich von ihr wusste. Sie wurde zu einer Fremden, die ich nicht einschätzen konnte. Aber auch ich bin da ein sehr gutes Beispiel. Es gibt nur wenige Umstände, die mir mehr über mich selbst erzählen als ein Streit. So gesehen ist er eine gute Möglichkeit, die eigenen Fehler zu sehen, und damit ein Ausgangspunkt, sich zu ändern und als Mensch zu entwickeln. Vorausgesetzt, dass man sich überhaupt weiterentwickeln will.

Wie man sich in einem Streit gibt, ist einem ja während der Emotionalität der Auseinandersetzung nur selten bewusst. Eine andere Ex-Freundin gab mir allerdings einmal die Chance, mich bei einer unserer Streitigkeiten aus der Perspektive eines unbeteiligten Dritten zu betrachten. Sie nahm mit der Diktiergerät-App ihres Smartphones Teile unserer lautstarken Diskussion auf. Das gab mir die Möglichkeit, mich mal ein wenig besser kennenzulernen.

Einige Tage darauf spielte sie mir die Aufnahme vor. Es war erschreckend und unangenehm, die mir unbekannte Person, die da mit meiner Stimme sprach, reden zu hören. Der Fremde mit meiner Stimme war nicht cholerisch, er sprach sehr deutlich, sehr akzentuiert und voller Wut. Man hörte ihm an, dass es bei diesem Streit nicht um die Lösung eines Konflikts ging, darüber war der Mann auf der Aufnahme bereits hinaus. Es ging nur darum, seine eigene Wahrheit durchzusetzen.

Es gibt verschiedene Arten, einen Streit zu führen, und auch verschiedene Mittel, die man einsetzen kann. Es kommt natürlich auch auf die Wahl der Argumente an, um den anderen von seiner Meinung zu überzeugen. Der Schauspieler Charlie Sheen hat seine Ex-Frau während eines Streits angeschossen. Er entschuldigte diesen sehr ungewöhnlichen Versuch, sich in ihrem Streit durchzusetzen, damit, dass er angenommen habe, die Waffe wäre nicht geladen. Ich will mich hier nicht mit Charlie Sheen vergleichen, aber wenn ich auf meine bisherigen Beziehungen zurückblicke, begreife ich etwas, was ich in ihnen nie begriffen habe. Wir hatten keine Streitkultur. Es ging nie darum, einen Konflikt zu lösen. Wenn wir stritten, dachten wir immer an Gewinner und Verlierer. Es ging immer ums Gewinnen, nicht darum, unsere Beziehung und uns selbst durch das Lösen eines Konflikts weiterzuentwickeln.

Es ist ein Prinzip, das man sehr gut in politischen Talkshows sehen kann, in denen es auch keine gesunde Streitkultur gibt. Vielleicht haben sie uns sozialisiert. Offen gestanden sehe ich mir solche Talkshows inzwischen nur noch an, um mich fremdzuschämen, und nicht, um einen Gewinn aus ihnen zu ziehen. Andere sehen sich das *Dschungelcamp* oder *Bauer sucht Frau* an und ich mir eben politische Talkshows. Gregor Gysi hat einmal gesagt, dass es in Talkshows nicht um die Frage geht, die einem gestellt wird, es gehe ausschließlich darum, seine Meinung mitzuteilen. Man hört nicht zu, weil man in Gedanken bereits damit beschäftigt ist, was man sagt. Man sieht die Debatte nicht als Möglichkeit, seine Meinung durch ein Gespräch weiterzuentwickeln oder vielleicht sogar aufgrund schlüssiger Argumente des anderen zu ändern. Es geht darum, die eigene Wahrheit durchzusetzen.

Aber eine andere Wahrheit zu sehen, kann den Blick erweitern. Es geht darum, zu gewinnen oder zu verlieren – wenn man seine Meinung aufgibt, sieht man das nicht als eventuelle Bereicherung oder gar Wachsen, nein, es würde einen Verlust darstellen. Genau genommen ist es eine mentale Form des Onanierens. Leute, die nur reden, um sich selbst reden zu hören. Politische Talkshows sind die besten Beispiele, wie man sich nicht streiten sollte.

Wenn ich jetzt so darüber nachdenke, fällt mir auf, dass sich in unserer Art des Streitens auch sehr gut abbildet, wie wir gesellschaftlich konditioniert sind. **Auch in Auseinandersetzungen denken wir in Maßstäben, die uns die Gesellschaft vorgibt: Wir teilen uns in Gewinner und Verlierer ein. Wir stecken in einem Konkurrenzdenken.** Vielleicht liegt es ja auch daran, dass viele nicht gelernt haben, eine gesunde Streitkultur zu entwickeln. Die meisten Streitigkeiten werden über die Egos ausgetragen. Wie man sich seinem Partner gegenüber in einem Streit verhält, erzählt auch auf einer zweiten Ebene, wie man seine Beziehung zu ihm sieht. Man sollte sich die Frage stellen, ob man einen Menschen, der einem etwas bedeutet, so behandeln sollte. Ein Streit sollte immer mit Wertschätzung ausgetragen werden. Es geht schließlich darum, einen Konflikt so zu lösen, dass es für das Zusammenleben ein Gewinn ist. Und zwar mit jemandem, der einem etwas bedeutet.

Wenn man hingegen jemandem zeigen will, wie wenig er einem bedeutet, trägt man seine Streitigkeiten in einem Chat aus. Ich habe da umfangreiche Erfahrungen machen dürfen. Wenn ich etwas in meiner WhatsApp-Karriere gelernt habe, dann dass Streitereien über WhatsApp und jeden anderen digitalen Kanal sinnlos sind. Sie haben noch nie einen Konflikt gelöst. Sie sind nur ein Mittel, die eigene Eitelkeit zu pflegen. Ein Krieg mit Worten, bei dem es keine Gewinner gibt. Man hat Zeit, darüber nachzudenken, was man schreibt, um vor sich selbst am besten dazustehen. Oder den anderen am besten zu verletzen. Es geht in solchen Streitigkeiten vor allem um sich selbst. Der andere ist in der abstrakten Ferne der virtuellen Distanz. Es ist wie ein Spiel, dessen Ziel es ist, dem eigenen Ego zu schmeicheln. Der andere ist zweitrangig. **Durch die virtuelle Distanz verlieren wir das Gefühl für die Verletzungen, die wir dem anderen zufügen.** Man schreibt eigentlich gar nicht an eine andere Person. Man blendet sie aus, wie man die App schließt.

Aber vielleicht hilft ja nur ein kleiner Trick, der konkret anwendbar ist und einen emotionalen Streit nicht zu einer Aneinanderreihung gegenseitiger Verletzungen werden lässt. Es ist gewissermaßen eine Art verhaltenstherapeutischer Trick. Denn es reicht eigentlich schon, eine Regel zu befolgen: **Beantworte einen Vorwurf nicht mit einem Gegenvorwurf.** Denn das ist der größte Fehler – abgesehen natürlich von den Argumenten, die Charlie Sheen so einsetzt, wenn er in einem Streit nicht weiterweiß.

Wenn man diese Kleinigkeit beachtet, kann das einem Streit wieder den Sinn geben, den er eigentlich hat: einen Konflikt zu lösen, und nicht einem Menschen, der einem wichtig ist, Verletzungen zuzufügen, weil man nur sich selbst sieht.

Die Schuld der anderen

Wenn wir die Schuld bei anderen suchen

Ich habe viel Zeit meines Lebens mit Filmen verbracht und in letzter Zeit auch mit Serien, vor allem mit Miniserien. Allerdings muss ich dazusagen, dass ich kein Filmfan im intellektuell cineastischen Sinn bin, dessen Anspruch es ist, auf der Berlinale stundenlang anzustehen, um einen fünfstündigen mongolischen Independentfilm im Original zu sehen, damit dessen Atmosphäre für mich auch vollständig greifbar ist. Ich bin eher jemand, der Edward Norton in *Fight Club,* George Clooney in *From Dusk till Dawn* oder Matthew McConaughey in der Serie *True Detective* zitieren kann, als wären sie Teil meines Bekanntenkreises. Es ist eine seltsame Anlage, in der Fiktion und Wirklichkeit verschwimmen. Freunde weisen mich immer mal wieder darauf hin, dass Charaktere aus Filmen und Serien Figuren sind, die sich Drehbuchautoren ausgedacht haben.

Vielleicht liegt es an diesen Anlagen, dass mir Details im Verhalten von Filmfiguren, die der menschlichen Psyche eigentlich widersprechen, eher auffallen. Vor allem ein Widerspruch begleitet mich schon seit Jahren. Er fällt mir immer wieder auf. Ich meine diese Szenen, in denen Personen nach einem tragischen Ereignis die Schuldfrage stellen. Interessanterweise geben sie sich grundsätzlich selbst die Schuld. Amerikanische Kinofilme und Serien sind von Figuren bevölkert, die die menschliche Größe besitzen, ausnahmslos zuerst bei sich selbst die Schuld zu suchen. Soweit ich das einschätzen kann, ist das eine Umkehrung der menschlichen Natur. Denn offen gestanden kenne ich niemanden, der so denkt. **Die meisten Menschen machen vor allem andere Personen oder Umstände für ihre Fehler oder ihr Scheitern verantwortlich.**

Manchmal frage ich mich, woran es liegt, dass sich die Haltung vieler Filmfiguren so sehr von unserer eigentlichen Haltung unterscheidet. Vielleicht hat es einen pädagogischen Hintergrund. Vielleicht ist das ein ungeschriebener, moralischer Vertrag amerikanischer Drehbuchautoren, der die Zuschauer zu besseren Menschen machen soll. Denn die Wirklichkeit sieht leider vollkommen anders aus.

Nehmen wir das Liebesleben in unserer modernen Zeit als Beispiel.

Wenn ich mich mit Leuten unterhalte, die schon seit längerer Zeit Single sind, erklären sie mir schlüssig, dass das genau genommen nur einen Grund hat: Sie geraten ständig an die falschen Partner. Wenn man ihre Argumente hört, scheint eine übergeordnete Intelligenz aus irgendeinem undurchsichtigen Grund beschlossen zu haben, sie nur mit Menschen zusammenzuführen, die gar nicht zu ihnen passen. Ähnlich geht es mir in den Unterhaltungen mit Menschen, die gerade eine Trennung hinter sich haben. Ich finde es schon erstaunlich, wie viele unglückliche Beziehungen offenbar ausschließlich auf den Partner zurückzuführen sind.

Und mir geht es ja genauso. Ich ziehe seit Jahren ausschließlich psychotische Frauen an. Wenn ich in den letzten Jahren gefragt wurde, warum aus meinen vergangenen Liebschaften keine Beziehungen entstanden sind oder woran meine Beziehungen scheiterten, habe ich die Fehler der Frauen aufgelistet, die eine Beziehung unmöglich machten.

Wir alle besitzen das Talent, alles Erlebte in eine Form zu gießen, die sich so in unser Leben einpasst, dass wir am besten damit leben können. **Wir legen uns unsere eigene Wirklichkeit zurecht. Wir dehnen die Wahrheit und formen sie um.** Wir kultivieren eine Lüge, bis sie zu unserer einzig anerkannten Realität wird. Das ist natürlich ein Selbstschutz. Denn wer sich eingestehen muss, dass er gescheitert ist, macht sich auf die Suche nach dem Schuldigen – aber in den seltensten Fällen richtet man den Blick auf sich selbst. Auf den Gedanken, dass die Wurzel seiner Probleme in einem selbst liegen könnte, kommt man nicht – weil man nicht darauf kommen will. Wenn die Probleme in einem selbst liegen, könnten ihre Lösungen ja mit Arbeit verbunden sein.

Es ist die Überzeugung, dass es nicht an einem selbst liegt, dass es immer die anderen sind, die dem persönlichen Glück im Weg stehen. Man befindet sich in der Opferrolle. Dort ist man immer auf der sicheren Seite. Aber die Schuld grundsätzlich bei anderen zu suchen, ist immer mit einem eingeschränkten Blick verbunden, mit dem man sich selbst im Weg steht. Wie jemand, der die Symptome einer Krankheit erkennt, aber trotzdem nicht zum Arzt geht, weil er sich vor der Diagnose fürchtet, die Voraussetzung für die Heilung ist. Und der Heilungsprozess ist ja auch aufwendiger. Es ist der einfachere Weg, anderen die Schuld zu geben, als sich mit den Ursachen auseinanderzusetzen, die der Grund für die Symptome sind. Der Mensch begibt sich gern in die Opferrolle. Aber wer die Schuld bei anderen sucht, sagt damit eigentlich nur: »Hauptsache, ich muss mein Verhalten nicht ändern.«

Anderen die Schuld zu geben, ist immer ein Argument, selbst nichts tun zu müssen. Anderen die Schuld zu geben, ist der einfachste Weg, sich nicht selbst hinterfragen zu müssen. So ist man auf der sicheren Seite.

Ich konnte das sehr gut. Am Ende unzähliger Unterhaltungen über meine gescheiterten Beziehungen versicherten mir meine Gesprächspartner, wie viel Glück ich hatte, durch die Trennung gerade noch die Kurve gekriegt zu haben, bevor mein Leben zu einem psychotischen Albtraum geworden wäre.

Einigen ist vielleicht das Wort »konnte« in dem Satz »Ich konnte das sehr gut« aufgefallen. Es ist die Vergangenheitsform, denn inzwischen sehe ich die Dinge anders.

Inzwischen sage ich, wenn mich jemand fragt, warum meine letzte Beziehung oder Liebschaft gescheitert ist: »Wir hatten beide unseren Anteil daran, dass es nicht geklappt hat.« Es gehören schließlich immer zwei dazu. Es ist ein Geben und Nehmen, auch wenn es darum geht, einander Verletzungen zuzufügen.

Es gibt schließlich noch andere Gründe, die einen an Menschen geraten lassen, die nicht zu einem passen. Unbewusste Gründe.

Als ich einmal mit Lukas darüber sprach, warum meine Beziehungen nicht hielten, sagte ich: »Ich will mich ja nicht in eine Opferrolle begeben. Aber ich frag mich schon, warum ich ständig an solche Frauen gerate. Ich meine, ich wähle sie ja nicht bewusst aus.«

»Aber du wählst sie doch aus«, sagte Lukas. »Unbewusst auf jeden Fall.« Er machte eine kurze Pause, bevor er weitersprach. »Im Grunde suchen wir uns immer den falschen Partner aus. Das passiert natürlich alles unbewusst. Für dein Unterbewusstsein sind falsche Partner nämlich die richtigen.«

»Wie bitte?« Ich sah ihn verständnislos an.

»Das liegt an den Prägungen unserer Kindheit«, fuhr er fort. »Wir interessieren uns unbewusst für Menschen, mit denen wir die unaufgearbeiteten Konflikte unserer Kindheit noch einmal durchleben können. Wenn die nicht aufgearbeitet wurden, sucht man sich auch als Erwachsener Partner, mit denen man den Konflikt noch einmal durchleben kann, um ihn dann aufzulösen. Wenn man das Trauma nicht auflöst, zerbricht die Beziehung und man begibt sich mit einem neuen Partner aufs Neue in die Situation. Eine endlose Schleife.«

»Wie ermutigend«, lachte ich bitter.

Einige Tage darauf las ich ein Interview mit dem Philosophen Jörg Bernardy, der bestätigte, was Lukas beschrieben hatte. »Aber was wir als Schwächen des anderen wahrnehmen, sind nur Verhaltensmuster«, sagt Bernardy. »Diese Muster stammen fast immer aus der Kindheit. Wir suchen in der Liebe die Vertrautheit von früher. Auch wenn es die Vertrautheit unaufgearbeiteter Konflikte ist. In diesem Sinn wählen wir immer den falschen Partner, er soll die Muster bedienen, die wir zu finden hoffen. Er soll uns das Leid zufügen, das wir erwarten.« Es wurde immer schlimmer. Danke, Jörg, dachte ich hilflos. Vielen, vielen Dank.

Offenbar entkam ich meinem Muster nicht. Die Frage war also, wie man es aufbrach. Vielleicht war es ein Anfang herauszufinden, was überhaupt das Trauma war. Welches Leid meine Seele so beschädigt hatte, dass mein Unterbewusstsein immer wieder aufs Neue danach suchte, um es zu durchleben und aufzulösen. Offen gestanden finde ich keinen Punkt, an dem ich ansetzen kann. Ich bin sehr behütet aufgewachsen. Ich musste offensichtlich tiefer schürfen. Wahrscheinlich würde eine Therapie helfen.

Vorletzte Woche habe ich mich mit einer alten Freundin unterhalten, die mir erzählte, dass sie zum ersten Mal in ihrem Leben in einer glücklichen Beziehung ist.

»Dabei ist er überhaupt nicht mein Typ«, sagte sie. »Aber ich habe mich auf ihn eingelassen. Und das war das Beste, was mir passieren konnte.«

Ich musste an Lukas denken, der als Psychologe eigentlich alles aus dem Verhältnis zu unseren Eltern ableitet. Ich kenne den Vater meiner Freundin, den ich sehr mag. Ein witziger, schlagfertiger Mann, mit dem ich viel lachen kann, mit dem ich aber noch nie ein tiefer gehendes, persönliches Gespräch geführt habe. Er ist der ironische Spötter meines Bekanntenkreises. Da ist ein Abstand, der einem gar nicht auffällt. Er lässt niemanden an sich heran. Auch seine Tochter hat er nie an sich herangelassen. Ein Umstand, unter dem sie lange Zeit gelitten hat. »Meine Ex-Freunde waren alle nicht greifbar«, sagte sie. »Emotional bin ich nie zu ihnen durchgedrungen. Aber bei Sascha ist das anders.«

Ich sah sie an. Erst jetzt fiel mir auf, dass die Erzählungen über ihre Ex-Freunde klangen, als würde sie die Beziehung zu ihrem Vater beschreiben. Ihre Geschichte klang wie ein klassisches Fallbeispiel, das Lukas' und Jörgs Thesen bestätigte. Aber mit Sascha ist sie ausgestiegen. Meine Freundin hat die Muster aufgebrochen und sie hinter sich gelassen. Sie hat sich auf etwas Neues eingestellt. Die Autorin Vera Birkenbihl hat einmal gesagt, dass unser Verstand lieber Negatives bestätigt, als neu zu denken. Man wird lieber enttäuscht, als seinen Horizont zu erweitern. Wahrscheinlich ist das der Schlüssel, der den ganzen Unterschied macht.

Wie so viele habe ich lange Zeit den Fehler gemacht, davon auszugehen, dass ich komplizierte Frauen anziehe. Aber das ist ein Denkfehler. Ich war nie Opfer der Umstände, ich habe die Frauen, die mich interessierten, ganz allein ausgesucht. *Wir* entscheiden, ob wir an jemandem interessiert sind. Bewusst oder unbewusst. Die Frage muss also korrigiert werden. Sie lautet nicht: »Warum ziehe ich Menschen an, die mir nicht guttun?« Sie muss eigentlich lauten: »Warum interessiere ich mich nur für Menschen, die mir so offensichtlich nicht guttun?«

Es geht oft nur darum, die richtigen Fragen zu stellen, dachte ich.

Es ist ja generell ein Fehler, sein persönliches Glück von äußeren Faktoren abhängig zu machen. Sein persönliches Glück von der Liebe abhängig zu machen, ist ebenfalls eine Schuldzuweisung, ein Wegschieben der eigenen Verantwortung – persönliches Glück ist nicht abhängig von einer anderen Person. Wenn man von Erich Fromms Satz ausgeht, dass man erst jemand anderen lieben kann, wenn man sich selbst liebt, stellt sich schon die Frage, in wie vielen Liebesbeziehungen überhaupt geliebt wird. In einer Zeit, in der der Selbstwert vieler nicht allzu groß ist. Um sich als Mensch weiterzuentwickeln, ist es der falsche Ansatz, ständig anderen die Schuld zu geben. Er ist eine Ausrede, selbst nichts tun zu müssen. Es ist der leichte Weg, aber die langfristigen Folgen dieser Haltung können verheerend sein.

In der Abschlussszene der Serie *The Alienist* führt einer der Hauptcharaktere, der von Daniel Brühl verkörpert wird, ein Gespräch mit seinem Vater, dessen Erziehung er sein Leben lang für seine eigenen Fehler verantwortlich gemacht hat. »Ich habe meine Fehler als Erwachsener immer damit entschuldigt, was du mir als Kind angetan hast«, sagt Brühl. »Aber diese Fehler waren meine eigenen.«

Das fasst es sehr gut zusammen. Wenn man nichts unternimmt, um die Ursachen zu bekämpfen, deren Symptome die eigenen Fehler sind, werden die Fehler der Eltern zu den eigenen.

Und das kann man auf alle Beziehungen übertragen und auf alle Bereiche des Lebens.

Sich als Opfer der Umstände zu sehen, ist die Haltung von Menschen, die sich davor fürchten, ihr Leben selbst zu gestalten. Man gibt die Verantwortung ab. Aber wir sind kein passives Produkt der Umstände. Die Idee ist zwar verführerisch, weil es der einfache Weg ist. Die Opferrolle ist eine Komfortzone. Eine groteske Art der Komfortzone, die nichts als Selbstmitleid verlangt. Das Selbstverständnis, ausschließlich anderen die Schuld zu geben, ist ein bequemer Weg, selbst nichts tun zu müssen. Es ist ein Veränderungskiller.

Es ist erstaunlich, wie grotesk der Einfallsreichtum sein kann, wenn es darum geht, Gründe zu finden, eine große Sehnsucht nicht wahr werden zu lassen. Wenn ich darüber nachdenke, fällt mir sofort ein Bekannter ein, dessen Traum es immer war, Schriftsteller zu werden. Er hat diesen Traum nie verwirklicht. Er hat ihn aufgegeben. Aber er konnte nichts dafür. Er hat mir mal erklärt, warum er seinen Roman einfach nicht schreiben konnte. Es lag nicht an ihm. Er war zu einem Opfer der Umstände geworden. Obwohl ich fand, dass die Umstände ziemlich gut aussahen.

Der Literaturagent, der meinen Bekannten betreute, gehörte zu den einflussreichsten des Landes, er hatte sehr erfolgreiche Bücher vermittelt. Die Verlage vertrauten seinem Urteil. Die Türen standen offen, wenn man durch ihn vermittelt wurde. Die Infrastruktur stimmte also. Aber dann passierte es. Der Mann tat meinem Bekannten das Schlimmste an, was man einem jungen Schriftsteller antun konnte.

»Er hat gesagt, dass mein Manuskript das Beste ist, was er im letzten Jahr gelesen hat«, erzählte mein Bekannter, als er mir ihr Gespräch wiedergab. »Amüsant, pointiert und gleichzeitig tiefgehend, hat er gesagt.«

»Und dann?«, fragte ich gespannt, weil ja jetzt die perfide Wendung ihres Gesprächs kommen musste.

»Der hat mir so viele Komplimente gemacht«, fuhr mein Bekannter fort, »dass der Druck plötzlich so hoch war, dass ich nicht mehr schreiben konnte.«

Wie bitte?, dachte ich.

»Ja«, sagte er. »Totale Schreibblockade.«

Aha, dachte ich. Mein Bekannter war also zu einem Opfer des Lobes geworden. Also ich weiß nicht, die beste Methode, jemanden zu motivieren, ist es doch, dessen Arbeit zu loben. Die Gründe mussten also woanders liegen.

Vielleicht nahm er an, dass die ersten dreißig Seiten seines Manuskripts so gut waren, dass alles, was er danach schreiben würde, nicht davor bestehen konnte.

Mein Bekannter erzählte mir, dass er nicht sicher war, wie er lange Lesetouren verkraften würde, und wenn er dann den zweiten Roman schrieb, würde es noch schlimmer werden.

»Der zweite Roman ist immer eine viel größere Herausforderung als der erste«, sagte er.

Aber du hast ja noch nicht einmal den ersten geschrieben, dachte ich.

Ich sagte es nicht. Mein Bekannter hatte eine Philosophie um seinen ganz persönlichen Opfermythos entworfen, unzählige miteinander verwobene Gründe, die verhindern, seinen Traum in die Wirklichkeit umzusetzen. Genauso machen es viele in der Liebe. **Sie haben sich eine Blockade geschaffen, die sich aus einer unüberschaubaren Menge von Gründen zusammensetzt, die gegen eine Beziehung mit der jeweiligen Person sprechen. Und man ist überzeugt davon, dass all diese Gründe selten etwas mit einem selbst zu tun haben.**

Und genau das ist der große Denkfehler.

Wer etwas will, findet Wege, wer etwas nicht will, findet Gründe. Das ist ein Satz, der den wirklichen Antrieb hinter vielen unserer Handlungen sichtbar machen kann. Wer ihn auf Probleme im eigenen Leben anwendet, kann schnell eine Überraschung erleben, die einem nicht gefällt. Nämlich die große Überraschung, dass die Probleme vor allem in einem selbst liegen. Und wenn man das erkennt, weiß man auch, wo man ansetzen muss. Wo man nahezu immer ansetzen sollte – im Beruf, im Leben, in der Liebe: bei sich selbst.

Unsere Probleme liegen vor allem in uns selbst. Die meisten Dinge ändern sich nicht, wenn man sich selbst nicht verändert. Aber sobald das geschieht, verändert sich alles.

Vermeidungsstrategien

Die 200 wichtigsten Punkte meiner Traumfrauliste

Es gibt Fehler, die man immer wieder macht, obwohl man eigentlich aus ihnen gelernt haben müsste. Einer dieser Fehler meines Lebens ist *die Liste*.

Jeder kennt sicher diese Liste, die man als Single zusammenstellt und in der man skizziert, wie der potenzielle Partner denn so sein soll. Der Realityshowteilnehmer Marco Cerullo hat dem Sender RTL 2 die Frage nach seiner Traumfrau mit einem äußerst fragwürdigen Satz beantwortet, der ihn berühmt gemacht hat.

Er sagte: »Optisch wie 'n Model, Charakter von 'ner Dicken.«

Das ist eine sehr sexistische, aber auch sehr kurze Liste. In ihrer Kürze liegt der Vorteil, Marcos potenziellen Partnerinnen Spielraum zu geben. Der Mann ist damit allerdings eine Ausnahme. Die Listen der meisten sind länger. Viel länger sogar.

Wir entscheiden uns für ein bestimmtes Alter, ein bestimmtes soziales Umfeld, einen bestimmten Intellekt, eine bestimmte Attraktivität, eine bestimmte Haltung im Leben – mit diesen Strichen beginnen wir, das Porträt unseres Traumpartners zu zeichnen. Anfangs ist es eine verschwommene Skizze, aber je länger man Single ist, desto detaillierter und ausgearbeiteter wird sie, bis sie irgendwann zu einem klar gezeichneten Bild geworden ist, das keine Abweichungen mehr zulässt.

So weit ist es bei mir glücklicherweise noch nicht, aber natürlich bewerte auch ich Frauen, die ich kennenlerne, danach, wie gut sie in meine Vision eines zukünftigen Lebens passen.

Bei Menschen, die Erfahrung mit langjährigen Beziehungen haben, reduziert sich diese Liste oft wieder, und zwar auf genau einen Punkt. In dem wunderbar melancholischen Film *Up in the Air* wird die Eigenschaft, auf die es eigentlich in einer Beziehung ankommt, benannt:

»Er muss mich zum Lachen bringen«, sagt Alex dort. »Am Ende geht es nur darum.«

Ryan, der von George Clooney verkörpert wird, kommentiert das mit einem bestätigenden Nicken. Und auch ich kann den beiden zustimmen. Der wichtigste Punkt meiner Liste ist ebenfalls, miteinander lachen zu können. Es gibt kaum etwas Schwierigeres, als jemanden zu finden, der den gleichen Humor hat. Vor allem für jemanden wie mich, dessen Humor etwas speziell ist.

Mir ist aber auch wichtig, dass wir gute Gespräche führen können, meine Partnerin weitestgehend mit sich selbst im Reinen ist und wie gut wir beim Sex harmonieren. Wenn ich jetzt so darüber nachdenke, sollten wir aber auch an ähnlichen biografischen Punkten im Leben stehen, mit ähnlichen Vorstellungen, wie unsere Zukunft in den nächsten Jahren aussehen sollte. Es wäre auch schön, wenn unsere Berufe verwandt wären. Wie ich aus eigener Erfahrung weiß, dürfte sie allerdings auch keine Schriftstellerin oder Journalistin sein, weil unterschiedlicher Erfolg ein Konkurrenzdenken verursacht, das eine Beziehung schnell zerfressen kann. Und weil ich auch einmal mit einer Musikerin zusammen war, die seit Jahren kurz vor dem großen Durchbruch steht, weiß ich, dass diese Mechanik auch branchenübergreifend anwendbar ist. Nach jeder meiner Lesungen führten wir stundenlange Streitgespräche, weil ihr jedes meiner Erfolgserlebnisse ihr eigenes Scheitern klarmachte. Es war ganz schrecklich. Ich hatte auch lange Zeit angenommen, dass eine Psychologin gut zu mir passen würde, aber seitdem ich auch diese Erfahrung gemacht habe, weiß ich, dass es keine gute Idee sein muss, mit jemandem zusammenzukommen, der womöglich aufgrund eines unaufgearbeiteten Traumas begonnen hat, Psychologie zu studieren, und es auch nach Jahren im Beruf noch mit sich herumträgt.

Wenn ich den letzten, unerwartet langen Absatz noch einmal überfliege, begreife ich, dass meine Liste wohl doch viel präziser ist, als ich angenommen habe. Offensichtlich bin ich doch weiter, als ich es mir eingestehe. Aber wie bei allen hat sich ja auch mein Blick auf die Dinge aus der Summe meiner Erfahrungen geformt. Mit jeder Erfahrung entstehen neue Verästelungen, die meine Liste noch komplexer machen.

Ich habe allerdings festgestellt, dass ich gerade daran erkenne, dass ich mich verliebt habe, wenn diese Liste keine Bedeutung mehr hat. **Vielleicht ist das auch der Grund, warum meine Liste immer noch existiert. Ich nutze sie gewissermaßen zweckentfremdet. Ich erkenne mein wirkliches und tiefes Interesse an einer Frau, wenn meine über die Jahre entworfene Liste bedeutungslos wird.** So gesehen ist sie eher ein Hilfsmittel, das mir zeigt, dass ich kein tiefgehendes Interesse habe, wenn ich immer noch auf sie achte.

Am deutlichsten wird mir die Nutzlosigkeit meiner sorgfältig modellierten Liste, wenn ich dann doch mal einer Frau begegne, die die Punkte erfüllt. Vergangenes Jahr habe ich eine solche Frau kennengelernt. Ihr Name war Laura und schon unsere erste Begegnung war originell. Obwohl es nur eine Beinahebegegnung war, war sie mit so viel Bedeutung aufgeladen, dass sie wie der Anfang einer perfekten Liebesgeschichte zu sein schien. Einer Liebesgeschichte, die mit einem Tinder-Match begann.

Wie bitte?, denken jetzt sicherlich einige. Ein originelles Tinder-Match? Solche Ausdrücke bezeichnet man eigentlich als logisches Paradoxon. Denjenigen muss ich recht geben. Auf Datingportalen entstehen schließlich selten Aufsehen erregende Kennenlerngeschichten, die man irgendwann einmal seinen Enkeln erzählen kann.

Was soll ich sagen, bei uns war das anders. Oder sagen wir es so, auch wenn ich damit vorwegnehme, dass unsere Geschichte nicht in einem Happy End aufging: Bei uns hätte es anders sein können.

Es war ein Donnerstag. Den Wochentag weiß ich noch so genau, weil Freunde von mir jeden Donnerstag im Berliner Soho House einen gemeinsamen Abend organisieren, den sie »Thirsty Thursday« genannt haben. Der Donnerstagabend ist eine Institution. Eine wichtige soziale Konstante, um sich in einem Alltag, in dem man sich schnell aus den Augen verlieren kann, regelmäßig zu treffen. Ich bin nicht immer dabei, aber immer mal wieder. Wie an diesem Donnerstag.

Als ich auf dem Weg dorthin war, öffnete ich Tinder und sah mir noch einmal das Foto der Frau an, mit der ich am Morgen ein Match gehabt hatte. Sie hieß Laura und war wirklich mein Typ. Als ich im Soho House eingetroffen war, zeigte ich das Foto meinem Freund Max. Als sich Lauras Profilbild auf meinem Smartphone öffnete, stieß er einen überraschten Laut aus.

Dann rief er: »Die war gerade hier.«

»Wie bitte?«, fragte ich.

»Ja«, lachte er. »Ich hab gerade noch mit ihr gesprochen, die ist vor zwanzig Minuten abgehauen. Ich kenn sie schon seit Jahren.«

»Du kennst sie?« Ich sah ihn fassungslos an. Das war schon ein großer Zufall, und je größer ein Zufall ist, desto mehr Bedeutung gibt man ihm. So war es auch bei mir.

Während Max mir erzählte, wie gut Laura und ich zueinanderpassen würden, schrieb ich ihr eine Nachricht. Sie antwortete sofort. Wir verabredeten uns, und Max schien recht zu behalten, denn schon bei unserem ersten Date fügte sich Laura nahtlos in meine idealisierten Vorstellungen einer Frau, mit der ich mein Leben teilen wollte. Sie passte ins Bild. Sie hatte den passenden Job, die passenden Lebensumstände und Interessen. Laura entsprach nicht nur allen Punkten, sie fügte sogar noch ein paar hinzu und vervollständigte meine Liste.

Aber es gab ein Problem: Ich war nicht verliebt.

Manche Erfahrungen muss man einfach machen, obwohl sie einem in der Theorie klar sind: **So detaillierte Pläne man auch entwirft, Gefühle kann man nun mal nicht planen.** So sehr ich es mir auch wünschte, meine Gefühle waren nicht da. Es fühlte sich nicht richtig an. Trotzdem hoffte ich, dass Gefühle entstehen würden, vielleicht brauchte ich einfach nur Zeit, bis sich irgendwann ein warmes Gefühl einstellte, wenn ich an sie dachte. Nicht den plötzlichen Rausch einer überbordenden Verliebtheit, der mich bei anderen Frauen überwältigt hatte, sondern eine langsame Entwicklung. Dinge von Wert entstehen schließlich mit der Zeit.

Was soll ich sagen, es hat nicht funktioniert. Erst durch Laura begriff ich wirklich, dass der Entwurf einer perfekten Partnerin, die ich durch meine Liste erschaffen hatte, nun mal nichts mit Gefühlen zu tun hat.

Manchmal stelle ich mir vor, wir wären zusammengekommen. Wir würden zusammen in eine große Altbauwohnung ziehen, Kinder haben und konsequent die Idealvorstellung eines Lebens, die ich mir in Gedanken zusammengestellt habe, verwirklichen. Das Problem an dieser Idealvorstellung ist, dass es sich um ein ästhetisches Ideal handelt. Wie ein Kunstwerk, dessen Schönheit wir zwar objektiv wahrnehmen, die uns aber nicht berührt.

Es ist natürlich eine interessante Frage, was passiert, wenn man seine Gefühle von einer solchen Liste abhängig macht. Eine Antwort auf diese Frage kenne ich. Leider, muss man wohl sagen, denn sie gehört zu den Erfahrungen, die mich noch immer sehr irritieren, obwohl sie schon einige Jahre her ist. Diese Erfahrung hieß Maria. Ich lernte sie auf dem Geburtstag einer Freundin kennen. Im Gegensatz zu Laura begann alles wie ein Rausch. Alles griff ineinander, wir lachten viel, führten wunderbare Gespräche, unsere Küsse harmonierten und der Sex war fantastisch. Es ging alles ziemlich schnell, vielleicht zu schnell, denn als wir uns drei Wochen kannten, hörte ich sie auf einer Geburtstagsparty zu einem gemeinsamen Freund sagen, dass sie sich ein Kind mit mir vorstellen konnte. Ich hörte das zufällig, und vielleicht hätte ich bei einer solchen Aussage nach so kurzer Zeit misstrauisch werden müssen, aber für mich fügte sie sich schlüssig in unseren Rausch. Aber dann passierte etwas Unerwartetes.

Maria passierte.

Genau wie ich hatte auch sie eine Liste. Und genau zwei Tage nach der Geburtstagsparty kam es zu einem Telefonat, in dem sie die einzelnen Punkte ihrer Anforderungen mit mir abglich.

Um es gleich vorwegzunehmen: Ich hatte keine Chance. Aber als ich begriff, in welche Richtung sich unser Gespräch entwickelte, wollte ich offen gestanden auch gar keine Chance mehr haben. Maria hatte nämlich sehr konkrete Vorstellungen, wie der Mann, mit dem sie ihr Leben teilen wollte, sein sollte. Ihre Liste war allerdings so genau ausgearbeitet, dass in ihr sogar detailliert festgelegt war, wie ich mich in bestimmten Situationen verhalten, was ich sagen, denken oder fühlen sollte. Es war erschreckend.

»Wenn wir telefonieren, fragst du mich bitte zuerst, wie mein Tag war«, sagte sie.

Wie bitte?, dachte ich, aber bevor ich etwas erwidern konnte, begann sie, mich mit Vorwürfen zu überschütten, in denen sie mir Beispiele aufzählte, in denen ich von ihrer Liste abgewichen war.

»Wir dürfen auch nicht mehr so viel miteinander lachen«, sagte sie. »Ich will in einer Beziehung vor allem ernsthafte Gespräche führen.«

Es war unglaublich. Maria beschrieb mir praktisch in Form einer bizarren Bedienungsanleitung, wie ich zu sein hätte, um in ihre Idee einer Beziehung zu passen. Dieses Gespräch war keine Diskussion, in der es um das gleichberechtigte Austauschen von Argumenten ging, dieses Gespräch war eine Aufforderung zur Selbstentfremdung.

Mir fiel der Dialog zweier Männer ein, den ich einmal in einem Film gehört hatte. Worum es in dem Film ging, weiß ich nicht mehr, aber das kurze Gespräch habe ich mir gemerkt. Die Männer sind alte Freunde und sprechen darüber, wie fremd sie einander geworden sind, seitdem einer von ihnen mit einer Frau zusammen ist.

»Ich habe mich verändert«, rechtfertigt sich der Mann in der Beziehung.

»Das ist falsch«, entgegnet der andere. »*Sie* hat dich verändert.«

Während Maria auf mich einredete, dachte ich: Wenn ich mich auf ihre Forderungen einließ, die ja genau genommen Befehle waren, handelte dieser Dialog von mir.

»Also ganz ehrlich«, unterbrach ich sie. »Wenn ich mir das so anhöre, musst du dir eigentlich einen Mann bauen.

Wenn wir uns jetzt treffen würden und ich ständig darauf achten würde, mich nach deinen Regeln zu richten, wäre ich doch gar nicht mehr natürlich. Ich hätte das Gefühl, mich zu verbiegen.«

»Du bist überhaupt nicht kritikfähig«, rief sie ansatzlos.

Oh Gott!, dachte ich fassungslos.

Ich meine, natürlich kann man über solche Dinge reden und ihre Einwände hatten auch einen wahren Kern, aber durch Marias fordernden und vorwurfsvollen Ton ging ich instinktiv in eine Abwehrhaltung. Man muss noch einmal erwähnen, dass dieses Gespräch nicht nach drei Monaten oder einem halben Jahr stattfand. Unser erstes Treffen war jetzt knappe drei Wochen her. Wir hatten uns vielleicht siebenmal getroffen.

Das Gespräch dauerte 27 Minuten. Ein knappe halbe Stunde, in der sich alles auflöste, was uns verband. Maria stellte sich in Gedanken einen Partner zusammen, der ihr so sehr entsprach, dass er eine männliche Version ihrer selbst sein müsste. Ein Mario gewissermaßen. Und wer sich so zwanghaft an seiner Liste orientiert, hat ja schon den Sinn einer Beziehung vollkommen falsch verstanden.

Aber weshalb legen wir eigentlich solche Listen an? **Die allgegenwärtige Selbstoptimierungsbesessenheit unserer Zeit hat ja auch unser Verständnis einer Paarbeziehung verschoben. Wir denken in einem »Ich« und nicht in einem »Wir«, wenn wir an eine Beziehung denken. Wir verstehen Beziehungen als Teil unseres individuellen Selbstverwirklichungsprozesses.**

Das eigene Ich überstrahlt alles, es darf nicht eingeschränkt werden. Jeder Aspekt einer Beziehung soll sich um unser Ich ordnen – auch der Partner. Er soll die Idee unserer selbst ergänzen. Wir bewerten die Beziehung und unseren Partner nur danach, inwieweit beide der Verwirklichung unseres Ichs nutzen. Man hat diese Idee über Jahre entworfen. Sie ist so angelegt, dass man sich widerstandslos entfalten kann. Und unser Partner soll sich nahtlos in diese Idee einfügen. Wenn man sich an Listen hält, ist man innerlich festgelegt. Man ist nicht bereit, diesen Plan zu hinterfragen. Wenn man ausschließlich von sich selbst ausgeht, wird jedes Abweichen des Plans als Fehler des Partners gesehen. Der Gedanke, sich weiterzuentwickeln, ist nicht vorgesehen.

Letztlich kann man es wohl so zusammenfassen: Diese Sicht auf eine Beziehung hat nichts mit Liebe zu tun. Sie ist nichts weiter als ein Egotrip. Und zwar ein Egotrip de luxe.

Unsere so akribisch ausgearbeiteten Listen sind ein gutes Beispiel, wie verkopft viele geworden sind, wenn es um Gefühle geht. Die Vorstellung eines idealen Partners kreist nur um einen selbst, was ganz natürlich ist, es ist ja auch ein Entwurf, den wir kreiert haben. Aber das ist ein eingeschränkter Blick.

Eine Vorstellung zu verwerfen, die nur etwas mit einem selbst zu tun hat, gibt einem die Möglichkeit, eine Beziehung so zu sehen, wie sie eigentlich sein sollte. Nämlich kein alter, über die Jahre zusammengestellter Entwurf, sondern eine neue Idee, die aus der Gegenwart entsteht. Eine gemeinsam entworfene Vision, die die Hoffnungen, Wünsche und Eigenschaften beider einschließt. Man tritt aus seinem ichbezogenen Erleben und erstellt mit einem frischen Blick auf das eigene Leben eine neue Idee. Die Idee einer gemeinsamen Existenz. Das ist in der Idee einer Beziehung, die nur auf der eigenen Selbstverwirklichung beruht, nicht vorgesehen.

Jede Partnerschaft ist eine Wachstumschance des Individuums. Sie ist gewissermaßen eine Bewusstseinserweiterung, die uns die Möglichkeit gibt, über uns selbst und unsere eigenen

Bedürfnisse hinauszuwachsen. Wenn man so will, ist sie eine Erneuerung des eigenen Selbst.

Wahrscheinlich ist es Maria gar nicht klar, aber eigentlich wollte sie keine Beziehung. Ihre Liste war so detailliert, dass kein realer Mensch sie erfüllen könnte.

Und je verfeinerter die Listen sind, mit denen man seinen idealen Partner entwirft, desto mehr sorgen sie dafür, dass man mit jeder Abweichung von ihnen einen neuen Grund findet, der gegen eine Beziehung spricht. Sie sind ein Muster, das uns vor den Verletzungen schützen soll, die uns zugefügt wurden, als wir in unserer Vergangenheit Menschen nah an uns herangelassen haben. Sie sind eine Schutzstrategie unserer Psyche. Sie sind nützlich, wenn man sich niemandem öffnen will, damit man nicht verletzt wird.

Aber wie bereits erwähnt, die Listen, in denen wir unseren idealen Partner kreieren, können sehr wertvoll sein – wenn man sie als das erkennt, was sie eigentlich sind: Sie sind Hindernisse. Hindernisse, die nicht mehr wichtig sind, wenn man sich wirklich verliebt. Sie sind nichts mehr wert, wenn ich mich verliebe. Es ist tatsächlich das Zeichen, an dem ich erkenne, ob ich wirklich verliebt bin, und das mich die so sorgfältig durchdachten Regeln über Bord werfen lässt. Sie zählen plötzlich nicht mehr. Der wirkliche Traumpartner entzieht sich jeder Liste.

Also werft eure Listen weg. Sie stehen nur im Weg und verhindern, dass man sich öffnet, dass man Gefühle zulässt. Sie verhindern das, worauf es wirklich ankommt im Leben.

Die störenden Details

Es gibt Dinge, die man bei einem ersten Date nicht erzählen sollte. Oder beim zweiten. Bei manchen Dingen sollte man vielleicht sogar ernsthaft darüber nachdenken, ob man sie lieber generell verschweigen sollte. Man sollte berücksichtigen, dass der Mensch, der einem gerade gegenübersitzt, diese Information zu diesem sehr frühen Zeitpunkt des Kennenlernens vielleicht missverstehen könnte. Dass ein Schatten auf das Bild einer eventuellen gemeinsamen Zukunft fallen könnte, der dazu führt, dass es zu keinem zweiten Date mehr kommt. Aus irgendeinem Grund begegne ich häufig Frauen, denen solche Überlegungen offenbar fremd sind. Zum Beispiel Frauen, die mir bei unserem ersten Date erzählen, dass sie gerade eine Trennung hinter sich haben, und es für meine Begriffe eigentlich noch zu früh ist, um sich auf einen neuen Mann einlassen zu können. Wie Lisa, mit der ich mich Anfang des Jahres traf.

»Das ist für mich alles noch sehr ungewohnt«, sagte sie verlegen. »Das Singleleben. Ich muss mich da erst einmal reinfinden.«

»Ach?«, sagte ich. »Seit wann bist du denn wieder Single?«

»Seit einem knappen Monat.«

»Ach?«, wiederholte ich. Ich lächelte, obwohl ich spürte, dass ich einen leichten Widerstand überwinden musste, um dieses Lächeln zu halten.

Es gibt ja verschiedene Aspekte, die zusammentreffen müssen, damit eine Verliebtheit entstehen kann. Einer dieser Aspekte ist der richtige Zeitpunkt. Es ist zum Beispiel ein seltsamer Zufall, dass ich die wundervollsten Frauen immer dann treffe, wenn die Wunden, die mir meine letzte Trennung zugefügt hat, noch so frisch sind, dass ich noch nicht bereit bin, mich auf jemand anderen einzulassen. Wenn ich das einer

Frau ehrlich sage, führt das unvermittelt zu einem sofortigen Kontaktabbruch.

Vielleicht war es bei ihr ja nur das Ende einer Liebschaft, die so kurz oder unbedeutend war, dass sie noch schmerzlos beendet werden konnte, dachte ich. Sechs Wochen, höchstens drei Monate, länger durfte sie auf keinen Fall gewesen sein. Ansonsten wäre Lisa noch in der Verarbeitungsphase, und ich weiß aus schmerzvoller Erfahrung, was da auf mich zukommen würde.

»Wie lange wart ihr denn zusammen?«, fragte ich.

»15 Jahre«, sagte sie.

»Ach?«, sagte ich mit dem unbestimmten Gefühl, dass dieser Ausdruck zum meistbenutzten Wort des Abends werden würde.

»Ich glaube, du sehnst dich nach dem Zustand einer Beziehung und nicht nach einem Menschen«, sagte ich, als wir uns verabschiedeten. »Vielleicht solltest du jetzt einfach mal versuchen, ein halbes Jahr allein zu sein.«

Ich bin mir nicht sicher, ob sie verstanden hat, was ich damit sagen wollte. Das Prinzip schien ihr vollkommen fremd zu sein. So wie der Frau, mit der ich zwei Monate später ein Date hatte, nur dass es in ihrem Fall ein anderes Prinzip war.

Sie hieß Laura und erzählte, dass die Beziehung mit ihrem letzten Freund nicht wirklich funktioniert hatte. Irgendwann entschieden sie, eine einmonatige Auszeit voneinander zu nehmen, damit jeder für sich darüber nachdenken konnte, was er eigentlich wollte. Als sie sich nach der vereinbarten Zeit wiedersahen, beschlossen sie, es noch einmal miteinander zu versuchen. Ein Neuanfang, mit dem alles anders werden sollte.

»Hast du in dem Monat eigentlich mit anderen Frauen geschlafen?«, fragte Laura im Laufe ihres Neuanfanggesprächs.

»Mit keiner«, beantwortete er ihre Frage wahrheitsgemäß. »Ich meine, wir wollten uns doch darüber klar werden, wie wir zueinander stehen.«

»Stimmt«, sagte sie und nickte ein wenig zu schnell, wie sie in seinem Blick sah, der sich plötzlich veränderte. Und dann – ja, dann – machte er einen Fehler. Er stellte Laura die Gegenfrage.

»Und du?«, fragte er. »Hattest du was mit einem anderen?« Laura zögerte, bevor sie die Frage mit einem leichten Nicken beantwortete. Er spürte den Stich, als er sich unwillkürlich vorstellte, wie Laura mit einem anderen Mann schlief.

»Wir waren ja auch nicht zusammen«, schob er so gleichgültig wie möglich nach.

»Stimmt«, sagte sie.

»Wie viele waren es denn?«, fragte er mit einem verunglückten Lächeln und hoffte, dass es nur zwei waren.

»Acht«, sagte sie.

»Acht«, rief er. »In einem Monat? Das waren ja dann jede Woche zwei.«

Laura sah ihn verständnislos an.

Wie bitte?, dachte ich, als sie es mir erzählte. Während ihrer Erzählung hatte offensichtlich auch mein Blick die Fassung verloren, denn Laura fügte erklärend hinzu: »Ich brauch einfach unverbindlichen Sex, um mit einer Trennung umzugehen.«

»Klar«, sagte ich, während ich hilflos dachte, dass es einfach Dinge gibt, die man bei einem ersten Date nicht erzählt. Dann überprüfte ich mit einem unauffälligen Blick, wie viel Wein sich noch in der Karaffe befand. Es war nicht mehr viel, glücklicherweise, das Ende des Abends war in Reichweite. Ich griff nach dem Wein und schenkte uns nach.

An diese Dates musste ich denken, als ich an einem der letzten heißen Nachmittage des Spätsommers bei meinen Eltern war. Ich saß unter einem alten, knorrigen Pflaumenbaum, den ich schon seit meiner Kindheit kenne. Wir saßen zu fünft an einem langen Tisch, der für den Grillabend aufgestellt worden war.

Ich war der einzige Mann, und auch der einzige Single, ein Umstand, dessen Bedeutung ich natürlich noch nicht ahnte. Aber das sollte sich bald ändern.

Während sich meine Tischnachbarinnen angeregt unterhielten, blickte ich zu ihren Männern hinüber, die sich im hinteren Teil des Grundstücks um den Grill versammelt hatten. Ich schwieg, und dieses Schweigen hatte gute Gründe. Wenn meine Eltern Gäste ihres Alters haben, geht es selten um Dinge, bei denen ich mitreden kann. Ihre Themen betreffen mich einfach nicht. Es geht um Probleme, die die Welt von Einfamilienhausbesitzern im Umland von Berlin kreiert. Meine Probleme entstehen in der Innenstadt und werden in Altbauwohnungen oder Bars diskutiert. Es sind zwei Welten, die ziemlich weit auseinanderliegen. Trotzdem – oder vielleicht gerade deswegen – können aus der jeweils anderen Welt Impulse kommen, die einen die Dinge in der eigenen klarer sehen lassen. Auch wenn es wehtut.

Aber davon war noch nichts zu spüren. Das Gespräch der Frauen umspülte mich sanft, der Sinn ihrer Worte erreichte mich kaum, die Atmosphäre hatte etwas angenehm Einschläferndes. Dann aber geschah etwas Unerwartetes und ich wurde wach. Das lag an dem Thema, zu dem meine Tischnachbarinnen gerade gewechselt waren. Ein Thema, das mit dem Satz »Wir haben eigentlich niemanden in unserem Freundeskreis, der sich getrennt hat« eingeleitet wurde. Allerdings registrierte ich erst jetzt, dass dieser Satz in einem Tonfall ausgesprochen wurde, als würde sie diese Erkenntnis selbst überraschen. Es klang nicht, als würden sie über die Idee einer alles beherrschenden euphorischen Liebe reden, es klang eher, als hätten sie durchgehalten.

Sie begannen, über ihre Männer zu sprechen, die nur knapp außer Hörweite im Rauch des Feuers standen. Über die vielen, kleinen, störenden Fehler, mit denen ihr gemeinsamer

Alltag durchsetzt war. Und wie schwer es ihnen auch nach Jahrzehnten gemeinsamer Ehe fiel, mit diesen Fehlern umzugehen. Ein Thema, das man eigentlich nicht vor einem Mann bespricht, der ihre Ehepartner sein Leben lang kennt. Offensichtlich hatten sie vergessen, dass ich noch am Tisch saß. Ich war fast so etwas wie unsichtbar.

Es ist ein seltsames Gefühl, Eheprobleme von Paaren zu erfahren, die man schon von Kind auf kennt. Irgendwie empfindet man ihre Ehen als unantastbar, vielleicht weil man sie als Teil der eigenen Vergangenheit verklärt. Das Gespräch der Frauen erinnerte mich an die Unterhaltungen, die ich mit Freunden führe, wenn wir unsere letzten Dates, Liebschaften oder zerbrochenen Beziehungen auswerten. Mit dem Unterschied, dass sie dreißig oder vierzig Jahre zusammen waren, während ich mich schon nach dem ersten Date, wenige Wochen oder Monate später gegen eine Frau entschieden habe.

Die Frauen stimmten überein, dass man Menschen einfach nicht ändern kann. Man könne nur an Facetten arbeiten, man habe nur Einfluss auf Nuancen, aber im Großen und Ganzen bleibe der Mensch gleich.

Sie sprachen darüber, was die Ehe aus ihnen gemacht hatte. Wie sie sich in den Jahrzehnten ihrer Ehe verändert haben, weil sie ihre Männer nicht ändern konnten.

Und plötzlich passierte es. Plötzlich fielen die unscheinbaren Sätze, die meinen Blickwinkel ändern sollten. Den Blick auf mich selbst.

»Ich habe mir angewöhnt, das Gute zu sehen«, sagte eine der Frauen. »Man muss immer den ganzen Menschen berücksichtigen. Das viele Gute überwiegt ja.«

Ich sah sie aufmerksam an und dachte: Sie hat recht.

Wenn das Gute überwiegt, nimmt das vielen störenden Details ihre Bedeutung. Wenn ich bei Frauen allerdings Details entdeckte, die mich störten, ging ich davon aus, sie nähmen die Beziehung bereits vorweg. **Aber wer seine Aufmerksamkeit auf ein unschönes Detail richtet, verliert das Gefühl für das Ganze.** Als würde man zu nah vor einem Gemälde stehen, das einen berührt hat, aber man sieht nur ein unwesentliches Detail, das einem missfällt, und schließt von ihm auf das ganze Bild. Wenn ein Detail alles überstrahlt, kann ein winziger Makel zu einem Ausschlusskriterium werden. Dabei müsste man nur ein paar Schritte zurücktreten, um das vollständige Bild zu sehen. Wie das vom Maler sorgsam gesetzte Zusammenspiel aller Feinheiten, Widersprüchlichkeiten und Farbgebungen ein plausibles Ganzes ergibt, das einen berührt.

Das war der Augenblick, in dem ich begriff, wie meine Beziehungen Bestand haben würden. Oder überhaupt erst entstehen konnten. Ein Moment der Klarheit, der eine Aufbruchstimmung erzeugte. Ich genoss, wie das euphorische Gefühl eines Neuanfangs in mir wuchs. Es mischte sich zwar mit einer leichten Melancholie, weil ich meine Fehler der letzten Jahre sah, die nicht rückgängig zu machen waren, aber die Aufbruchstimmung begann bereits, die Fehler der Vergangenheit zu überstrahlen. Mir war klar, dass ich jetzt alles anders machen würde. Dass es dieser Moment war, der alle folgenden Tage beeinflussen würde. Ich hatte mich immer auf die Hindernisse konzentriert und ausgeblendet, was mir der Mensch insgesamt hätte geben können. »Hindernisse sind diese furchterregenden Sachen, die du dann siehst, wenn du dein Ziel aus den Augen verlierst.« Das hat Henry Ford gesagt, und da kann ich ihm nur zustimmen. Es ist ein Satz, der anwendbar ist, auf das Leben, die Karriere, auf Beziehungen und natürlich auch auf die Liebe.

Wenn ich die letzten Absätze noch einmal lese, klingt das natürlich alles wunderbar wahrhaftig, man liest diese Wahrheiten mit dem angenehmen Gefühl, sie vorbehaltlos unterschreiben zu können. Man liest das und denkt: Ja, genau so ist es, genau so sollte es sein. Jetzt frage ich mich allerdings, warum ich mich trotz dieser Einsichten nicht danach richte. Die Antwort ist einfach: weil es Idealisierungen sind.

Man empfindet etwas Ähnliches, wenn man sich in einer Wahrheit wiederfindet, die man in einem dieser Zitatbilder in seinem Facebook- oder Instagram-Feed entdeckt. Es sind Bilder, die sehr viele Likes erhalten. Offensichtlich sind wir süchtig nach Zitaten, in denen wir uns wiederfinden können, nach Aha-Erlebnissen und nach Anleitungen, die uns vorgeben, wie wir unser Leben erfüllender machen können. Wir werden mit ihnen bombardiert. In sozialen Medien, unzähligen Artikeln und Psychologieratgebern werden unsere Fragen beantwortet. **Wir kennen die Antworten, sie sind für jeden zugänglich. Wir müssten uns nur nach ihnen richten, um uns zu ändern und damit unser Leben erfüllender zu machen.**

Die Herausforderung ist es gerade, sich danach zu richten. Aus Worten Taten zu machen. Aber wir richten uns nicht danach, wir scrollen weiter und machen weiter, ohne eine Änderung vorzunehmen. Man kennt die Anleitung, aber wendet sie nicht an. Weil sie natürlich ebenfalls Idealisierung ist. Sie hat mehr mit Gedanken als mit Gefühlen und dem Leben zu tun. Aber wenn man wirklich etwas ändern will, geht es darum, diese Gedanken ins Leben zu übersetzen. Aus Gedanken Handlungen entstehen zu lassen.

Aber so weit lassen wir es nicht kommen. Auch ich nicht. Die Gedanken an die potenzielle Lösung scheinen eine andere Funktion zu haben. Sie beruhigen mein Gewissen. Jedes Like, das man gibt, ist eine Zustimmung, eine Beruhigung, dass man verstanden hat. Man erkennt das Problem und weiß, wie es zu lösen ist. Es ist angenehm zu wissen, dass die Lösungen existieren, dass wir ja wissen, wie wir Änderungen vornehmen könnten. Aber man verschiebt sie erst mal. Irgendwann, wenn der Zeitpunkt passt, wird man sie umsetzen. Man vergisst bei solchen Gedankengängen nur, dass »irgendwann« oft ein anderes Wort für »niemals« ist.

Das angenehme Gefühl, eine Erkenntnis gewonnen zu haben, ist wichtiger, als sie im eigenen Leben anzuwenden. Es ist das kurze Gefühl der Bestätigung, das schnell verblasst. Wenn man sie allerdings nicht umsetzt, ist sie nicht nachhaltig. Sie bereichert das Leben nicht. Sie verpufft. Sie wird zu einer Worthülse, ohne Substanz.

Manchmal denke ich, ich konsumiere Erkenntnisgewinne, wie ich einkaufe, nämlich um ein kurzes, gutes Gefühl zu haben. Beides löst keine anhaltende Befriedigung aus. Beides muss schnell ersetzt werden. Ob es ein neues Produkt ist oder eine neue Wahrheit, die einen die Dinge klarer sehen lässt. Das Prinzip ist dasselbe.

Ich habe den Eindruck, dass es nicht wenigen geht wie mir.

Weshalb ich noch immer Single bin

Ich saß zurückgelehnt im Garten meiner Eltern und genoss die Überdosis dieses Instagram-Zitat-Bestätigungsgefühls. Vielleicht weil mir schon klar war, dass dieses Gefühl nicht lange halten würde. Wenn ich weiterscrolle, ist es schon beinahe verschwunden. Wenn das nächste Bild meine Aufmerksamkeit fesselt, ist es bereits nicht mehr da. Die Aufbruchstimmung, die ich gerade empfand, würde zwar länger halten, aber sie war auch schon fast dabei, wieder abzuklingen.

Ich spürte schon, wie es sich mit der Überzeugung mischte, dass ich mich nicht danach richten würde, als ich an die Gespräche mit meinen Freunden denken musste, an das Thema, das immer aufkommt, wenn ich mich mit Menschen treffe, denen ich etwas bedeute.

Das Thema, warum ich immer noch Single bin.

»Ganz ehrlich?«, fragt Stephan. »Du findest doch immer was, was dich stört.«

»Stimmt«, fügt Sebastian hinzu. »Bei dir entscheiden doch schon Kleinigkeiten, die gegen eine Frau sprechen.«

Ich muss dazusagen, dass ich diese Kleinigkeiten nie als Kleinigkeiten empfunden habe, ich empfand sie eher als Details, die vieles in einer Beziehung vorwegnahmen.

Ich habe eine Bekannte, die das ähnlich sieht. Auch sie achtet bei Dates auf Details. Eigentlich ist es nur ein Detail, von dem für sie alles abhängt. Eine Eigenschaft, die sie auf das Wesen eines Mannes schließen lässt. Sie achtet darauf, wer während des Dates die Wassergläser nachfüllt.

»Bitte?«, fragte ich mit einem skeptischen Lächeln.

»Es ist einfach eine Frage der Höflichkeit«, sagt sie. »Ich mag Männer, die zuvorkommend sind. Wenn ich mir selbst nachschenken muss, ist er einfach nicht umsichtig, das ist schon ein Ausschlusskriterium. Aber wenn er erwartet, dass ich ihm nachschenke, ist es dann wirklich vorbei. Dann ist ja klar, wie er sozialisiert ist.«

»Und sein Rollenverständnis auch«, erwidere ich.

»Genau«, rief sie. »Das ist aus einer anderen Zeit, wir sind doch nicht mehr in den Fünfzigern.«

Ich kann meine Bekannte verstehen, denn ich funktioniere ähnlich. Das Detail kann eine ganze Persönlichkeit erklären. Es kommt allerdings auf die Art des Details an und was man daraus schließen will.

Meine Mutter hat ebenfalls auf gewisse Details geachtet, wenn sie einen Mann kennenlernte. Als sich meine Eltern zum ersten Mal trafen, unterzog sie meinen Vater sogar einem dreistufigen Test, von dem eine gemeinsame Zukunft abhing. Sie konnte ihn in wenigen Minuten durchführen.

Um diesen Test verstehen zu können, muss man wissen, dass meine Mutter nie geraucht hat und nicht allzu viel von

Männern hält, in deren Alltag Alkohol eine Rolle spielt, die über das übliche Maß hinausgeht. Und man muss wissen, dass ihr Date in Ostberlin stattfand. In der DDR.

Es war der 1. Mai, der Kampftag der Arbeiterklasse. Das war der höchste Feiertag, den es in der DDR gab. In der Karl-Marx-Allee fand an dem Feiertag eine Massendemonstration statt. Die Anwesenheit dort war für jeden Berliner eine freiwillige Pflicht. Irgendwie hatten sich meine Eltern dieser Pflicht entziehen können, so gesehen fand ihr erstes Date in einem illegalen Rahmen statt. Obwohl Köpenick menschenleer war, trafen sie sich in der Wohnung meiner Mutter. Das war notwendig, weil sie nur dort alle drei Phasen ihres Tests durchführen konnte.

Als mein Vater gegen Mittag klingelte, war die Wohnung präpariert. Meine Mutter hatte einen Aschenbecher auf den Couchtisch gestellt. Als mein Vater das Wohnzimmer betrat, fragte sie, ob er eine rauchen wolle. Er winkte ab, mit der Begründung, nicht zu rauchen. Das war der erste Punkt, der für ihn sprach.

Dann fragte sie, ob er ein Glas Cognac wolle. Er lehnte ab, was ebenfalls für ihn sprach. Wer mittags keine Probleme hat, hochprozentigen Alkohol zu trinken, würde eine Welt repräsentieren, die meiner Mutter fremd war.

Parallel fand schon eine weitere Testphase statt. Es war die wichtigste. Jetzt wurde es heikel. Als mein Vater sich gesetzt hatte, fiel sein Blick auf die alles entscheidende dritte Phase. Sie fand auf dem Bildschirm des Fernsehers statt, den meine Mutter kurz zuvor eingeschaltet hatte. Der Sender, der gerade lief, war das ZDF. Westfernsehen. ARD und ZDF waren die Feindsender. Propagandainstrumente des imperialistischen Aggressors. Es war nicht verboten, sie zu sehen. Aber es war auch nicht erwünscht. Seine Reaktion auf dieses Detail würde alles entscheiden. Es würde auch klarmachen, wie das Leben mit ihm aussehen würde.

Mein Vater registrierte, dass der Fernseher lief, und wandte sich dann wieder meiner Mutter zu. Er hatte den Test bestanden.

Es kommt auf die Wahl der Details an und wie schwerwiegend es ist, was sie über einen Menschen aussagen. Die AfD zu wählen oder mit ihr zu sympathisieren, wäre für mich zum Beispiel ein schlüssiger Grund, nicht mit einer Frau zusammenzukommen. Aber wenn ich daran zurückdachte, welches Detail bei meinem letzten Date darüber entschieden hatte, ob ich die Frau wiedersehen wollte, erschien es absurd. Es war ihre Art zu lachen, die mir missfiel.

Als ich an unser Date dachte, spürte ich sofort wieder einen inneren Widerstand. Mir war klar, dass ich das nicht übergehen konnte. Auch jetzt nicht. All die schönen Theorien und Erkenntnisse wurden von der Wirklichkeit bezwungen.

Es hatte sich nichts geändert. Es waren immer noch störende Details, die entschieden, dass ich das Interesse an einer Frau verlor. Meistens schon nach dem ersten Date oder dem ersten Sex. Die Frage war nur: Warum?

Ich dachte noch einmal an die eigentliche Frage, die ich mir stellen sollte: **Warum wandte ich die Lösungen nicht an, obwohl ich sie kannte? Warum gebe ich unwichtigen Details so viel Bedeutung, obwohl ich ja weiß, dass zur Kunst einer langjährigen Beziehung gehört, den Menschen als Ganzes zu sehen, die 100 Prozent, die einen Menschen ausmachen, wahrzunehmen?** Ich richtete meine Aufmerksamkeit auf die störenden 5 Prozent. Sie haben mehr Gewicht als die restlichen 95 Prozent. Warum sind meine Prioritäten so verzerrt?, dachte ich. Warum machte ich Nichtigkeiten zu Ausschlusskriterien?

Das Berliner Datingproblem

Vor einigen Monaten hat mir eine Frau namens Sophia von einem Date mit einem Mann erzählt, der sich mit einem Satz verabschiedete, der die zwei Stunden, die sie wirklich schön fand, in Sekundenbruchteilen in sich zusammenfallen ließ. Er sagte: »Bevor wir uns wiedersehen können, muss ich erst mal mit meinem Psychiater sprechen.«

Wie bitte?, dachte Sophia und versuchte, ihren entsetzten Blick so gut zu kaschieren, wie es ihr möglich war. Sie spürte praktisch, wie die Zeit langsamer abzulaufen schien, während ihr Gehirn noch dabei war, diese sehr unerwartete Information überhaupt zuzulassen. Es waren Sekundenbruchteile, die ihr natürliches Lächeln zu einem angespannten Lächeln machten. Der perfekte Abend hatte einen Riss bekommen. Sie wusste, dass es nicht zu einem zweiten Date kommen würde.

»Ich hab ihn sofort blockiert, als ich zu Hause war«, sagte sie.

Sophias Date ist mit seiner Äußerung natürlich ein drastisches Beispiel, aber wenn ich jetzt darüber nachdenke, was mir Singlefrauen generell so über ihre Erfahrungen mit Männern erzählen, scheinen sie ausschließlich Männer mit erheblichen psychischen Beeinträchtigungen anzuziehen.

»In Berlin sind alle Männer gestört« ist ein Satz, der seit Jahren inflationär benutzt wird.

Wenn es nach ihren Erfahrungen geht, scheint der Berliner Singlemarkt eine Art Modellprojekt zu sein, das sich ausschließlich aus Freigängern aus der geschlossenen Psychiatrie zusammensetzt. Ich kenne nicht wenige Frauen, die sich gegenseitig davon überzeugen, wie gestört die Männer sind, die sie daten. Und da ist dann dieser ganz spezielle Unterton, der auch erzählt, dass sie sich über die Bestätigung ihrer These freuen. Als wären sie in einer Art Wettbewerb.

Und umgekehrt ist das ähnlich. Mir fallen die entsetzten Gesichter meiner Freunde ein, wenn ich ihnen von den

Frauen erzähle, die ich date. Es ist offensichtlich ein universelles Problem.

Anfang August traf ich mich mit meinen Freunden Lukas und Sebastian im Café Schoenbrunn, einem Biergarten im Volkspark Friedrichshain, den ich sehr mag, weil man hier das Gefühl hat, nicht in Berlin zu sein, obwohl der Park mitten in der Innenstadt liegt. Wir tranken Bier und sprachen darüber, was es Neues in unseren Leben gab, bevor das Gespräch wieder darauf kam, dass ich immer noch Single bin. Oder wieder. Offen gestanden sind meine Freunde inzwischen ziemlich ratlos, denn mein Liebesleben scheint sich ausschließlich aus schlüssigen Anekdoten zusammenzusetzen, die begründen, warum es ein Fehler gewesen wäre, mit der jeweiligen Frau zusammenzukommen.

Sagen wir es so: Seit dem letzten Treffen mit meinen Freunden war ich zwei Fehlern begegnet. Zwei Fehler, die Hannah und Lea hießen.

Mit Hannah hatte ich mich vor einigen Monaten getroffen. Sie ist Journalistin und hat auch zwei Bücher geschrieben. Ich mochte sie wirklich, bis zu diesem Abend, der aus meiner Vorstellung von einer gemeinsamen Zukunft eine zweimonatige Liaison machen sollte. Wir saßen auf meinem Balkon und tranken Wein. Man sagt ja, im Wein liegt die Wahrheit. Ich bin mir nicht sicher, ob das immer zutrifft, aber in dem ausgezeichneten 2008er-Rioja, den ich besorgt hatte, schienen sehr viele Wahrheiten zu liegen. Vor allem unbequeme. Denn als ich Hannahs Glas zum dritten Mal füllte, wechselte sie sehr unvermittelt das Thema.

»Machen wir uns doch nichts vor«, rief sie aggressiv. »Ich schreibe einfach viel besser als du.«

Ich wich erschrocken einige Zentimeter zurück, auch weil mich dieser Themenwechsel so unerwartet traf. Ich ahnte allerdings nicht, dass das erst der Anfang war. Dass der Wein gerade erst begann, seine Wirkung zu entfalten. Hannah hatte mit diesen Sätzen gewissermaßen nur durchgeladen. Aber jetzt rief alles in ihr: »Feuer frei.«

Sie erzählte, dass sie tagelang durch die Berliner Buchhandlungen streifte, um ihre Bücher auf meine zu legen. Sie wollte mich praktisch verschwinden lassen. Ich war offensichtlich zu ihrem Hobby geworden. Ein Geständnis, das auch eine Verabschiedung war, denn in diesem Moment begriff ich, dass eine Beziehung mit dieser Frau ein ewiger Konkurrenzkampf sein würde. Unser Gespräch nahm praktisch eine Beziehung vorweg.

Wir schliefen dann doch noch miteinander, was daran liegen konnte, dass der Alkohol jetzt auch begann, mir die Entscheidungen abzunehmen. Am nächsten Morgen stand Hannah im Treppenhaus und verabschiedete sich mit der resoluten Feststellung: »Du meldest dich sowieso nicht bei mir.«

»Natürlich meld ich mich«, sagte ich mit einem beruhigenden Blick und war in diesem Moment sogar davon überzeugt. Was soll ich sagen, es war eine dieser sich selbst erfüllenden Prophezeiungen. Wir sind uns dann einige Zeit darauf zufällig am U-Bahnhof Alexanderplatz begegnet. Als sie mich erkannte, verspannte sie sich, wandte den Blick ab und ging resolut an mir vorbei. Sie legte praktisch ihren ganzen Hass in ihre Körpersprache, und ich hatte ihn wohl auch verdient.

Bei Lea, dem zweiten Fehler, war es eher ein Detail. Formulieren wir es mal so: Ihr Paarungsritual hatte einige verstörende Bestandteile. Die bestanden darin, dass sie mich, während wir miteinander schliefen, mit eindringlicher Stimme permanent psychologisch bewertete. Ich habe ja schon Probleme mit Frauen, die aus Gründen, die ich nicht nachvollziehen kann, jede Stellung kommentieren müssen, aber das hier war schlimmer.

Als ich beispielsweise oben war, analysierte Lea mit einem lauten Stöhnen:»Ja! Und jetzt lebst du dein Machtgefühl aus.« Es war wirklich verstörend. Ich versuchte, ihre Analysen irgendwie auszublenden, aber es funktionierte nicht. Alkohol hätte eine Lösung sein können. Aber aus irgendeinem Grund missfällt mir der Gedanke, mein zentrales Nervensystem vollkommen lahmzulegen, um den Sex mit der Frau irgendwie erträglich zu machen. Offensichtlich hatte nur ein schwerer Alkoholiker eine Zukunft mit ihr, eine Grenze, die ich nicht bereit war zu überschreiten.

Am nächsten Morgen sagte Lea entschieden:»Also: Am Montag komm ich zu dir, dann kochst du für mich, wir trinken Wein und haben einen schönen Abend.« Es klang wie ein Befehl oder eine Gebrauchsanweisung. Leas Anleitung zum Glücklichsein sozusagen. Ich fühlte mich schon jetzt überfordert. Als ich ihre Wohnung verließ, nahm ich mein Handy, blockierte ihre Nummer und löschte sie auch gleich. Es gibt Umstände, bei denen ich mich lieber doppelt versichere.

Die beiden Frauen sind natürlich drastische Beispiele. Hannah und Lea prügelten die Argumente, die gegen sie sprachen, ja praktisch auf mich ein. Aber wenn meine Eltern meine Beziehungen der letzten Jahre überblicken, fassen sie sie mit der Erkenntnis zusammen:»Du warst ja immer mit psychisch äußerst labilen Frauen zusammen.«

Ähnlich sehen es meine Freunde, deren Augen sich im Schoenbrunn während meiner Schilderungen immer fassungsloser geweitet hatten.»Du gerätst auch immer an die falschen Frauen«, riefen sie.

Eine unerfüllte Liebe prägt uns mehr als eine glückliche
Auch wenn solche Abende für mich immer ein wenig qualvoll sein können, genießen meine Freunde diese Berichte aus

einer Welt, die sie schon lange verlassen haben, weil sie in langjährigen Beziehungen sind. Meine Anekdoten haben für sie Unterhaltungswert. Vielleicht verbinden sie sie auch mit einem nostalgischen Gefühl an eine Zeit, die sie sich nicht zurückwünschen würden. In Gesprächen mit meinem Psychologenfreund Lukas lerne ich mich oft ein wenig besser kennen.

Als wir uns vergangenen Freitag trafen und ich ihm von den beiden Frauen erzählte, die unsere Dates ja offenbar dazu nutzten, mich mit Argumenten zu überhäufen, die gegen sie sprachen, sagte er einen Satz, der mich überraschte.

Er sagte: »Eigentlich war etwas in dir doch dankbar für diese Informationen.«

»Wie bitte?«

Lukas sah mich aufmerksam an. »Ist dir schon mal aufgefallen, dass du vor allem Gründe findest, die gegen eine Frau sprechen?«, fragte er. »Du scannst die Frau ja schon automatisch nach Fehlern.«

Ich spürte, wie sich etwas in mir zusammenzog, verbunden mit dem Gefühl, vollkommen falsch eingeschätzt zu werden. »Aber dir ist schon klar, dass ich mir eine Beziehung wünsche«, rief ich.

»Natürlich weiß ich das, aber das machst du dir ja nicht einmal bewusst. Es ist ein instinktiver Schutzmechanismus. Jetzt überleg mal«, Lukas setzte sich auf. »Welche Frauen haben dich mehr geprägt? Die, mit denen du eine erfüllte Liebe verbindest, oder die, bei denen sie unerfüllt geblieben ist?«

Es war eine interessante Frage. Natürlich strahlten meine unglücklichen Lieben stärker in mein Leben, dachte ich, und dann sagte ich es auch.

»Und warum?«, rief Lukas und sah mich einen Moment lang an, bevor er die Frage selbst beantwortete. »Weil du gelitten hast. Deine Psyche verbindet deine unglücklichen Lieben mit Verletzungen, und davor will sie sich natürlich schützen«, fuhr er im professionellen Ton des Psychologen fort. »Dagegen kann eine glückliche Beziehung gar nicht bestehen – so unfair das auch ist –, deine Psyche fühlt sich ja nicht von glücklichen Momenten bedroht. Vor Glück muss sie sich nicht schützen. Aber wenn du wegen einer Frau leidest, beginnt deine Psyche, Schutzmechanismen zu entwickeln, um dieses Leiden zu verhindern. Und genau diese Schutzmechanismen sind dein Problem!«

»Inwiefern?«, fragte ich.

Jede Trennung verstärkt unsere Schutzmechanismen, nicht wieder verletzt zu werden

»Wir leben in einer Zeit, in der die Menschen mehr Beziehungen, Affären oder Liebschaften haben als je zuvor«, referierte Lukas. »Es gibt also auch mehr Trennungen, die natürlich auch immer mit Verletzungen verbunden sind. Ob es nun eine vierwöchige Liebschaft, eine monatelange On-off-Beziehung oder eine jahrelange Beziehung war. **Jede Trennung fügt uns in irgendeiner Form Schmerzen zu. Und jeder neue Trennungsschmerz verstärkt unsere Schutzmechanismen, nicht wieder verletzt zu werden. Und mit jeder neuen Verletzung entwickelt unsere Psyche Verhaltensweisen und Schutzstrategien, um diese Verletzungen zukünftig zu vermeiden.** Darum suchst du bei Dates unbewusst nach Fehlern, um schnell einen Grund zu haben, dich früh genug zurückziehen zu können – bevor die Gefühle so tief sind, dass sie zu erneuter Verletzung führen können. Darum suchst du nach Ausschlusskriterien, darum entscheiden bei dir schon Details gegen einen ganzen Menschen. Du willst einfach nicht verletzt werden.«

»Scheiße«, sagte ich. Offenbar war ich die vergangenen Jahre blind gewesen.

»Es ist sogar noch komplizierter«, sagte Lukas ernst.

Oh, dachte ich. Es wurde ja immer beruhigender.

»Obwohl du dir natürlich sagst, dass du dich nach einer Beziehung sehnst, gehst du voreingenommen in jedes Date. Etwas in dir geht davon aus, dass die Beziehung nach einem bestimmten Zeitraum sowieso wieder vorbei sein wird. Du erwartest das, denn das entspricht schließlich deinen Erfahrungswerten. Also schützt du dich instinktiv, indem du nach Gründen suchst, die dir an der Frau nicht gefallen. Und je mehr Dates und Affären man hatte, aus denen keine Beziehung entstanden ist, desto weniger optimistisch ist man, man geht aufgrund vieler schlechter Erfahrungen und Enttäuschungen immer skeptischer in eine Kennenlernphase. Und das, lieber Michael, ist oft eine sich selbst erfüllende Prophezeiung.«

Lieber Michael?, dachte ich hilflos, die Anrede passte, denn soweit ich das richtig einschätzte, sprach Lukas ja offensichtlich gerade mit einem Beweis für diese Thesen.

So sehr ich mich also nach einer Beziehung sehne, will ich eigentlich gar keine Beziehung führen.

Egal was ich mir auch einredete, es ging mir ausschließlich darum, Gründe zu finden, die gegen eine Frau sprachen, um zu dem Schluss zu kommen, dass man nicht mit ihr zusammen sein konnte.

Der Satz »Ich kann nicht mit jemandem zusammen sein« bedeutet meistens: »Ich will nicht mit ihm zusammen sein«, dachte ich.

Wer etwas *nicht* will, sucht nach Gründen.

»Etwas in dir sträubt sich vehement und lehnt sich mit allen zur Verfügung stehenden Mitteln gegen jede Frau auf, die zu nah an dich herankommen könnte. Es bekämpft, dass du dich öffnest und Gefühle zulässt. Und weil das sehr subtil gesetzte, intelligente Mittel sind, nimmst du sie nicht wahr«, sagte Lukas.

»Aber wie kommt man denn da raus?«, fragte ich.

»Das geschieht ja alles nur aus einem Grund – um dich zu beschützen«, sagte Lukas. »Du musst diese Fehlersuche als Schutzstrategie erkennen, mit der du dir nur selbst im Weg stehst. Es sind Vermeidungsstrategien, die die Kontrolle übernommen haben. Sie entstehen aus der unbewussten Angst vor Bindung. Solche Menschen sabotieren ihre Partnerwahl schon, bevor sie überhaupt jemanden kennenlernen. Indem zum Beispiel die Liste ihrer Ansprüche so lang ist, dass kein Mensch sie erfüllen kann. Man muss sich einfach klarmachen, dass diese Schutzstrategien wahre Bindung verhindern, weil sie von der Angst geprägt sind, verletzt zu werden. Aber wer sich nicht öffnet und damit verletzbar macht, fühlt nun mal auch nichts.«

Es kommt ja nicht so oft vor, dass man nach einem Gespräch spürt, wie erhellend es war, und weiß, ab sofort Änderungen vornehmen zu können, die man vorher nicht vornehmen konnte, weil man bestimmte Dinge nicht gesehen hat. Die Unterhaltung mit Lukas war eines dieser wichtigen Gespräche, ab sofort würde ich alles anders machen können. Die Situation erinnerte mich an den Nachmittag im Garten meiner Eltern. Und ich war bereit, die Dinge zu ändern. Wieder mal.

Der Vorteil von Schutzmechanismen

Wenn man etwas über sich selbst erfährt, wird nicht sofort alles anders. Veränderung ist ein Prozess. Ich befand mich am Anfang eines wichtigen Weges, das verstand ich. Und jetzt war es Zeit, die ersten Schritte zu gehen. Denn mit ihnen beginnt die Veränderung, dachte ich. Die wirkliche Veränderung.

Tja.

Was soll ich sagen, ich sollte kurz darauf eine weitere Erfahrung machen, die mir mehr über mich erzählen sollte. Was in der Theorie so einfach und klar erkennbar war, verschwamm in der Praxis zu etwas Vagem und Undeutlichem, bis es kaum noch erkennbar war. Bei dem ersten Date, das ich nur eine knappe Woche nach dem Gespräch mit Lukas hatte, verschwand es sogar, als hätte ich es nie geführt. Das lag daran, dass sich die Frau, mit der ich mich traf, offensichtlich noch nie Gedanken darüber gemacht hatte, was man bei einem ersten Date so erzählen sollte – und vor allem, was nicht.

Sie hieß Aljona und war außerordentlich attraktiv. Ich war überrascht, dass sie überhaupt Single war. Bevor ich mich mit ihr traf, zeigte ich einem Freund einige Fotos auf ihrem Instagram-Profil.

»Da musst du aber ganz vorsichtig sein«, sagte er. »Wenn eine Frau mit dieser Attraktivität Single ist, hat das auch Gründe. Und diese Gründe sprechen meistens nicht unbedingt für sie.«

»Nein«, sagte ich selbstbewusst und machte eine abwehrende Handbewegung. Seit dem Gespräch mit Lukas war ich schließlich gereift. Ich sah die Dinge mit einem neuen Blick.

Allerdings gehörte das Wort »Nein« auch zu einem Gedanken, der sich in mir bildete, als ich mich mit Aljona traf. Anfangs lief alles gut, aber als sie begann, einige Anekdoten aus ihrer letzten Beziehung zu erzählen, wurde dieses »Nein« immer größer und immer unbeherrschbarer.

Sie erzählte, dass sie sich einmal zu einem Bewerbungsgespräch mit einem Mann getroffen hatte. Das Gespräch fand in einem italienischen Restaurant in Berlin-Mitte statt, wo sie Fisch aßen und Wein tranken. Ihr wurde jedoch schnell klar, dass der Mann gar nicht daran interessiert war, ihr eine Stelle anzubieten. Ihm ging es darum, mit ihr zu schlafen, ein Umstand, der noch unappetitlicher war, weil der übergewichtige Mann mit Halbglatze, über die er seine vereinzelten Haare drapiert hatte, und den Schweißtropfen, die sich über seiner Oberlippe sammelten, auch gar nicht ihr Typ war. Während des Essens schrieb sie unter dem Tisch heimlich mit ihrem Freund WhatsApp-Nachrichten, in denen er ihr riet, noch den Wein auszutrinken und sich dann schnell zu verabschieden. Das klang nach einem guten Plan, die Hälfte der Flasche war noch gefüllt. Sie hatte also genug Zeit, sich eine schlüssige Ausrede einfallen zu lassen, dachte sie, während ihnen der Mann, der ihr gegenübersaß, nachschenkte. Sagen wir es so: Den Wein trank sie noch aus, zur Verabschiedung kam es nicht mehr, denn der Alkohol fing an zu wirken.

»Um vier Uhr morgens bin ich dann im Hotelzimmer aufgewacht«, sagte sie. »Neben dem Typen. Gott, ich war so betrunken, ich konnte mich kaum noch an den Sex erinnern.« Ach?, dachte ich irritiert. Dann sagte ich: »Verstehe.«

Ich überlegte, was mir dieses Erlebnis auf einer zweiten Ebene über den Menschen erzählte, der mir hier gerade gegenübersaß. Ich vermute mal: »Wenn ich betrunken bin, kann ich für nichts mehr garantieren.«

»Und«, fragte ich, »wie gings weiter?«

»Ich hab dann ganz leise das Hotelzimmer verlassen«, sagte sie. »Gott sei Dank hab ich ihn nicht geweckt. Das war alles so unangenehm, auch weil das wirklich kein attraktiver Mann war.«

»Verstehe«, sagte ich und begriff instinktiv, dass ich mich an diesem Abend wohl noch häufiger mit diesem Wort in unsere Unterhaltung einbringen würde. Die Wörter »verstehe« und »ach«, in einem ungläubigen Tonfall. Beide signalisierten eine dunkle Gefahr, die sich gerade auf mich zubewegte.

»Auf meinem Handy waren dreißig Anrufe in Abwesenheit. Von meinem Freund«, sagte die dunkle Gefahr in entspanntem Plauderton. »Der wusste natürlich genau, was los ist. Aber er hat mir verziehen.«

»Schön«, sagte ich. Der Mann schien sehr leidensfähig zu sein, dachte ich. Oder die Bedeutung des Begriffes »Würde« war ihm aus irgendeinem Grund fremd. »Warum seid ihr eigentlich nicht mehr zusammen?«, fragte ich. »Er scheint ja gut zu dir gepasst zu haben.«

»Er hat sich getrennt«, sagte sie mit einem Zögern. »Keine Ahnung, warum. An mir kanns nicht gelegen haben.«

»Natürlich nicht«, sagte ich tonlos und leerte mein Weinglas, um es umgehend nachzufüllen. Als ich das Glas in der Hand hielt, war es beinahe, als würde ich mich daran festhalten. Ich brauchte offensichtlich Halt.

Obwohl ich es ja inzwischen besser wusste, war ich meinen Vermeidungsstrategien gnadenlos ausgeliefert. Sie liefen praktisch Amok. Ich hatte keine Chance. Mein Interesse an Aljona verlor sich mit jeder neuen Geschichte, die sie erzählte. Inzwischen war die vage Idee einer eventuellen Zukunft mit ihr durch den Unterhaltungswert ersetzt worden, den die Geschichte unseres Dates auf der nächsten Party zwischen zwei Gläsern Rotwein haben würde.

Als sie ihre Erzählungen beendet hatte, waren wir wieder in der Gegenwart angekommen, an diesem Abend, an diesem Tisch, als hätten sie alle diese Erlebnisse letztlich hierhergeführt. Zumindest schien Aljona das so zu sehen, sie sah mich lächelnd an und sagte: »Und jetzt sitzen *wir* hier.«

»Ja, und jetzt sitzen wir hier«, wiederholte ich langsam und dachte verzweifelt: Oh mein Gott!

Ich meine, mir ist schon klar, dass jeder seine Vergangenheit hat. Sie sollte keinen Einfluss auf die gemeinsame Gegenwart haben. In der Psychologie sagt man allerdings, dass sich von vergangenem auf zukünftiges Verhalten schließen lässt. Eine Erfahrung, die mir schon viele Menschen bewiesen haben, einschließlich ich mir selbst, und soweit ich unser bisheriges Gespräch einschätzte, zählte Aljona nicht zur großen Ausnahme, die diese Regel bestätigte.

Man sagt ja, dass Vertrauen die Voraussetzung ist, sich einem Menschen zu öffnen, Liebe beruht darauf. Und ich war mir ziemlich sicher, dass es mir nun sehr schwerfallen würde, dieser Frau mein Vertrauen zu schenken, auch weil ich wusste, dass ich es bei Aljona gar nicht erst darauf ankommen lassen wollte. Und jetzt verstand ich, was sich verändert hatte, meine Vermeidungsstrategien waren Amok gelaufen, aber es war meine klare Entscheidung. Und ich ihnen sehr dankbar, dass es sie gab.

Ich hatte die wirkliche Veränderung verschoben. Zumindest ein wenig.

Ein Volk von beziehungsunfähigen Narzissten
Über die Gefahr von Zeitgeistdiagnosen

Vor einigen Monaten wurde mir in einem Gespräch, das als Diskussion begann, zu einem Streit wurde und schließlich mit einer unvermittelten Trennung endete, vorgeworfen, ich sei ein Narzisst.

»Natürlich!«, werden sich jetzt vielleicht einige sagen. »*Das* hätte ich mir denken können.«

Moment, muss ich da schnell einwerfen. Ganz so einfach ist es dann vielleicht doch nicht, obwohl der verdichtete Verlauf unserer Unterhaltung, der ein Gespräch in nicht einmal einer halben Stunde zu einer Trennung machte, darauf schließen lässt. Aber warten wir kurz ab.

Wenn man das so sagen kann, hatte uns unser gemeinsamer Freund Patrick einander vorgestellt. Über ihn lernte ich Louise an einem trüben Novembermorgen kennen, und zwar in meinem Schlafzimmer. Ich weiß, das klingt jetzt schon irgendwie, als würde Patrick sich neben seinem eigentlichen Beruf noch als Regisseur von Amateurpornofilmen selbstverwirklichen, aber bevor Missverständnisse entstehen, die in eine vollkommen falsche Richtung führen, kann ich versichern, dass alles natürlich vollkommen harmlos war.

Es spricht nicht für mich, ich weiß, aber inzwischen gehört es schon zu meinen morgendlichen Routinen, dass meine Hand nach meinem iPhone tastet, obwohl ich noch benommen vom Schlaf bin. Nachdem ich den Flugmodus ausgeschaltet habe, leuchten die Nachrichten der letzten acht Stunden auf dem Display auf. An diesem Morgen war auch eine Nachricht von Patrick dabei, die er um 2:24 Uhr aus der Odessa-Bar in Berlin-Mitte abgeschickt hatte. Jeder weiß, was von Nachrichten zu halten ist, die nach Mitternacht geschrieben werden, wenn deren Verfasser sich gerade in einer Bar aufhält.

Man muss dazu wissen, wie sehr Patrick an meinem persönlichen Glück interessiert ist. Wie nicht wenige meiner Freunde ist er auf einer selbstlosen Mission: Er will endlich einer Frau begegnen, die zu mir passt. Leider entdeckt er die Frauen, die er sich an meiner Seite vorstellen kann, ausschließlich im Berliner Nachtleben. Er schickt mir häufig in den frühen Morgenstunden Fotos, unter denen Telefonnummern stehen, die ich nie anrufe. Wie ich aus eigener Erfahrung weiß, ist das Aussehen nicht das Problem, das liegt meist tiefer. Aber diesmal war das Gesicht der Frau, die auf dem Foto zu sehen war, wirklich attraktiv. Zwar klang der Text, den Patrick dazu verfasst hatte, nicht unbedingt, als würde mit ihm eine dieser großen Liebesgeschichten beginnen, nach der wir uns alle so sehnen. Aber ich weiß auch, dass ich zu den Menschen gehöre, die sich zwingen müssen, die Dinge nicht immer überzubewerten.

»Nast, wir müssen uns unterhalten. Hab 'ne Anfrage von 'ner Perle«, hatte Patrick geschrieben. »Hab natürlich abgeraten. Aber sie will sich selbst davon überzeugen, dass du so bist wie alle anderen.«

Wie bitte?, dachte ich, musste aber unwillkürlich lächeln. Dass ich so bin wie alle anderen?

Wenn man schon vor einem Kennenlernen von so etwas ausgeht, ist das ja oft eine sich selbst erfüllende Prophezeiung. Aber Louise war offensichtlich schlagfertig, verbunden mit einem ironischen Humor, den ich so mag. Ich würde sie treffen, dachte ich, naiv wie ich war. Vielleicht begann mit dieser alkoholdurchtränkten Nachricht ja wirklich eine dieser großen und seltenen Liebesgeschichten.

Was soll ich sagen, ich ahnte nicht, wie sehr sich Louises Prophezeiung selbst erfüllen würde. Ich begriff es erst in unserem Trennungsgespräch, in dem sie mich mit Vorwürfen überschüttete, was für ein selbstbezogener Narzisst ich sei.

Es war eine Diagnose, die mich überraschte. Wir kannten uns ja erst seit einem knappen Monat. Nach einem Monat ist es ja schon drastisch, eine narzisstische Persönlichkeitsstörung zu unterstellen, auch weil sich Narzissten in diesem Zeitraum noch in der Phase befinden, in der sie sich noch sehr charmant geben, um den anderen für sich zu gewinnen – bevor sie ihn dann manipulieren, sein Selbstbewusstsein untergraben, um ihn schließlich in den emotionalen Abgrund zu stoßen. Mir sah man die Störung offenbar schon jetzt an. Es stand offenbar schlimmer um mich, als ich gedacht und vor allem gehofft hatte.

Während Louise meine Unzulänglichkeiten nachwies, wuchs in mir allerdings das seltsame Gefühl eines unbestimmten Déjà-vu. Erst nach unserem Gespräch, als ich Stephan und Sebastian angerufen hatte, um Louises Vorwürfe auszuwerten, verstand ich, woran das lag. Louise und ich hatten diese Unterhaltung schon geführt, und zwar bereits ziemlich oft. Der Unterschied war, dass es in den vorherigen Gesprächen nicht um meine narzisstischen Defizite gegangen war, sondern um die der Männer, mit denen sie bisher zusammen gewesen war. Es war beunruhigend, sie sprach über mich wie über ihre Ex-Freunde, es gab keine Unterschiede. Sie datete offensichtlich nur Männer, deren Persönlichkeiten praktisch deckungsgleich waren. So gesehen hatte sie recht behalten: Ich war wie alle anderen, sie stellte ja bei jedem Mann, der ihr näherkam, dieselbe Diagnose.

Das war der Moment, der die ersten Zweifel säte. Sebastian vermutete, dass Louises Diagnose mehr mit Louise als mit den Männern zu tun hatte, bei denen sie sie stellte.

»Das klingt eher nach einer verwundeten Seele«, sagte er. Stephan sah das ähnlich.

»Die ist irgendwann mal von einem Narzissten verletzt worden«, sagte er. »Und jetzt stellt sie bei jedem Mann dieselbe

Diagnose, sobald er ihr zu nah kommt. Und warum?« Er sah mich an. »Aus Angst vor erneuter Verletzung. Damit sie einen Grund hat, sich wieder zurückzuziehen.«

Ohne dass es Louise auffiel, wollte sie gar keine Beziehung. Ihr Unterbewusstsein tat alles, um zu verhindern, dass sie sich auf andere einließ.

Verführerische Lifestylediagnosen

Louise ist natürlich ein dramatisches Beispiel, aber es gibt etwas, was sie mit ziemlich vielen Singles gemeinsam hat. Auch mit mir. Soweit ich das einschätze, ist das allerdings keine Gemeinsamkeit, auf der wir hätten aufbauen können.

Ich begegne wirklich überraschend vielen Menschen, die anderen eine narzisstische Persönlichkeitsstörung diagnostizieren. Narzissmus ist eine der beliebtesten Diagnosen, vor allem wenn es um ehemalige Partner geht. Und auch wenn man bei Google sucht, bekommt man schnell den Eindruck, dass der moderne Singlemarkt von Narzissten überschwemmt wird. Sie sind überall. Einer von ihnen schreibt ja offenbar auch diesen Text.

Und da fangen die Missverständnisse schon an.

Die meisten, die von Narzissten sprechen, meinen Menschen mit narzisstischen Zügen. Es ist eine falsche Verwendung des Begriffes, die sich etabliert hat.

Die Psychologin Stefanie Stahl hat mir in einem gemeinsamen Gespräch erzählt, wie gut sie es findet, dass wir in einer Zeit leben, in der sich die Menschen so reflektiert mit sich selbst auseinandersetzen wie nie zuvor. Das ist sicherlich richtig, kann allerdings auch schnell zu Fehldiagnosen führen. Nehmen wir mich als sehr gutes Beispiel.

Wenn ich spüre, dass ich krank werde, mache ich häufig den gleichen Fehler. Ich öffne meinen Laptop und beginne, die Symptome zu googeln. Das kann schnell unappetitlich

werden, vor allem wenn ich die Google-Bildersuche einsetze.
Nach zwanzig Minuten bin ich davon überzeugt, nur noch wenige Tage zu leben zu haben. Ich spüre die Panik, die Hitze-
wallungen, den schnellen Herzschlag, und konsultiere hektisch
einen Arzt, um mir die unvermeidliche Diagnose bestätigen
zu lassen. Im Wartezimmer bin ich davon überzeugt, dass ich
eigentlich nur noch aus organisatorischen Gründen hier bin.
Es geht nur noch darum, die Dinge zu ordnen. Die Frage ist,
wie viel Zeit mir noch bleibt, um das zu tun.

Mein Arzt löst die Panik dann mit einem Satz auf. Ich hatte
praktisch eine Nahtoderfahrung erlebt, obwohl nie eine Gefahr bestanden hatte. Sozusagen einen umgekehrten Placebo-
effekt. Ich verstehe wieder einmal, wie sehr das Körperliche
von der Psyche abhängt. Wie sehr beides einander bedingt.
Und ich verstehe, dass ich vorsichtiger mit Selbstdiagnosen
sein muss, vor allem wenn ich das Internet als Recherchequelle
nutze. Eine Erkenntnis, die mir aus irgendeinem Grund ent-
fallen ist, wenn ich wieder einmal Symptome einer nahenden
Krankheit spüre.

Ein ähnliches Prinzip ist es auch, das aus Menschen mit
narzisstischen Zügen Narzissten im Endstadium macht. Es hat
schon etwas Bizarres: Die Bevölkerung unseres Landes scheint
sich ja inzwischen ausschließlich aus Bipolaren, Borderlinern,
Narzissten und Beziehungsunfähigen zusammenzusetzen. Wir
befinden uns praktisch im offenen Vollzug. Es hat etwas Hys-
terisches. Als wären viele in einer Art Wettbewerb, bei anderen schwerwiegende psychische Störungen zu diagnostizieren.
**Aber wir sollten mit solchen Diagnosen vorsichtig sein. Mit
einer narzisstischen Persönlichkeitsstörung ist es wie mit
einer Beziehungsunfähigkeitsstörung. Beides sind Zeitgeistdiagnosen, die Symptome, die uns immer häufiger begegnen, überinterpretieren.** Wer jemandem eine Beziehungs-
unfähigkeit diagnostiziert, überinterpretiert die Symptome

von Bindungsangst. Wer sich von Narzissten umzingelt sieht, begreift auf hysterische Art, dass heutzutage immer mehr Menschen narzisstische Wesenszüge angenommen haben. Interessant wird es dann allerdings bei der Frage, was es mit uns macht, wenn wir ständig davon ausgehen, der Partner hätte eine narzisstische Persönlichkeitsstörung.

Ich muss dazusagen, dass Louises Anschuldigungen ja nicht wirkungslos an mir abprallten. Schon als sie mit der vorwurfsvollen Begrüßung »Du bist total selbstbezogen« die Richtung vorgab, in die sich unser Gespräch entwickeln würde, dachte ich betroffen: Scheiße! Da ist was dran.

Ich wusste natürlich, dass ihre Vorwürfe einen wahren Kern hatten. Und als ich dann am darauffolgenden Abend nach den Eigenschaften googelte, die einen Narzissten eigentlich ausmachen, wurde ich nervös. Ich las erschüttert, wie viele Symptome auf mich zutrafen.

Wie selbstbezogen ich war, hatte mir ja schon Louise vorgehalten. Aber jetzt las ich auch noch, dass Narzissten Perfektionisten sind. Sie haben oft übertriebene Ansprüche an sich selbst und andere. Ihnen fällt schnell auf, wenn ihre Erwartungen an Perfektion nicht erfüllt werden. Auch das traf auf mich zu. Ich kann mich schnell in Details verlieren, wenn ich schreibe, wenn ich meine Wohnung einrichte und wenn ich Kleidung einkaufe. Alles muss ich praktisch deckungsgleich auf meine Ansprüche legen können. Ich entscheide mich lieber gegen etwas als für etwas, das meinen Erwartungen nur unzureichend entspricht.

Als ich weiterlas, erfuhr ich, dass Narzissten nicht verzeihen können. Auch das passte. Ich bin ein nachtragender Typ, weil ich nichts vergesse. Wenn ich Texte zu einem Thema schreibe, fallen mir dazu passende Situationen ein. Und auch wenn sie zehn Jahre her sind, sehe und empfinde ich sie so klar, als wären sie vergangene Woche passiert. Das ist gut für meine Arbeit, aber zwischenmenschliche Beziehungen kann das sehr kompliziert machen, obwohl ich da wirklich an mir selbst arbeite. Und auch in das Liebesverständnis des Narzissten fügte sich mein Empfinden nahtlos ein. Verliebtheit ist das Element des Narzissten, seine Liebesform gewissermaßen. In der Verliebtheit überhöhen sich beide Partner gegenseitig. Verliebtheit gibt ihm absolute Bestätigung, weil sie ihn idealisiert. Der Partner wird uninteressant, wenn er nicht mehr genügend Bestätigung liefert. Dann wird er ersetzt. Es ist ein Konsumieren von Partnern und Gefühlen. Das ist ein narzisstischer Zug, der mir an mir selbst aufgefallen ist. Wenn die Verliebtheit nachließ, missverstand ich das und dachte, dass aus der Beziehung die Luft raus war. Es war die falsche Partnerin. Das Ende der Überhöhung habe ich als sich ankündigendes Ende der Beziehung missverstanden.

Ich las, dass es Narzissten schwerfällt, Beziehungen zu führen, und auch das traf zu. Meine längste Beziehung hat drei Jahre gehalten. Mist!, dachte ich, soweit ich das einschätzte, konnte ich aus dem »sie« ein »wir« machen. Ich gehörte dazu.

Narzissten agieren oft rücksichtslos und kalt, las ich weiter. Ich dachte an die Texte, in denen ich Menschen in zwei Absätzen beschrieben hatte. Zwei Absätze, die gegen ein ganzes Leben standen und in denen ich sie festgelegt und verletzt hatte. Es war mir egal, mir ging es um Wirkung. Ich schrieb auf Pointe, ohne Rücksicht auf Verluste. Wenn man schreibt, muss man rücksichtslos sein. Auch sich selbst gegenüber. Wenn man zu viele Skrupel hat, zu viel Rücksichten nimmt und schon abwägt, wem man eventuell wehtun könnte, bevor man die erste Zeile geschrieben hat, braucht man gar nicht erst anzufangen. Als Schreiber muss man auch ein Stück weit Soziopath sein. Wenn man so will, ist es eine Berufskrankheit, die für die Arbeit notwendig ist.

Das Bild wird immer klarer, dachte ich hilflos. Ich fügte mich immer deckungsgleicher in die Definition eines Narzissten. Sogar die Details trafen zu. Narzissten sind zum Beispiel oft rastlos und ungeduldig. Ich werde oft darauf angesprochen, dass ich ein nervöser Typ bin, ich bin oft energiegeladen und komme selten zur Ruhe. Ich schloss frustriert meinen Laptop. Jeder Punkt verstärkte Louises These aufs Neue. Offensichtlich stand es schlimm. Ich rief sofort Sebastian an und erzählte ihm aufgelöst, wie katastrophal es um mich stand.

»Jetzt warte mal kurz«, unterbrach er meinen aufgeregten Redefluss. »Also, das ist schon wahr: Du bist schon sehr selbstreferenziell. **Aber narzisstische Eigenschaften sind doch in jedem Menschen angelegt. Erst die Verstärkung ins Krankhafte machen sie zu einer Persönlichkeitsstörung.** Du bist kein Narzisst. Dann würden wir dieses Gespräch gar nicht führen.«

Ich spürte unvermittelt, wie der Druck abfiel. Und ich begriff, dass ich wieder den Fehler gemacht hatte, den ich immer mache: Selbstdiagnosen aufgrund von Internetrecherchen zu erstellen. Bevor ich jedoch aufatmen konnte, hörte ich Sebastians Stimme ein Wort sagen, durch das ich mich wieder verspannte.

»Aber«, sagte er bestimmt und ließ das Wort einige Sekunden wirken, bevor er weitersprach. »Mit narzisstischen Zügen sieht das allerdings schon anders aus. Die werden generell immer mehr. Ich hab gelesen, dass heutzutage fast 50 Prozent der Partnerschaften narzisstische Probleme haben. Tendenz steigend. Und gerade unter Singlemännern gibt es besonders viele mit narzisstischen Zügen. Das schließt dich dann wohl ein. Die Frage ist nur, wie ausgeprägt sie sind.«

Ja, dachte ich. Das war die Frage.

Nachdem wir das Telefonat beendet hatten, habe ich vorsichtshalber dann noch einen Test gemacht, dessen Ergebnis mich nach den Erkenntnissen der letzten Stunden offen gestanden selbst überrascht hat. Die narzisstischen Ausprägungen meines Wesens befinden sich nur knapp über dem heutigen Durchschnitt. Ich bin also auf der sicheren Seite, obwohl ich daran immer noch irgendwie Zweifel habe.

Wenn ich Probleme habe, bespreche ich sie mit mehreren Menschen. Es ist zwar nur ein kleiner Kreis, aber aus ihren Meinungen fügt sich ein Bild zusammen, dem ich vertraue. Nach dem Telefonat mit Sebastian rief ich Holger an, der als Paartherapeut arbeitet. Er zählte mir dann die Eigenschaften eines Narzissten auf, die meiner Auffassung nach gar nicht auf mich zutreffen. Und glücklicherweise auch seiner Auffassung nach nicht.

»Der ausschlaggebendste Punkt ist doch das bewusste Abwerten anderer Menschen, um sich selbst aufzuwerten«, sagte er. »Narzissten reden auch nur ungern über Gefühle und überschätzen sich maßlos. Jede Kritik wird als Bedrohung wahrgenommen. Die können auch nicht zuhören oder sich in andere hineinversetzen. Da passt du ja nun überhaupt nicht ins Bild. Überleg mal, wie oft ich dir mein Herz ausschütten konnte, als es mir nicht gut ging. Jeder andere hätte irgendwann die Geduld verloren.«

Ich dachte an Louise und sagte: »Mit Kritik kann ich aber auch nur schwer umgehen.«

»Wer denn nicht«, rief Holger, »aber Narzissten nehmen jede Kritik als Bedrohung wahr. Und du siehst ja Kritik oft als konstruktiv.«

»Kommt immer drauf an, von wem die Kritik kommt.«

»Genau, und das ist vollkommen normal.« Holger schwieg kurz, bevor er fortfuhr. »Und Narzissten sind ja auch absolute Kontrollfreaks. Wenn andere die Kontrolle übernehmen, indem sie – sagen wir mal – Ort und Zeit einer Verabredung festlegen, manipulieren sie die Situationen so, dass sie wieder die

Kontrolle übernehmen können. Die kommen dann bewusst zu spät oder sagen kurzfristig ab.«

Holger schwieg kurz und bedeutungsvoll.»So, und jetzt wirds interessant, denn dieses Verhalten ist ja inzwischen gesellschaftlich vollkommen normal. Darüber sollten wir mal nachdenken.«

Ich nickte, denn gerade war mir etwas eingefallen: Vielleicht wäre es klug, dem Gedanken zu folgen, unser Trennungsgespräch nur als Konflikt zu sehen, der auf der Oberfläche stattfand. Louises in Diagnosen verpackte Vorwürfe, meine resolute Reaktion darauf, bis zur Trennung innerhalb einer knappen halben Stunde – vielleicht sollte man diesen von Neurosen durchsetzten Konflikt als ein Aufeinanderprallen von Symptomen sehen. Vielleicht musste man tiefer gehen, um die wirklichen Ursachen zu erkennen, die auf einer darunterliegenden, verborgenen Ebene lagen.

Als Louise unser Gespräch nach ihrer Narzissmusdiagnose wutentbrannt und ohne Verabschiedung beendete, verschwanden wir mit einem Klick aus dem Leben des anderen. Wir haben uns nicht wiedergesehen. Aber als ich mich einige Wochen darauf mit Patrick im Soho House traf, tauchte sie noch mal in meinem Leben auf. Und zwar als er mir die Nachricht zeigte, in der sie den ausschlaggebenden Grund nannte, aus dem es mit uns vorbei war, bevor überhaupt etwas beginnen konnte.

Dieser Grund war ich. Ich war an allem schuld. Ich hatte es versaut.

Nachdem ich dann allerdings Patrick meine Version der Wahrheit erzählt hatte, sagte er einen erstaunlichen Satz. Er sagte:»Ich hab grad ein Déjà-vu.«

»Inwiefern?«, fragte ich.

»Ich hab sie doch schon mal verkuppelt«, erklärte er.»Anfang des Jahres war das. Und mit dem hat sie genau dasselbe abgezogen. Und Marcus ist ja nun völlig anders als du, ein ganz ruhiger Typ, der hat 'ne vollkommen andere Charakterstruktur als du.« Patrick sah mich an, bevor er bedeutungsvoll sagte: »Es scheint also nicht unbedingt an den Männern zu liegen.«

»Na ja«, sagte ich. »Es gehören schon immer zwei dazu.«

»Stimmt«, erwiderte Patrick. »Aber ich werd sie definitiv nicht mehr mit einem meiner Freunde verkuppeln. Die hinterlässt ja nur verbrannte Erde.«

Ich nickte abwesend, denn jetzt fielen mir wieder die anderen Gründe ein, die mich daran gehindert hatten, mich noch einmal bei Louise zu melden. Ich hätte sie ja anrufen können, nachdem sich die Wogen wieder geglättet hatten. Wir hätten alles noch einmal in Ruhe besprechen können. Allerdings hatte ich im Gegensatz zu meinem Unterbewusstsein verdrängt, dass unsere FaceTime-Trennung auch noch andere, man kann schon sagen, verstörende Bestandteile hatte. Bestandteile, die eine Gänsehaut verursachen, als wäre einem unvermittelt sehr kalt. Bestandteile, die immer noch in mir nachhallen, wie ich auch gerade feststellen muss, während ich diesen Satz schreibe.

»Ich bin eine starke Frau«, hatte Louise immer wieder wie ein Mantra gesagt, eher zu sich selbst als zu mir. Es klang ein bisschen, als würde sie sich selbst davon überzeugen wollen. Es war befremdlich. Und auch ihr Blick hatte sich geändert. Ihre Augen hatten sich geweitet und starrten mich an. Ich vermied es, das Display meines iPads anzusehen. Es wurde immer unangenehmer. Die Frau, von der ich dachte, ich hätte sie in den vergangenen Wochen zumindest ein wenig kennengelernt, war nicht mehr vorhanden. Ich stellte irritiert fest, dass ich trotz der Emotionalität unseres Gesprächs mitzuzählen begann, wie oft sie den Satz »Ich bin eine starke Frau« wiederholte. Als sie bei sechs war, spürte ich, dass die Grenze überschritten war, ich wollte einfach nur, dass diese Unterhaltung endete.

Unser ganzes Gespräch war ein Symptom, dachte ich plötzlich. Ein Hilferuf. Wir kritisieren ja oft nur die Symptome, was plausibel ist, wir sind ihnen ja auch ausgesetzt. **Aber wie bei der Heilung einer Krankheit ist es klug, sich nicht auf die Symptome zu konzentrieren, sondern die Ursache zu beleuchten, um dort für eine wirkliche Heilung ansetzen zu können.** Machen wir uns nichts vor: Heutzutage gehen so viele zum Therapeuten, weil unsere Gesellschaft so viel psychische Erkrankungen produziert wie keine zuvor. Die Leute gehen zum Psychologen, weil sie die Symptome nicht mehr ertragen. **Seelische Probleme sind Reaktionen unserer Psyche auf die Lebensumstände. Wenn man so will, hat unsere Gesellschaft ein psychisches Problem.** So viele wie nie zuvor gehen zum Therapeuten, aber unsere Gesellschaft ist untherapiert. Letztlich ist es unsere Gesellschaft, die eine Therapie nötig hat. Ihre Werte, ihr Glücksverständnis, ihr Verständnis, was unserer Existenz Lebendigkeit gibt, und unser Verständnis von Liebe. All das ist dem Konzept des Konsums angepasst, auf den wir konditioniert sind. Das ist der Punkt, an dem wir ansetzen müssen. Offensichtlich ist es höchste Zeit.

Im Soho House fiel mir auf, dass Patrick mich plötzlich aufmerksam ansah. Mit einem Ausdruck in den Augen, als wäre ihm gerade etwas sehr Wichtiges eingefallen. Nach einem kurzen Zögern beugte er sich zu mir und sagte mit gesenkter Stimme: »Aber vielleicht hatte es auch ganz andere Gründe, aus denen sie nichts mehr mit dir zu tun haben will.« Er legte behutsam seine rechte Hand auf meine Schulter, dann fragte er: »Wie hast du eigentlich performt?«

»Performt?«, rief ich aufgebracht. »Ich performe nicht. Wenn ich date, spiel ich doch keine Rolle. Ich geb mich, wie ich bin.«

»Nein«, sagte er mit beruhigender Stimme. »Ich meine, wie du am Laken performt hast.«

»Am Laken?«, wiederholte ich fassungslos. Die Information benötigte einige Momente, um mich zu erreichen, etwas in mir sträubte sich offensichtlich, sie zuzulassen. Dann dachte ich: Oh Gott.

»Ich glaub, bei der muss man am Laken richtig gut performen«, sagte Patrick und sah mich voller Mitleid an, »vielleicht lags ja letztendlich daran.«

»Vielleicht«, erwiderte ich, weil es so am einfachsten war. Wenn ich ihn richtig verstand, bezog er sich auf das Prinzip der sexuellen Hörigkeit. Mit der richtigen Performance am Laken wäre sie mir verfallen. Offenbar hatten meine Fähigkeiten als Liebhaber nicht ausgereicht, um eine Abhängigkeit zu erzeugen.

Als ich meinen Blick hob, sah ich, dass Patrick mich voller Mitleid anblickte.

Ich widersprach ihm nicht, ich spürte nicht einmal den Impuls, ihn davon zu überzeugen, indem ich Beispiele aufzählte, die das Gegenteil bewiesen. Erst einige Tage darauf fiel mir auf, dass sich ein Narzisst vollkommen anders verhalten hätte. Er hätte verzweifelt darum gekämpft, dem Bild des perfekten Liebhabers zu entsprechen, er hätte den Sex mit Louise bis ins kleinste Detail beschrieben, ohne darauf zu achten, ob diese Schilderungen ihre Gefühle verletzten. Er hätte keine Rücksicht auf ihre Würde genommen.

Das hätte ein Narzisst getan. So gesehen bin ich offenbar doch noch zu retten.

Selbstoptimierung ohne Grenzen

Die Diktatur von Instagram

Was aus der Schönheit geworden ist

Im letzten Frühjahr lief ich die Kastanienallee hinunter und passierte ein junges Paar, das in der Schlange vor einem Eisladen stand. Die beiden wären mir wahrscheinlich gar nicht aufgefallen, wenn mich nicht ein Gesprächsfetzen ihrer Unterhaltung erreicht hätte, der so bemerkenswert war, dass er mich unwillkürlich meine Schritte verlangsamen ließ.

»Ganz ehrlich«, sagte eine männliche Stimme, »geschminkt siehst du schon besser aus.«

Wie bitte?, dachte ich entsetzt und wandte mich um, um das Gesicht zu sehen, für das dieser Satz gedacht war.

Solche Sätze können zu einem Trennungsgrund werden. Er hätte seiner Freundin auch sagen können, dass es nicht als Untreue gilt, wenn man mit einer anderen Frau ausschließlich Analverkehr hat. Die Wirkung wäre dieselbe. Zumindest in der Blase, in der ich mich bewege. Einer Blase, deren Werte den beiden offenbar vollkommen fremd waren. Denn anstatt ihrem Begleiter unvermittelt und mit äußerster Kraft ins Gesicht zu schlagen, nickte die junge Frau bestätigend und überprüfte ihr Make-up mit der Selfiekamera ihres Smartphones.

Sie trug viel Make-up. Nicht in dem Sinn, dass es aussah, als würde sie Nutella als Make-up zweckentfremden, um möglichst sonnengebräunt zu wirken, aber ihre Schminkphilosophie unterschied sich schon ziemlich von der der Frauen, mit denen ich zusammen war. Bei ihnen habe ich immer erst auf den zweiten Blick gesehen, dass sie überhaupt geschminkt waren. Eine meiner Ex-Freundinnen hat mir einmal ihre Schminkphilosophie mit dem plausiblen Satz »Vorteile betonen, Nachteile verbergen« zusammengefasst. Bei der Frau in der Schlange war es auch weniger ein farbliches Problem, es war eher die Dicke der Schicht, mit der sie ihr Make-up aufgetragen hatte, die unverhältnismäßig war. Wie jemand, der nicht begreift, dass es ausreicht, nur ein paar Spritzer Parfum aufzutragen, statt fünf Sekunden lang draufzuhalten. Trotzdem hatte sie es nicht ganz geschafft, die leichten Hügel zu kaschieren, die sich unter der Schicht wölbten. Der Zustand ihrer Haut musste besorgniserregend sein.

Ich kenne einen Mann in meinem Alter, der von der Gesichtserkennung seines iPhones nicht erkannt wird, wenn er morgens aufwacht.

»Morgens muss ich immer den Code eingeben«, sagt er verzweifelt. »Aber nach dem ersten Kaffee des Tages gehts.«

Scheiße, dachte ich. Vielleicht ist das ja ein Indiz dafür, dass man alt wird. Wie groß die Herausforderung ist, vor die die Technik vom verquollenen Gesicht am Morgen gestellt wird. Vielleicht ist es eine Altersfrage.

Ich dachte an das müde Gesicht des Mannes, der mir einen misstrauischen Blick zuwirft, wenn ich morgens in meinen Badezimmerspiegel blicke. Es ist nicht so, dass es die Züge eines Fremden sind. Der Mann im Spiegel ist mir auf eine Art sympathisch, auf die mir wohl ein Zwillingsbruder sympathisch wäre, der gerade eine schwere Scheidung hinter sich hat. Oder ein Alkoholproblem. Oder beides. Es ist eine Sympathie, die sich mit Mitleid mischt. Ich tauche meine Hände schnell in eiskaltes Wasser und wasche mein Gesicht, bis mein Spiegelbild wieder auf eine Art sympathisch ist, auf die ich mir sympathisch sein will.

Vorsichtshalber habe ich aber doch mal getestet, wie groß die Herausforderung ist, vor die mein morgendliches Gesicht die Technik meines Smartphones stellt. Ich habe das mehrere Male überprüft, um sicherzugehen. Noch erkennt sie mich. Wenn ich allerdings sehe, wie viel Make-up manche Frauen tragen, deren Alter weit unter meinem liegt, frage ich mich schon, ob die Gesichtserkennung ihres Telefons sie ungeschminkt überhaupt erkennen würde. Eine Frage, die ich mir auch stellte, während ich das Paar in der Kastanienallee beobachtete. Aber dann fiel mir etwas auf. Die junge Frau erinnerte mich an jemanden, ich konnte nur nicht sagen, an wen. Ich kannte ihre Züge, sie waren mir auf eine vage Art vertraut. Ich brauchte einige Sekunden, bevor ich verstand, wem ihr Gesicht glich und warum ich ihr keinen Namen zuordnen konnte. Ich empfand ihr Gesicht als unbestimmtes Déjà-vu, weil ich es nicht nur einer Person zuordnete, sondern vielen. Das Gesicht der jungen Frau erinnerte mich an Porträtfotos, die mit einem Instagram-Filter bearbeitet worden sind. Als hätte sie diese Filter in der Wirklichkeit angewandt. Wenn man so wollte, hatte sie ihr Gesicht für Instagram optimiert. Ich habe nicht selten den Eindruck, dass vor allem viele jüngere Frauen ihr Make-up an ihren perfekt nachbearbeiteten Fotos ausrichten, die sie online posten. Jede neue Falte entfernt uns weiter von dem durch Instagram vorgegebenen Idealbild unserer selbst. Vielleicht gibt es ja inzwischen schon Kurse, in denen gelehrt wird, wie man sich auf Instagram-Filter schminkt. Es ist zu befürchten.

Schönheit wird austauschbarer

Ich muss gestehen, dass ich es tragisch finde, was aus der Schönheit inzwischen geworden ist. Wenn ich durch die Straßen der Berliner Innenstadt laufe, fällt mir auf, dass es inzwischen wesentlich mehr schöne Frauen zu geben scheint als in meiner Jugend. Mein erster Impuls ist der Gedanke, in der falschen Zeit jung gewesen zu sein, aber schon während sich dieser Gedanke in mir formt, spüre ich, dass mich etwas stört. **Es ist keine Schönheit, die mich berührt. Wenn man so will, ist es eine leere Schönheit. Sie berührt mich nicht, weil es mir schwerfällt, die Frauen auseinanderzuhalten. Die Schönen werden sich immer ähnlicher und damit immer austauschbarer.**

Gerade fällt mir auch auf, dass ich immer an diese Schrift denken muss, die inzwischen auf den Schildern in so ziemlich jedem hippen Restaurant verwendet wird und die ich bei jedem Scrollen durch meinen Instagram-Feed sehe. All diese Restaurants wirken durch diese Schrift, als würden sie alle zur selben weltweit agierenden Kette gehören. Die Corporate Designs sind sich sehr ähnlich. Und genau so geht es mir mit den vielen schönen Menschen, mit denen ich auf Instagram überschüttet werde. Auch sie werden sich immer ähnlicher. Ich entdecke kaum noch Unterschiede. Das ist der Nachteil unserer Zeit, in der jeder mit jedem vernetzt wird.

»Heute sind die Zeiten nicht günstig für die Entstehung von Individualität. Die Vernetzung aller mit allen ist die große Stunde des Konformismus.« Das hat Rüdiger Safranski in seiner Goethe-Biografie geschrieben. Das ist ein tragischer, aber auch sehr wahrer Satz. Es wird eine austauschbare Schönheit kultiviert, die praktisch deckungsgleich ist und die die Gesichter immer ähnlicher werden lässt. Es ist ein ähnliches Gefühl wie bei einem Serienmarathon auf Netflix. Irgendwann fällt mir auf, wie ich abstumpfe. Die wundervoll fotografierten Bilder lösen einander ab, ohne mich zu berühren.

Und das bezieht sich leider nicht nur auf die Gesichter.

Instagram-Persönlichkeiten

Ich habe den Eindruck, nicht wenige wollen zu den Personen werden, die auf den retuschierten Bildern ihrer Instagram-Profile zu sehen sind. Wenn mein Blick über meinen Instagram-Feed hetzt, der mit den Fotos schöner Menschen mit identischen Gesichtsausdrücken geflutet wird, frage ich mich allerdings, wie wohl ein Mensch wäre, dessen Persönlichkeit sich aus seinen Instagram-Fotos zusammenfügen würde. Ich habe das mal ausprobiert. Ich habe versucht, mich so vorurteilsfrei wie möglich zu fragen, was das für eine Welt wäre, die da gezeichnet wird. Es wäre eine Welt voller attraktiver Menschen, die sich allerdings sehr ähnlich sehen, weil so viele denselben Gesichtsausdruck haben. Eine Welt, in der man sich permanent gegenseitig Komplimente macht und betont, wie attraktiv man einander findet. Es wäre eine Welt voller Philosophen, die Gedanken posten, auf welche Art man sein Leben leben sollte, um wirklich glücklich zu sein. Es wäre eine Welt, die ausschließlich von übertrieben glücklichen oder sehr erotisch blickenden Menschen bevölkert ist, die sich mit Kalendersprüchen das Leben erklärt. Eine banale Welt ohne Ecken und Kanten, bevölkert von eindimensionalen Charakteren.

Vielleicht liegt es daran, dass mich ihre Schönheit nicht berührt. Ich verbinde sie zu sehr mit der eindimensionalen Attraktivität, die auf sozialen Netzwerken kultiviert wird. Und der Reiz einer Person ergibt sich ja vor allem aus ihrer Vielschichtigkeit.

Als ich mit meinem Freund Sebastian auf der Berlinale-Party der Produktionsfirma war, die auch den ersten Teil dieses Buches verfilmt hat, fielen mir unter den vielen attraktiven Menschen einige auf, die so schön waren, dass ihre Schönheit beinahe surreal wirkte. Außerdem waren sie sehr jung.

»Was machen denn diese ganzen Achtzehnjährigen auf dieser Party?«, fragte ich irritiert. »Was sind das für Leute?«
»Das sind Influencer«, sagte Sebastian. »Die werden ja inzwischen wegen ihrer Reichweiten überall eingeladen.«
»Aha«, sagte ich.

Nichts als die Attraktivität einer perfekt geschminkten Influencerin macht mir klarer, dass Schönheit so viel mehr als das Aussehen ist.

Vor einigen Monaten habe ich eine Reportage gesehen, in der verschiedene YouTube- und Instagram-Influencer porträtiert wurden. Ausnahmslos wunderschöne Frauen, die kaum zu unterscheiden waren. Erstaunlich war auch, dass sie sich nicht nur äußerlich ähnelten, auch die Dinge, die sie erzählten, glichen sich auf eine erschreckende Art. Alle Influencer erzählten, dass es ihnen vor allem darum gehe, authentisch und individuell zu sein. Die beiden Wörter fielen so oft, dass sie an das Mantra einer Sekte erinnerten. Seltsam war aber, dass trotz dieser Werte jeder Satz und jede Geste gekünstelt und affektiert war. Tragisch war, dass es ihnen selbst gar nicht auffiel. Ihre Persönlichkeiten glichen ihrem Make-up. Sie waren eine Maske, hinter der sie etwas verbergen wollten, wahrscheinlich sogar vor sich selbst.

Das waren keine Persönlichkeiten, das waren nur noch Masken. Die wirklich interessante Frage ist jedoch, was die glatten, perfekt polierten Fassaden verbergen. Vor allem wenn man berücksichtigt, dass wir in einer Gesellschaft leben, die so viele psychische Krankheiten produziert wie keine zuvor. **Der richtige Weg wäre es, an einem gesunden Wesen zu arbeiten und nicht an der perfekten Fassade, die eine unsichere und durch endlose Vergleiche mit anderen von Selbstzweifeln geplagte Persönlichkeit verbirgt.**

So wirken also Personen, die in sozialen Netzwerken entworfen werden, im wirklichen Leben, dachte ich bitter. Es ist nicht wirklich erstrebenswert. Aber es sind Menschen, an denen sich viele orientieren. Vorbilder, die ihre Follower zu perfekt angepassten Konsumenten machen.

Die vielen schönen Menschen auf den Fotos scheinen die Werbeagenturen ihrer selbst zu sein. Wie Werbern ist ihnen die Wirkung wichtiger als die Wahrheit, weil das der einfache Weg ist. Ich bin mir nur nicht sicher, ob ihnen das so klar ist. Sie kultivieren ihre Marke, die sie für ihr Ich halten, obwohl sie dieser Weg immer weiter von sich selbst entfernt.

Aber vielleicht hilft einem da dieses Zitat aus dem Roman *39,90* von Frédéric Beigbeder, der aus der Sicht eines Werbers geschrieben wurde. »Ich bin Werbefachmann«, steht da, »einer von denen, der Sie von Dingen träumen lässt, die es für Sie niemals geben wird, ständig blauer Himmel, makellose Mädchen, perfektes Glück, retuschiert mit Photoshop.«

Vielleicht sind sie so schwer zu unterscheiden, weil ihrer Schönheit Charakter fehlt. Es sind glänzende Hüllen. Mehr ist da nicht. **Wer perfekt aussieht, hat nichts anderes zu bieten.** Vielleicht reicht schon dieser Satz, um vielen die Augen zu öffnen.

Denn dafür scheint es höchste Zeit zu sein.

50 ist das neue 20

Über eine Gesellschaft, die von der Jugend besessen ist

»Man sieht ihr die dreißig schon an«
Es gibt ein Thema, das seit einigen Jahren immer regelmäßiger in meinem Leben auftaucht. In Gesprächen im Freundeskreis, bei Dates, vor allem aber scheint es die Medien zu beschäftigen: die Frage, wie groß der Altersunterschied in Beziehungen eigentlich sein darf. Das ist ein Thema, das viele zu beschäftigen scheint. Mir ist schon klar, dass Überlegungen über größere Altersunterschiede vor allem bei Frauen nicht gut ankommen. Das ist nachvollziehbar, man hat ja immer diese gescheiterten Beziehungen und Ehen vor Augen, in denen der Mann seine jahrelange Partnerin durch eine deutlich jüngere Frau ersetzt hat. Die Abscheu, die diese Vorstellung hervorrufen kann, wird durch Haltungen von Männern wie meinem Bekannten Sascha gestützt. Sascha ist Mitte vierzig und datet ausschließlich Frauen, die in den Zwanzigern sind. Und zwar am Anfang ihrer Zwanziger.

Sascha beurteilt Frauen, die meiner Meinung nach gut zu ihm passen, seiner Auffassung nach aber gar nicht, mit entsetzten Ausrufen wie: »Bist du wahnsinnig! Die ist in meinem Alter.«

Obwohl ich Sascha seit Jahren kenne, ist er mir nicht so nah, dass wir Telefonnummern ausgetauscht haben. Er ist niemand, mit dem ich mich verabrede. Wir begegnen uns zufällig, wenn ich abends mit Freunden unterwegs bin.

Manchmal denke ich, ich halte unseren losen Kontakt nur, weil Sascha bei jeder unserer zufälligen Begegnungen zitierbares Material liefert, das ich praktisch unbearbeitet in meinen Texten verwenden kann. Auch unser letztes Gespräch fügte sich nahtlos in dieses Konzept.

Das Ende des Abends war eigentlich schon überschritten, als ich ihm begegnete. Ich hatte mich am frühen Abend mit sechs Freunden im Soho House getroffen. Wir waren zu viert, als wir beschlossen, in der Bar 3 auf der gegenüberliegenden Straßenseite noch einen Absacker zu trinken. Als wir die Bar verließen, waren wir nur noch zu zweit. Mein Blick scannte die Torstraße nach vorbeifahrenden Taxis. Es war jetzt kurz nach eins. Ich war müde und wollte nur noch nach Hause. Aber ich hatte nicht mit den Überredungskünsten meines Freundes Patrick gerechnet, in dessen Augen zu sehen war, dass der Abend für ihn gerade erst begann.

»Lass uns doch noch zur Odessa-Bar gehen«, flehte er. »Nur kurz.«

»Nein«, sagte ich, weil ich wusste, in welche Richtung sich ein »nur kurz« entwickeln konnte.

»Nur ganz kurz«, bettelte Patrick.

»Nein«, rief ich entschlossen. »Ich muss jetzt wirklich ins Bett.«

Fünfzehn Minuten später spürte ich, wie in der Odessa-Bar eine Hand meinen Arm berührte. Es war Saschas Hand, der sich am Tresen mit zwei Frauen unterhielt. Als wir uns begrüßten, versuchte ich nachzuvollziehen, wann genau ich Patrick nachgegeben hatte. Aber der Abend war inzwischen offensichtlich schon zu einem Zusammenschnitt von Momentaufnahmen geworden.

Sascha stellte mir die Frauen vor, die sich gerade verabschiedeten. Er gab einer der beiden sein iPhone, in dem sie ihre Telefonnummer speicherte.

»Bis ganz bald«, sagte sie.

»Auf jeden Fall«, sagte Sascha. Sein Blick folge ihnen, bis sie die Bar verlassen hatten. Dann wandte er sich zu mir und sagte: »Ich hab kein gutes Gefühl.«

»Aber die war doch sympathisch«, sagte ich.

»Ja, schon«, sagte er mit einem gequälten Unterton. »Aber ich fand schon, dass man ihr die dreißig ansieht.«

»Die dreißig?«, fragte ich entsetzt, sah aber in Saschas Blick, dass eine Grundsatzdiskussion in seinem Zustand keinen Sinn machen würde. Und in meinem inzwischen auch nicht mehr.

Das war der Moment, in dem mir auffiel, dass Sascha mich an Barney Stinson aus der Sitcom *How I Met Your Mother* erinnert. Die Aussagen waren ähnlich, nur dass in den Gesprächen mit Sascha keine Lachgeräusche eingespielt wurden. Und wie ich gerade feststellte, war dieses künstliche Lachen ein Effekt, der über Sympathien entscheiden kann. Und über Antipathien.

Ich sollte mit meiner Vermutung recht behalten. Das »nur ganz kurz« begann sich auszudehnen und mündete in das längste Gespräch, das ich mit Sascha geführt hatte, seitdem wir uns kannten. Ein Gespräch, in dem es auch ungewohnt selbstreflektierte Momente gab.

»Ich mach mir da gar nichts vor«, rief Sascha gegen drei Uhr morgens. »Mein Liebesleben beruht auf dem Prinzip abwesender Väter.«

»Inwiefern?«, fragte ich.

»Die Frauen haben doch alle 'nen Vaterkomplex«, rief er. »Alles Scheidungskinder, voller Selbsthass und Selbstzweifel. Die wollen ihre Kindheit mit ihrem Vater nachholen. Das macht es doch so einfach.«

Gott, dachte ich unwillkürlich und wich einige Zentimeter zurück. Eine Art Vaterersatz zu sein, ist eigentlich kein

Gedanke, den ich zulassen will, wenn ich mit meiner Freundin zusammen bin. Es ist ja schon eher ein inzestuöses Fundament einer Beziehung. Mir fiel ein, dass Sigmund Freud der Auffassung war, dass jeder Mann bei der Suche nach seiner Traumfrau von dem Wunsch getrieben ist, seine eigene Mutter zu besitzen ... Gott, dachte ich entsetzt, das waren alles Gedanken, die ich nicht in meinem Kopf haben wollte.

Aber es ist schon wahr: Kindheitsprägungen treffen Entscheidungen, die wir für unsere eigenen halten. Dann stellt sich die Frage, wie jemand wie Sascha geprägt wurde. Seine Vorlieben und Sichtweisen ließen ja auf ein Trauma schließen, das auszuleuchten sicherlich nicht uninteressant ist.

Weil erotische Ausstrahlung ein Zusammenspiel verschiedener Elemente ist, empfinde ich Frauen, die gerade zwanzig geworden sind, nicht unbedingt als sexuell anziehend. Es sind ihre Unsicherheiten, ihre Unreife, ihr kindliches Gelächter, die ihnen den erotischen Reiz nehmen. Sascha scheint das nicht zu stören. Weil ihr Alter einen wichtigen Teil seines Begehrens einnimmt. Aber Sascha geht es auch nicht um eine langfristige Beziehung. Ihm geht es um die Jagd. Den Reiz der Eroberung.

Vielleicht wird diese Welt ja von den letzten beiden Beziehungen der Journalistin Ronja von Rönne erschüttert, in denen sie mit Männern zusammen war und ist, die mindestens zwanzig Jahre älter sind als sie selbst. Von Rönne ist eine viel beachtete Journalistin, die bei der *Zeit* angestellt ist, eine Art Vorbild für viele Schreiberinnen. Von Rönnes Image schließt praktisch aus, mit einem Sugardaddy zusammen zu sein. Es sind gleichberechtigte Beziehungen, soweit man das aus der Ferne einschätzen kann.

Es geht nicht um das Alter, es geht um den Menschen. Es geht darum, wie gut man sich versteht. Dass man gleichberechtigte Gespräche führt.

Ein Volk von Berufsjugendlichen

Mittelalte Männer, die jüngere Frauen daten, befinden sich in einer Midlife-Crisis. Das ist das Klischee. Und das passt insofern, als wir offensichtlich in einer Zeit leben, in der wir uns permanent in einer Midlife-Crisis befinden. Wir haben uns nur an sie gewöhnt, darum fällt sie uns nicht mehr auf.

Fangen wir einfach mal mit meiner an. Als mein Roman *Egoland* erschien, gab es einen Artikel im *Hollywood Reporter*, in dem sich der Autor wunderte, wie seltsam es ist, dass in Deutschland ein Autor, der die vierzig überschritten hat, das Lebensgefühl der Millennials so gut abbildet. Als Phänomen gewissermaßen. Man spürt den irritierten, aber auch belustigten »So sind sie, die Deutschen«-Unterton, der unter der Oberfläche des kurzen Textes mitschwingt. Ich bezweifle allerdings, dass es an den Deutschen liegt oder an ihrer absurden Mentalität. Es ist universeller. Es gibt ja den schönen Satz: Das beste Alter im Leben sind die vierzig Jahre zwischen zwanzig und dreißig. Besser lässt sich der Geist der westlichen Welt wohl kaum zusammenfassen. **Wir leben in einer Zeit, in der man sich jünger fühlt, als man ist. Wesentlich jünger.**

Ich bin nur ein gutes Beispiel dafür.

Ich bin ein fünfundvierzigjähriger Single, der das Leben eines Dreißigjährigen in der Innenstadt von Berlin führt. Wie so viele fühle ich mich jünger, als ich bin, und ich gehöre zu den Menschen, deren Verhalten auch dieser jüngeren Version meiner selbst entspricht. Ein Fakt, den die Menschen, die mir nahestehen, bestätigen können.

Als ich am vergangenen Wochenende meine Eltern besucht habe, sagten sie, dass sie sich eine Vierzigjährige gar nicht an meiner Seite vorstellen könnten. Ich wäre einfach noch viel zu jungenhaft in meiner Art. Das war nicht als Kompliment gemeint. Es ist der Wunsch, ich solle mich endlich meinem Alter gerecht geben. Ich habe es ihnen nicht gesagt, aber ich fürchte, ich muss sagen, dass dieser Zug meines Wesens nicht mit dem Alter zusammenhängt. Ich befinde mich in einer postpubertären Phase, die schon viel zu lange anhält, um nur eine Phase zu sein. Wenn eine Phase zehn Jahre anhält, ist sie zu einem Leben geworden. Das ist meine Midlife-Crisis.

Kürzlich wurde ich in einem Onlineshop, dessen Service auch eine Stilberatung einschließt, auf ungewöhnliche Art nach meinem Alter gefragt. Man musste einen langen Fragebogen ausfüllen, in dem man Angaben über seinen Kleidungsgeschmack machen musste, damit der Stil gefunden werden konnte, der am besten zu einem passt. Interessant war allerdings, wie die einleitende Frage formuliert war. Da stand nicht: »Wie alt sind Sie?« Da stand: »Wie alt fühlen Sie sich?«

Die Frage nach dem gefühlten Alter hat die Frage nach dem tatsächlichen ersetzt.

Wir wollen jung sein, das ist das Streben unserer Zeit. Ein Fünfzigjähriger sieht heute wie ein Mittdreißiger vor dreißig Jahren aus. Oft sieht er nicht nur so aus, er führt auch ein ähnliches Leben.

Natürlich gab es größere Altersunterschiede in Liebesbeziehungen schon immer, aber etwas hat sich verändert. Die Altersunterschiede verschwimmen, weil wir in einer Gesellschaft leben, in der die Menschen von der Jugend geradezu besessen sind. Kaum etwas fürchten wir so sehr wie das Altern. Das Alter ist zu einem Makel geworden. Alain Badiou hat dazu in seinem Buch *Versuch, die Jugend zu verderben* geschrieben: »Das Alter wird nicht mehr geschätzt, der Erfahrungsschatz der Alten ist dem materiellen Kult der Jugend gewichen. Glück wird mit Jugend assoziiert, unglücklich, wer alt ist.«

Wir leben in einer Zeit, in der die Lebensabschnitte verschwimmen. Alles verschiebt sich. Karrieren brauchen mehr Anlauf, viele leben mit Mitte dreißig noch in WGs. Die

Jugend verlängert sich. Der nächste Lebensabschnitt verzögert sich. Und man genießt das ja auch. Wir haben uns in einer Art unendlicher Adoleszenz eingerichtet. Der nächste Lebensabschnitt ist nicht erwünscht. Man legt sich nicht fest, weil man annimmt, noch viel Zeit zu haben. Das verzerrt den Blick auf die eigene Biografie. Und auf sich selbst.

Die alterslose Gesellschaft

Wahrscheinlich zeichnet der Science-Fiction-Film *In Time* ein Ideal unserer Zeit. Er spielt in einer Welt, in der die Menschen an ihrem 25. Geburtstag aufhören, physisch zu altern. Sie sehen bis zum Ende ihres Lebens wie Mittzwanziger aus. Auch wenn sie in ihren Siebzigern sind.

Im Zuge solcher Überlegungen muss ich plötzlich an Hoppel denken. Hoppel war mein erstes Kuscheltier. Ich habe lange angenommen, er wäre verschollen, aber im Sommer vorletzten Jahres stellte sich heraus, dass ihn meine Eltern heimlich über die Jahre in einer sorgfältig verschlossenen Plastiktüte für mich aufbewahrt haben. Wenn ich in Hoppels altersloses, offen lächelndes Gesicht blicke und mir klar wird, dass er ja jetzt auch schon über vierzig ist, wird mir mein eigenes Alter erst wieder so richtig bewusst.

Fünfundvierzig, denke ich dann. Das heißt, in nicht einmal vier Jahren werde ich fünfzig. Und fünfzig, das klingt alt. Fünfzig ist kein Alter, das zu meinem Selbstverständnis passt. Genau genommen ist nicht mal vierzig ein Alter, das dazu passt. Und die habe ich schon lange überschritten.

Als ich meinem Nachbarn, der 1995 in Hamburg geboren wurde, vorletztes Jahr erzählte, dass ich an einem Buch schrieb, in dem es auch über meine ersten vierzehn Lebensjahre im Ostberlin der Achtzigerjahre ging, gab es einen ähnlichen Moment. Er nickte, bevor er vorsichtig sagte: »Es ist ja immer interessant, etwas Geschichtliches zu lesen.«

Ich sah ihn an. Für mich war das ein Teil meines Lebens, er empfand es als tiefste Geschichte. Es hatte ja alles sechs Jahre vor seiner Geburt stattgefunden. Der alte Mann erzählte vom Krieg.

Es gibt Dinge, die mit zunehmendem Alter immer wichtiger werden. Ich rede nicht von Themen wie Krankheiten oder Essen. Oder davon, dass man spürt, wie die Kondition und die physischen Kräfte nachlassen. Oder dass sich die Regenerationsphasen verlängern. **Viel wichtiger ist es, dass man für jünger gehalten wird, als man ist. Dieses Kompliment ist ein Wert, der alle anderen Themen verblassen lässt.**

Wenn man ein Kind ist, ist man nicht vier, sondern dreieinhalb oder dreidreiviertel. Ein Phänomen, das ab vierzig wieder einsetzt, nur andersherum. Es kommt wieder auf Monate an. Schon für ein Jahr älter gehalten zu werden, ist ein Stich, der einen tief treffen kann.

Es ist ja auch ein Teil der allgegenwärtigen Selbstoptimierung, dass sich junge Frauen überhaupt für einen interessieren. Wenn man eine Wirkung auf Frauen in den Zwanzigern hat, hat man alles richtig gemacht. Wenn allerdings das Gegenteil geschieht, kann es schnell dazu führen, dass man sich Grundsatzfragen stellt.

Schon vor einigen Jahren wurde einem Freund, der in meinem Alter ist, ein Kompliment gemacht, das ihn irritierte. Das lag daran, dass es ein sehr brutales Kompliment war. Es wurde ihm von einer Mittzwanzigerin gemacht, was es noch schlimmer machte. Sie hatten sich auf einer Party kennengelernt. Es war ein Gespräch, das seit einer guten Stunde immer angeregter wurde. Eine Stunde, die sie in nur wenigen Sekunden mit nur einem Satz zerstören würde.

Man muss dazusagen, dass sie eine attraktive Frau war, und wenn ein Mann ein angeregtes Gespräch mit einer attraktiven

Frau führt, entsteht in seinem Kopf schnell der Gedanke, dass sich mehr entwickeln kann. Vielleicht nur für eine Nacht, vielleicht auch länger. Dann sagte die junge Frau den Satz, der alles änderte. Sie sagte: »Du warst sicherlich mal ein schöner Mann.« Scheiße! Solche Dinge sagt man jemandem, der seine sexuelle Attraktivität schon vor längerer Zeit verloren hat. Sie fragte nicht einmal nach seinem Alter, weil es darauf nicht mehr ankam. Mein Freund wird nicht gern an dieses Erlebnis erinnert. Es wirkt immer noch nach.

Die verlernte Kunst, in Würde zu altern

Kürzlich hat mir eine Dreiundzwanzigjährige erzählt, dass sie sich mit ihrer Mutter abstimmt, wer von beiden wann ins Berghain geht. »Damit wir uns nicht begegnen«, sagte sie betroffen.

»Im Berghain?«, sagte ich schrill, weil ich mir gerade vorstellte, ich hätte meine Eltern in einer meiner seltenen Berghain-Nächte getroffen, die ja eher Berghain-Morgen waren, oder noch eher Berghain-Mittage. Manchmal auch Nachmittage. Es gibt Abende, bei denen man generell keine Zeugen braucht, und auf keinen Fall sollten das die eigenen Eltern sein. Meine Eltern im Berghain. Das war ein falsch zusammengesetztes Bild. Zwei Welten, die nichts miteinander zu tun haben *dürfen*, berühren sich nicht nur, sie schieben sich ineinander. Berghain-Nächte sind Nächte, bei denen man einfach keine Zeugen braucht.

Die Dreiundzwanzigjährige erzählte, dass ihre Mutter dabei war, die Berliner Clubs zu entdecken, nachdem sich ihre Eltern vor einigen Jahren getrennt hatten.

»Sie will sich noch mal richtig ausleben«, sagte sie.

»Wie alt ist denn deine Mutter?«, fragte ich.

»Zweiundfünfzig.«

»Verstehe«, sagte ich, was wahrscheinlich noch betroffener klang als mein etwas schrilles »Im Berghain?« vor einigen Minuten. Dann fiel mir ein, dass ich in sieben Jahren ja ebenfalls dieses Alter erreicht haben werde. Ihre Mutter will ihre Jugend wiederbeleben. Sie will die Zeit nachholen, die sie in den siebenundzwanzig Jahren ihrer Ehe verpasst hatte. Sie stürzt sich ins Berliner Nachtleben, um eine andere Version dieser Jahre kennenzulernen. Indem sie das Leben einer Dreiundzwanzigjährigen führt, setzt sie praktisch um, wie es hätte sein können.

Es kann allerdings peinlich werden, wenn man sich jünger fühlt, als man aussieht. Wenn man wesentlich älter aussieht, als man sich gibt, kann man schnell zu einem Menschen werden, der belächelt wird.

Zu meinem Bekanntenkreis gehört der Schlagzeuger einer Band, deren Mitglieder Mitte vierzig sind und verzweifelt versuchen, sich jugendlich zu geben. Aber sie wirken nicht jung. Mit ihren schwarzen, skinny Jeans sehen sie eher wie altgewordene Nebendarsteller in einer Pornoversion des Films *The Matrix* aus.

Es gibt zwei widerstreitende Gefühle in mir: Zum einen finde ich es ganz schrecklich, sich in sein Alter zu fügen, zum anderen sollte man auch reflektiert genug sein, dass man irgendwann lächerlich wirken könnte, wenn man sich jung gibt.

Die Jugendbesessenheit unserer Gegenwart macht es einem immer schwerer, in Würde zu altern. Wie geht man mit seinem Alter um? Oder anders gefragt: Wie altert man in Würde? Ich fürchte, viele haben dieses Talent verlernt. Es ist offensichtlich kein Zufall, dass Bücher, die von der Alterspubertät handeln, monatelang auf der *Spiegel*-Bestsellerliste stehen.

Meine Dates mit 90er-Jahrgängen

Es ist ganz merkwürdig: Seitdem ich begonnen habe, diesen Text zu schreiben, fallen mir immer mehr Frauen unter dreißig ein, mit denen ich in den letzten fünf Jahren Dates hatte. Es sind mehr, als ich angenommen habe. Das hatte ich offenbar erfolgreich verdrängt. Vielleicht liegt das daran, dass es nie mein Plan war, dass die Frau jung sein sollte. Dass ich mich nicht vom Alter leiten lasse, sondern davon, wie gut wir uns verstehen. Aber es ist schon wahr, ich genieße Gespräche mit jüngeren Frauen. Es ist dieser frische Blick, mit dem sie ins Leben blicken, weil sie nun mal am Anfang ihrer Biografie stehen. Da ist eine Begeisterung von den Dingen. Da ist eine Unverbrauchtheit der Gedankengänge. Es sind unverspannte, reflektierte Gespräche, in denen allerdings häufig auch viele Gläser Moscow Mule getrunken werden.

Leichte Verspannungen kommen dann eher durch mich. Wenn sich herausstellt, wie alt sie ist, werde ich zum Zweifler. Etwas hindert mich daran, mich auf sie einzulassen. Es ist ein Zwang, dem ich mich selbst aussetze, weil meine Gedanken nicht von der Zukunft befreit sind. In solchen Momenten fällt mir auf, wie sehr auch mein Denken in Konventionen gefangen ist.

Mir geht es um eine ähnliche Vorstellung der mittelfristigen Zukunft, die dann zu einer gemeinsamen Zukunft werden kann. Ich wünsche mir schon, einer Frau zu begegnen, mit der ich eine Familie gründen kann. Und Frauen in den Zwanzigern können sich noch Zeit lassen, den Richtigen zu finden. Ich halte sie für zu jung. Und wenn ich eine Frau für zu jung halte, empfinde ich die Zeit mit ihr als etwas Vorübergehendes. Bis ich der Frau begegne, mit der ich mein Leben teilen kann.

Mir fallen dann auch immer die etwas pragmatischeren Argumente ein, die meine Eltern beschäftigen, wenn sie sich über große Altersunterschiede Gedanken machen. Sie stehen natürlich an einem anderen biografischen Punkt, von dem aus sie das Leben betrachten.

»Frauen werden ja älter als Männer, also müsste es eigentlich umgekehrt sein«, sagt meine Mutter. »Frauen müssten sich jüngere Männer suchen. Und jetzt stell dir mal vor, der Mann ist achtzig und wird ein Pflegefall, wenn sie gerade mal sechzig ist. Dann darf sie ihn pflegen, ihr Leben ist vorbei.« Und das möchte ich der Frau, die ich liebe, dann doch nicht antun.

Die Reaktionen der Frauen auf meine Zweifel sind sich sehr ähnlich. Als gäbe es eine Art Bedienungsanleitung, nach der sich die Frauen richten, wenn ein Mann Bedenken wegen eines zu großen Altersunterschiedes hat.

»Das Alter ist doch nicht wichtig. Es kommt darauf an, wie alt man sich fühlt«, sagen sie.

»Ich war bisher nur mit älteren Männern zusammen«, sagen sie.

Mir fiel Sascha ein, der mir einmal versichert hat: »Um eine Frau rumzukriegen, muss man eigentlich nur Bedenken wegen des Altersunterschieds äußern. Dann läuft alles ganz von allein.«

Ein Mechanismus, den ich mit meinen Zweifeln ungewollt auslöste.

Wie lange ist »für immer«?

Eine Freundin hat mir erzählt, Beziehungen haben am ehesten Bestand, wenn man in den Zwanzigern zusammenkommt.

»Beide sind noch in der Persönlichkeitsentwicklung«, sagte sie. »Man ist noch formbar, man kann sich zusammen entwickeln und miteinander wachsen. Wenn man älter ist, ist die Persönlichkeitsentwicklung fortgeschrittener und starrer. Man ist weniger bereit, Kompromisse einzugehen. Es fällt schwerer, sich auf die Wünsche des Partners einzulassen und eigene Bedürfnisse zurückzustellen. Beziehungen laufen paralleler.«

Das klingt schlüssig, allerdings scheint es inzwischen auch gar nicht mehr darauf anzukommen, miteinander zu wachsen. Der Anspruch an eine Beziehung hat sich offenbar verändert. Und das ist der eigentliche Unterschied zur jüngeren Generation. Der Unterschied, der mir mein Alter erst wirklich klarmacht. Allerdings auf andere Art, als ich angenommen habe.

Vor ziemlich genau einem Jahr hatte ich ein Date mit einer Frau namens Anna. Ich weiß inzwischen, dass sie 1994 geboren wurde, aber bevor wir uns im Spreegold trafen, hatten wir in den Nachrichten, die wir uns vor unserem Treffen schrieben, beschlossen, unser Alter auszuklammern. Ich wusste nur, dass sie in den Zwanzigern war und dass sie klug und attraktiv war, ein Scheidungskind, das Psychologie studierte.

Weil unser Altersunterschied unausgesprochen über unserem Date schwebte, sprachen wir auf Umwegen darüber. Auf einer universelleren Ebene sozusagen.

Ich sagte, dass mir aufgefallen war, dass Diskussionen über einen größeren Altersunterschied zwischen Männern und Frauen ja von der Frage beherrscht werden, warum so viele mittelalte Männer auf junge Frauen stehen. Hinter ihr verschwindet die Frage, warum sich eigentlich so viele junge Frauen für ältere Männer interessieren.

»Ganz ehrlich«, sagte Anna, »die meisten Männer in meinem Alter sind einfach indiskutabel. Mit denen kann man doch keine Gespräche führen, die einem etwas geben. Die meisten sind vollkommen unreif. Allein wenn mir ein Mann erzählt, dass er deutschen Gangsta-Rap hört, ist das doch schon ein Ausschlusskriterium.«

»Aber die Texte sind doch ironisch gemeint«, sagte ich mit einem Lächeln.

»Genau«, lachte Anna. »Das sind immer diese Floskelargumente. Die meisten wissen doch nicht einmal, was Ironie ist. Ich hab das auch nie verstanden. Ich meine, gerade in MeToo-Zeiten verkaufen sich Songs am besten, in denen alle Frauen Nutten sind, die unbedingt mal in den Arsch gefickt werden müssen. Darüber sollten die Leute mal nachdenken.«

»Wer so was hört, muss vermutlich etwas kompensieren«, sagte ich.

»Zum Beispiel, dass sein Leben aus sexloser Langeweile besteht«, rief sie aufgebracht.

»Wahrscheinlich«, lachte ich.

»Also wenn jemand Musik mit solchen Texten hört, kann ich ihn gar nicht mehr ernst nehmen. Und ich will mit einem Mann zusammen sein, der mir etwas gibt. Auf mehreren Ebenen. In meinem Alter gibts einfach zu viele Backpfeifengesichter.«

»Aber Menschen entwickeln sich ja.«

»Bei manchen hab ich da echt meine Zweifel«, lachte sie bitter. »Genau darüber hab ich erst gestern mit einer Freundin gesprochen. Irgendwie werden Frauen immer schneller menschlich reif, während sich die Entwicklung bei Männern immer stärker zu verzögern scheint.«

»Also wirst du dich so lange für Ältere interessieren, bis die Männer in deinem Alter die angemessene Reife erreicht haben.«

»Dann sind die Älteren ja aber auch schon zu alt«, lachte sie, um dann allerdings mit ernstem Gesichtsausdruck fortzufahren. »Wenn es passt, dann passt es. Und wenn es nicht mehr passt, passt es eben nicht mehr. Weißt du, die große Liebe, die ein Leben lang hält, ist doch meistens schon nach zwei Jahren vorbei. Wenn man überhaupt so lange durchhält. Ich glaub auch nicht, dass es die eine große Liebe gibt, mit der man ein Leben lang zusammen ist. Ich glaub, dass es mehrere Lieben im Leben geben kann. Ich will mit einem Mann zusammen sein, der zu meiner momentanen Lebensphase passt.

Ein Mann, mit dem man in der Feierphase Spaß hat, ist selten der Mann, mit dem man lange, gehaltvolle Gespräche führen kann. In die Feierphase passt er, aber wenn man älter wird, verschieben sich die Interessen, man hat einfach keine Gesprächsthemen mehr.«

Sie dachte in Lebensabschnittspartnern. **Es geht nicht um die Liebe fürs Leben, es geht um den Partner, der zur Lebensphase passt.** Der Mann, mit dem sie gut feiern kann, wird dann durch den Mann ersetzt, der sie durch ihr Psychologiestudium begleitet, der durch den Mann, mit dem sie gute Gespräche führen kann, ersetzt wird, der wiederum durch den Vater ihrer Kinder ersetzt wird, dessen Platz von dem Mann eingenommen wird, mit dem sie ihren Lebensabend verbringt.

Plötzlich sah ich Anna vor mir, wie sie in einer ähnlichen Kulisse wie wir ihrem Freund gegenübersaß, um mit ihm ein Gespräch zu führen, in dem sie ihn zu ihrem Ex-Freund machte, weil er nicht mehr zu der Lebensphase passte, in der sie sich inzwischen befand.

»Es war eine schöne Zeit«, könnte sie gesagt haben. »Aber ich will mich jetzt ernsthaft auf mein Studium und meinen Job konzentrieren und nicht nur feiern gehen.«

Das war ein sehr pragmatischer Ansatz. Ein Ansatz, der offensichtlich auch ausschloss, dass sich Männer weiterentwickeln konnten. Der Mann sollte ihren aktuellen Lebensentwurf schlüssig ergänzen. Anna geht es um einen Menschen, der zu einer Phase des Lebens passt, weil man sich in dieser Phase des Lebens gut versteht. Wenn sie diese Phase verlässt, ist dieser Mensch nutzlos geworden. Es ist die Idee einer Beziehung, die nur um einen selbst kreist. Die Idee einer Selbstverwirklichungsbeziehung, in der eine gemeinsame Entwicklung nicht vorgesehen ist.

Das war der Moment, in dem mir unser Altersunterschied klar wurde.

So sehr ich mir auch einrede, dass man im Leben mehrere große Lieben hat, bin ich tief in mir davon überzeugt, dass es dann doch diese eine große Liebe gibt, der ich noch begegnen werde, um mein Leben mit ihr zu teilen. Es ist eine schöne, naive Idee, aber Anna hat recht, sie hat eigentlich nichts mit der Wirklichkeit zu tun. Alles, was beginnt, endet irgendwann. Das gilt auch für Beziehungen. Aber wenn ich mich verliebe, erscheint mir trotz meiner Erfahrungswerte ein Ende unmöglich. Ein Ansatz, der Anna fremd zu sein scheint.

Natürlich zeigt die Erfahrung, dass ihr Ansatz richtig ist, aber diese Erfahrungen muss man ja erst einmal machen, um Schlüsse aus ihnen zu ziehen. Jemand, der Mitte fünfzig ist, kann sie sicherlich vorbehaltlos bestätigen. Aber Anna war dreißig Jahre jünger. Ich saß hier mit einer Vierundzwanzigjährigen, die ihr Liebesleben mit dem Blick einer Mittfünfzigerin betrachtete, die reich mit Schicksal ausgestattet war. Das waren die abgeklärten Schlüsse eines Menschen, der in der Liebe schon oft verletzt worden war. So gesehen war ich hier der naive Romantiker, dem eine Vierundzwanzigjährige die Welt erklärte. Unser Altersunterschied war soeben umgekehrt worden.

Anna geht es nicht darum, einen Partner fürs Leben zu finden. Die Trennung ist einkalkuliert. Sie wird vorausgesetzt. Schon beim ersten Date. **Wenn man aber schon beim ersten Date die Trennung einplant, richtet man eine Sperre ein, die eine tiefe Bindung gar nicht zulässt. Es können keine tiefgehenden Gefühle entstehen, sie sind in diesem Entwurf nicht vorgesehen.**

Genau genommen haben Schutzstrategien, sich um keinen Preis verletzen zu lassen, ihr Liebesleben übernommen. Sie haben ihre Bindungsangst zu einem Lebensstil umdefiniert. Wenn man keine Gefühle zulässt, weil man das Ende voraussetzt, werden die längsten Beziehungen immer kurz bleiben.

Wie die Beziehungen von Leonardo DiCaprio, die ja auch nicht lange halten. Vielleicht ist es das, was mich daran hindert, mich auf Frauen dieses Alters einzulassen, dachte ich.

Dann fiel mir ein, was ich kurzzeitig vergessen hatte, vermutlich weil mein Unterbewusstsein aus Selbstschutz beschlossen hatte, es zu verdrängen: Wir hatten gerade ein Date.

Ich wusste nicht, inwieweit Annas Haltung die Haltung ihrer Generation abbildete, aber während sie sprach, verbanden sich die Dinge, die sie sagte, mit den Dingen, die mir von Frauen ihres Alters gesagt wurden. Wie Bruchstücke, die scheinbar nichts miteinander zu tun hatten, schoben sich ihre Aussagen ineinander, ergänzten sich, um sich langsam zu einem plausiblen Ganzen zu fügen. Keine Generation scheint sich der Endlichkeit von Beziehungen so bewusst zu sein. Sie berechnen es ein. Von Anfang an. Es ist eine abgeklärte Generation.

Es ist eine Abgeklärtheit, in die sich nahtlos das Konzept von Beziehungen mittelalter Männer mit jungen Frauen einfügt. Aber eins muss diesen Männern klar sein: Sie sind etwas Vorübergehendes. Sie werden ersetzt.

Die letzten drei Frauen, mit denen ich mich im vergangenen Jahr häufiger traf, waren 30, 33 und 37. Aber vorsichtshalber habe ich gerade noch einmal Tinder auf meinem Telefon geöffnet, um die Sucheinstellungen zu überprüfen. Meine Suche beginnt bei 30, endet aber auch schon bei 35. Allerdings finde ich es schon erschreckend, dass eine Dreißigjährige inzwischen 16 Jahre jünger ist als ich. Vielleicht sollte ich die Einstellungen anpassen. Um mir auch selbst zu zeigen, dass ich mich von diesen gedachten Konventionen und bisherigen Routinen lösen kann.

Ich hoffe es.

Es kommt eben nicht nur auf die inneren Werte an

Wie wir immer mehr Menschen auf das Äußere reduzieren

»Sie war schön. Aber nicht wie die Frauen in den Zeitschriften.«
Es gibt ja verschiedene Kriterien, nach denen Männer die Attraktivität von Frauen beurteilen. Es sind Kriterien, die auffallend unterschiedlich sein können. Manchmal sind sie sogar beunruhigend unterschiedlich.

Beginnen wir mit mir. In meiner Hierarchie der Dinge, die eine Frau für mich attraktiv machen, stehen zwei Sachen ganz oben: Ich achte vor allem auf das Gesicht – und dann auf die Fingernägel.

»Wie bitte?«, werden jetzt einige einwenden, vielleicht sogar mit einem skeptischen Blick. »Die Fingernägel?«

Ich muss ihnen recht geben. Wenn jemand anhand der Fingernägel die Attraktivität einer Frau beurteilt, klingt das ja schon ziemlich bizarr. Aber ich kann euch beruhigen, ich bin kein bemitleidenswerter Freak, vor dem Frauen beschützt werden müssen. Nein, Fingernägel interessieren mich eher auf einer zweiten, einer tieferen Ebene. Der Umstand, wie aufwendig die Fingernägel einer Frau lackiert sind, erzählt schon sehr viel über sie. Das meine ich gar nicht arrogant. Wenn eine Frau aufwendig verspielte Motive auf ihren Nägeln hat, will ich das gar nicht abwerten, ich weiß allerdings, dass sie sich in einer Welt bewegt, die mit meiner Welt nicht allzu viele Berührungspunkte hat. Das trifft auch auf unsere Wertesysteme zu. Und ich weiß, wovon ich rede, ich habe in diesem Bereich gewisse Erfahrungen.

Aber es gibt natürlich Bewertungskriterien, die anderen Männern wichtiger erscheinen als Gesichter oder die Gestaltung von Fingernägeln. Sie unterscheiden sich von Mann zu Mann, was hin und wieder zu Missverständnissen führen kann. Missverständnisse, die Situationen entstehen lassen können, die wirken, als wären Dialogszenen, die die Drehbuchautoren der Sitcom *Two and a Half Men* verworfen haben, für meinen Bekanntenkreis irgendwie noch einmal zweitverwertet worden. Die Frage ist allerdings, wer in diesen Szenarien Alan ist. Wer die Serie kennt, weiß, dass die Antwort darauf über vieles entscheiden kann.

Als ich zum Beispiel vor einigen Monaten mit einem Freund in der Bar 3 in Berlin-Mitte war, legte der plötzlich die Hand auf meine Schulter, sah mich eindringlich an.

»Gott!«, sagte er mit zitternder Stimme. »Hast du die Frau gerade gesehen? Die war ja wunderschön!«

»Wo?«, fragte ich und sah mich diskret um, schließlich würde ich gleich in das Gesicht einer Frau blicken, deren Aussehen eine so starke Wirkung auf mich haben würde, dass ich jetzt sehr kontrolliert sein musste, um nicht schlagartig bedürftig zu erscheinen. Bedürftigkeit nimmt einem schließlich jedwede Attraktivität. Mein Blick glitt über die Gesichter der Anwesenden, und was soll ich sagen, ich hatte keine Ahnung, auf wen sich die Begeisterung meines Freunds bezog.

»Wen meinst du denn?«, fragte ich.

»Guck jetzt nicht so auffällig hin«, sagte er nervös und wies diskret zu einer Frau, die sich nicht einmal zwei Meter entfernt mit einem Mann unterhielt. Ich suchte in ihren Zügen nach dem Auslöser, der den Kontrollverlust meines Freundes rechtfertigen würde, aber ich fand keinen.

»Die wäre mir jetzt aber nicht aufgefallen«, sagte ich. Er sah mich fassungslos an, bevor er begeistert zischte: »Hast du die Brüste nicht gesehen?«

Ich blickte noch einmal zu ihr. Ihre Brüste waren groß, erstaunlich groß sogar, aber das änderte ihre Attraktivität nicht.

»Ich achte doch immer zuerst aufs Gesicht«, sagte ich. Mein Freund sah mich verständnislos an. Mit einem Blick, der auch erzählte, dass er mich für einen bemitleidenswerten Freak hielt.

Wie gefährlich es sein kann, sich so fokussiert auf bestimmte Teile einer Frau zu konzentrieren, dass alles andere ausgeblendet wird, habe ich vor ungefähr zwei Jahren erleben dürfen, als ich mit einem Bekannten auf einer Clubereöffnung in Friedrichshain war. Mein Bekannter war sehr begeistert von einer Frau, deren Hintern ihm gefiel. Mehr schien er von ihr auch nicht registriert zu haben, denn als er sie mir zeigte, fragte ich verwirrt: »Ist das nicht Emma?«

»Scheiße«, rief er unangenehm berührt, als er offensichtlich zum ersten Mal das Gesicht der Frau registrierte. Das war peinlich, Emma war schließlich eine seiner Ex-Freundinnen. »Ich hab sie gar nicht erkannt«, fügte er hinzu. »Glücklicherweise hab ich sie nicht angesprochen. Ich muss wirklich mehr auf die Gesichter achten.«

»Wahrscheinlich«, sagte ich und dachte mit einem Fremdschamgefühl: Oh mein Gott!

Ich dachte die drei Wörer sehr akzentuiert. In einer Tonalität, wie sie in amerikanischen Teenagerserien ausgesprochen werden. Und dass ist ein Umstand, der die Tiefe meiner Erschütterung deutlich macht.

Natürlich verliebt man sich nicht in das Aussehen oder ein sekundäres Geschlechtsmerkmal. Schönheit ist ein vielschichtiges

Gesamtkonzept. Es gibt schließlich kaum etwas Attraktiveres als eine Persönlichkeit, zu der man sich hingezogen fühlt, oder einen Menschen, der einem etwas gibt, weil man sich etwas zu sagen hat.

Es gibt ja wunderbare Zitate über wirkliche Schönheit, wie zum Beispiel diese hinreißende Textstelle aus F. Scott Fitzgeralds Roman *Die Schönen und die Verdammten:* »Sie war schön«, schreibt er dort. »Aber nicht wie die Frauen in den Zeitschriften. Die Art, wie sie dachte, war schön. Sie war schön wegen des Glitzerns in ihren Augen, wenn sie über etwas sprach, das sie liebte. Sie war schön, weil sie fähig war, andere zum Lächeln zu bringen, selbst wenn sie traurig war. Nein, sie war nicht schön aufgrund von vergänglichen Zuständen, wie die ihres Aussehens. Sie war schön bis auf den Grund ihrer Seele.«

Solche Sätze berühren mich. Aber die Schönheit, die Fitzgerald beschreibt, ist eine Schönheit, die man erst sehen kann, wenn man den Menschen wirklich kennenlernt. Er beschreibt die Schönheit der Seele. Die innere Schönheit. Allerdings ist das Aussehen der erste Impuls, der mein Interesse an einer Frau weckt. Ihre äußere Attraktivität ist der Auslöser. Und bei einer Frau, die nicht mein Typ ist, fehlt auch mir einfach das Verlangen, die Schönheit ihrer Seele zu erkunden.

Manchmal beneide ich meine Bekannten. Mein Verständnis von Attraktivität an sekundären Geschlechtsmerkmalen auszurichten, würde mein Leben einfacher machen. Es würde die Zahl der Frauen erhöhen, die in mir den Wunsch auslösten, ihre Seele zu erkunden und mich vielleicht in sie zu verlieben.

Das Aussehen meiner Ex-Freundinnen

Wenn es um Frauen ging, habe ich lange angenommen, keinen bestimmten Typ zu haben. Als meine damals siebenjährige

Nichte Leandra im Jahr 2005 allerdings meine Freundin Anica kennenlernte, musste ich diese Überzeugung korrigieren. Dazu muss man wissen, dass die Frau, mit der ich vor Anica zusammen war, Marie heißt.

Als Leandra meine neue Freundin kennenlernte, sagte sie: »Anica, darf ich dir mal eine Frage stellen?« »Natürlich«, sagte Anica mit einem Lächeln. Meine Nichte sah sie einen Moment lang aufmerksam an, dann sagte sie: »Warum siehst du eigentlich aus wie Marie?« Kinder können grausam sein. Leandras Frage ersetzte Anicas Lächeln durch eine sekundenlange atemlose Stille. Ich warf den beiden einen entsetzten Blick zu, auch weil ich ihre Feststellung nicht wirklich verstand. Anica und Marie ähnelten sich kaum, wie ich fand. Sie waren beide brünett, das war die einzige Gemeinsamkeit.

Es ging mir auch nicht darum, mit einer jüngeren Version meiner Ex-Freundin zusammen zu sein. Aber es schien ja einen Zusammenhang zu geben. Auch wenn er nur anderen auffiel.

Ich habe aber erst viel später begriffen, dass sich das Aussehen meiner Freundinnen damals auch nicht unbewusst aufeinander bezog, sondern auf jemand anderen. Es richtete sich nach der Schauspielerin Famke Janssen, die in dem Woody-Allen-Film *Celebrity* eine Lektorin spielt. Ich habe den Film nicht gemocht, aber das Aussehen der Lektorin hat mich offensichtlich jahrelang geprägt. Manche Dinge sitzen tiefer im Kopf, als man denkt.

Ich habe mir gerade noch einmal über die Google-Bildersuche Fotos des Films angesehen. Die Übereinstimmung der jungen Famke Janssen mit zwei meiner Ex-Freundinnen und einer Frau, in die ich einmal unglücklich verliebt war, ist verblüffend. Auf beunruhigende Art.

Allerdings muss ich dazusagen, dass diese Figur nicht bloß schön, sondern auch der einzige edle Charakter des Films ist.

Ihre Attraktivität setzte sich also aus verschiedenen Aspekten zusammen, beunruhigend finde ich es rückblickend aber schon, dass ich meine Idee von Attraktivität an einer Kunstfigur ausgerichtet habe.

Als ich einmal mit meiner Mutter telefonierte, ließ sie einen Satz fallen, den ich erst einmal verarbeiten musste. »Bei Frauen waren dir äußere Werte ja schon immer wichtiger als die inneren«, sagte sie. Sie hatte die Feststellung so beiläufig fallen lassen, dass deren Inhalt mich erst erreichte, als sie bereits das Thema gewechselt hatte. »Meinst du das ernst?«, fragte ich. »So bist du nun mal«, sagte meine Mutter. »Bei dir müssen sie immer schön sein.«

Damals habe ich das natürlich nicht gesehen, aber mit dem heutigen Abstand muss ich zugeben: Sie hatte recht. Es ist schon wahr, es war ein Fehler, den ich lange gemacht habe: Ausschließlich das Aussehen entscheiden zu lassen, ob ich mit einer Frau zusammen sein wollte. Ihrer Attraktivität alles unterzuordnen. Vielleicht warfen mir meine Eltern deshalb lange vor, oberflächlich zu sein, wenn es um Frauen ging. Heute verstehe ich sie, aber damals war es ein Vorwurf, dem ich vollkommen verständnislos gegenüberstand. Der Konflikt von Selbstwahrnehmung und Außenwirkung. Ich verstand mich nicht als oberflächlich. Aber ich gab meinen Gefühlen erst eine Chance, wenn sich das Aussehen der Frauen in mein ästhetisches Selbstverständnis fügte. Ich machte den großen Fehler, mein Interesse von etwas so Vergänglichem wie dem Aussehen abhängig zu machen.

Einmal hatte ich eine achtmonatige Liaison mit einer Frau, die nicht meinem Schönheitsideal entsprach. Nach der Trennung sagte meine Mutter: »Es war gut zu sehen, dass du nicht mehr auf Äußerlichkeiten achtest.« Es war eine Feststellung, die wie ein Aufatmen klang.

Schade, dass Humor und Intelligenz keine Statussymbole sind

Wenn man so will, lebte ich in meiner oberflächlichen Phase eine analoge Version der Haltung, mit der sich heutzutage viele in den sozialen Medien bewegen. Es ist ein Blick, der alles einer ästhetischen Prüfung unterzieht. Auf Dating-Apps entscheidet ein Foto über das Interesse. Ich habe Frauen kennengelernt, die mich begeisterten, mit denen ich mich allerdings nie getroffen hätte, wäre ich von ihren Fotos ausgegangen.

Vor einigen Jahren habe ich gelesen, dass bei Gerichtsverhandlungen Fotos als Beweismittel nicht mehr zugelassen sind. Der Grund dafür ist Photoshop. Ein Foto kann man perfekt manipulieren, seitdem es das Programm gibt. Instagram ist voller Beispiele. Darum sind wir dort nahezu ausschließlich von schönen Menschen umgeben.

Vor ungefähr zwei Jahren stellte mir eine Frau zum ersten Mal eine Frage, die sich seitdem konsequent durch meine Dates zieht. Die Frage lautet: »Sehe ich eigentlich so aus wie auf den Fotos, oder bist du enttäuscht?«

»Natürlich siehst du genauso aus«, erwiderte ich ansatzlos, mit beruhigender Stimme.

Ich sage das immer, auch wenn es nicht zutrifft. Ich will schließlich niemanden verletzen. Ich sage es, auch wenn es so wenig Übereinstimmung zwischen Foto und Wirklichkeit gibt, dass ich sie nur erkannt habe, weil sie mich angesprochen hat. Einmal habe ich es sogar gesagt, als sich am verabredeten Treffpunkt eine Frau mit erkennendem Blick auf mich zubewegte, während ich hilflos in einer Endlosschleife dachte: Hoffentlich ist sie es nicht. Hoffentlich ist sie es nicht. Hoffentlich ist sie es nicht.

Sie war es, und trotzdem sagte ich: »Natürlich siehst du genauso aus.« Bei ihr klang der Satz vielleicht ein bisschen weniger flüssig, ich musste ja für diese Lüge einige innere Widerstände überwinden.

»Sehe ich eigentlich so aus wie auf den Fotos, oder bist du enttäuscht?« Die Frage ist richtig gestellt, sie bezieht sich allerdings auf etwas Falsches. Sie bezieht sich auf das Aussehen. Sie sollte sich aber auf die Persönlichkeit beziehen. Manchmal kommt einem das Leben zu Hilfe, um die eigene Oberflächlichkeit zu hinterfragen. In meinem Fall war es ein Schlüsselerlebnis, das mir auch zeigte, wie fragil die optische Schönheit eines Menschen eigentlich ist. Sie kann sich schnell auflösen, wenn nur eine der anderen Facetten, die einen Menschen ausmachen, unattraktiv ist. Ich kenne einen Mann, der mit einer der attraktivsten Frauen zusammen ist, die ich persönlich kenne. Abgesehen von ihm kenne ich allerdings niemanden, der mit ihr zusammen sein möchte – und das aus guten Gründen. Ich werde nie den Abend vergessen, an dem ich ihr zum ersten Mal begegnete. Als er sie auf meiner Geburtstagsparty in unserem Bekanntenkreis einführte, war es schon eine Erfahrung, sie zum ersten Mal zu sehen. Ihre Schönheit überfordert einen für einen kurzen Moment. Heute weiß ich, dass ich diesen Moment mehr hätte auskosten sollen, denn dieses schöne Gefühl, der Schönheit einer Frau ausgeliefert zu sein, verschwand umgehend, als sie zu reden begann. Sie redete ununterbrochen, das muss aber nicht unbedingt ein Makel sein. Was sie allerdings so erzählte, war so unattraktiv, dass es ihre Schönheit überlagerte.

Wir sprachen gerade über die schwierige Jugend eines Bekannten, der als Schwuler in einem bayerischen Dorf aufgewachsen ist und der nach seinem Coming-out der Gnadenlosigkeit und Intoleranz der deutschen Provinz ausgesetzt war. Wir sprachen über seinen Leidensweg, bevor er nach Berlin gezogen war, um erst hier das Gefühl zu haben, dass seine Existenz zu einem Leben geworden war. Plötzlich fiel ein Satz, der dem Gespräch eine neue und äußerst unangenehme Richtung gab. Ein Satz, mit dem sich die neue Freundin meines Bekannten in unseren Kreis einführte.

»Er hätte das behandeln lassen sollen«, sagte sie, »dann wäre sein Leben dort doch viel einfacher gewesen.«

»Wie bitte?«, sagte ich entsetzt. »Aber dir ist schon klar, dass das eine Anlage ist und keine Krankheit?«

Sie sah mich an, mit einem Blick, als hätte ich gar nichts verstanden. »Das ist behandelbar«, sagte sie entschieden. »Das kann therapiert werden. Hab ick jelesen.«

Hab ick jelesen, wiederholte ich in Gedanken. Eine Quellenangabe, der man nicht vertrauen sollte, gerade heute, wo so inflationär darauf zurückgegriffen wird. Man kann es wohl so sagen: Die Frau hatte sich gut eingeführt.

Ich sah sie fassungslos an. Ich wusste gar nicht, was ich sagen sollte. Ich konnte nicht einmal etwas Einlenkendes erwidern, weil ich auch gar nicht wusste, wo ich ansetzen sollte. Es war eine in sich geschlossene Weltsicht, an der man abglitt. Man konnte sie nicht aufbrechen, in sich war sie schlüssig. Wie bei einem überzeugten AfD-Wähler. Das war der Moment, in dem ich hoffte, wir würden keine politischen Themen berühren.

Unwillkürlich senkte ich meinen Blick, um ihre Fingernägel zu überprüfen, die Motive darauf hätten eigentlich sehr verspielt sein müssen. Aber von ihren Nägeln ließ sich nicht auf den Menschen schließen, der hier Gedanken vor mir ausbreitete, die ja eigentlich Nichtgedanken waren.

So etwas konnte sich eine Person allein gar nicht ausdenken. Ich war offensichtlich in eins dieser Scripted-Reality-Formate geraten, die nachmittags auf RTL 2 liefen und *Hilf mir! Jung, pleite, verzweifelt* hießen. Vor allem das Wort »verzweifelt« schien hier zuzutreffen, vor allem auf den Mann, der mit ihr zusammen war und von dem ich bisher angenommen hatte, ich würde ihn ziemlich gut kennen. Allein dieses Beispiel zeigt, wie groß der Fehler ist, vom Aussehen auf den Menschen zu schließen. Nach zehn Minuten fragte ich mich, wie man mit so einer Frau zusammen sein kann, ohne von Selbstzweifeln zerfressen zu werden. Ich fragte mich, was ihre gemeinsamen Themen waren. Sie war weniger eine Freundin als ein Hilfeschrei meines Freundes.

Die Freundin meines Bekannten ist natürlich ein extremes Beispiel, aber wenn ich sie mit den schönen Frauen vergleiche, die ich gedatet habe, muss ich sagen, dass ich ähnliche Erfahrungen gemacht habe. Meine Erfahrungen waren natürlich wesentlich abgeschwächter, aber ich hatte oft das Gefühl, dass das Aussehen der attraktivsten Frauen, die ich traf, aus irgendeinem seltsamen Grund nicht zu ihrem Charakter passte. Es war sogar noch schlimmer: Während der Dates mit ihnen wuchs in mir das Gefühl, ihre Persönlichkeit und ihr Aussehen wären irgendwie falsch zusammengesetzt worden. Es waren Oberflächen, an denen ich meine Wünsche ausgerichtet habe. Sie haben die Frage danach ersetzt, was sich hinter der makellosen Fassade befand. Je attraktiver ich ihr Aussehen empfand, desto mehr setzte ich den Charakter einer Traumfrau voraus.

Aber ich blendete aus, dass es *meine* Vorstellung ihrer Persönlichkeit war, die nicht zu ihrer Attraktivität passte. Ein Ideal, das nichts mit den Frauen zu tun hatte. Je attraktiver ich die Frau fand, desto größer war die Enttäuschung.

Aber ich hätte nicht von ihnen enttäuscht sein müssen, sondern von mir.

Tinder trotz Beziehung

Wie wir uns in der ewigen Suche nach etwas Besserem verfangen haben

Als mein Freund Jakob Anfang zwanzig war, verliebte er sich. Ihr Name war Marie, sie kamen zusammen und hätten sehr glücklich sein können.

Wenn ich diesen kurzen Absatz noch einmal lese, erinnert er mich entfernt an die Sätze, mit denen Märchen enden. Sätze, die ein Happy End beschreiben. Sie haben diesen vertrauten, beruhigenden Rhythmus – wenn nur das Wort »hätte« nicht wäre. »Hätte« impliziert, dass irgendetwas schiefgelaufen ist. Dass sie kurz davor waren, glücklich zu sein, aber eben nur beinahe. Also spulen wir am besten noch einmal zurück und beginnen von vorn.

Als mein Freund Jakob Anfang zwanzig war, verliebte er sich. Ihr Name war Marie, sie kamen zusammen und hätten sehr glücklich sein können. Eigentlich. Denn Jakob hatte nicht mit Maries Mutter gerechnet.

Diese Frau war sehr ehrgeizig, was die Zukunft ihrer Tochter betraf. Sie hatte große Pläne für Marie. Pläne, in denen Jakob allerdings nicht vorkam, wie er während ihrer Beziehung immer mal wieder in sehr unerwarteten Momenten feststellen durfte. Bei ihren gelegentlichen Besuchen bei Maries Eltern zum Beispiel. Während Jakob sich mit ihrem Vater im Wohnzimmer unterhielt, nahm Maries Mutter ihre Tochter zur Seite, um ihr Kontaktanzeigen zu zeigen, die sie aus der *Frankfurter*

Allgemeinen Zeitung ausgeschnitten hatte. Kontaktanzeigen von Männern, die in ihren Augen wesentlich besser zu Marie passten als ihr aktueller Freund. Dass sie mit Jakob zusammen war, schien ihre Mutter irgendwie auszublenden, auch wenn er sich gerade im Nebenraum aufhielt. Sie verstand ihn offenbar als etwas Vorübergehendes. Eine Fußnote in der Biografie ihrer Tochter, mit der man irgendwie umgehen musste, bis dann endlich ein Mann in ihr Leben trat, der ihren Vorstellungen entsprach. Marie wies sie entrüstet darauf hin, dass ihr Verhalten eine Frechheit war. Aber ihre Mutter gab nicht auf. Sie änderte nur ihre Taktik. Wenn sie ihre Tochter besuchte, ließ sie heimlich die Kontaktanzeigen aus der *FAZ* auf Maries Schreibtisch liegen, die Marie dann zufällig fand. Ihre Mutter rief ihr mit jedem dieser »Zufälle« aus der Ferne zu, dass es noch besser ging. Marie erzählte Jakob nichts davon, aber es kam hin und wieder vor, dass er eine der Anzeigen fand, die in Maries Wohnung herumlagen.

»War für mich immer schön, so als Freund«, fasste er diese ziemlich demütigende Erfahrung zusammen, als er mir davon erzählte.

Vor allem weil er anfangs annehmen musste, Marie selbst hätte sie ausgeschnitten. Für alle Fälle sozusagen. Als er dann erfuhr, dass es ihre Mutter war, die sich einen angemesseneren Freund für ihre Tochter wünschte, machte es das natürlich auch nicht unbedingt besser.

Als Jakob mir von diesen Erlebnissen berichtete, musste ich ungläubig lachen, obwohl es ziemlich hart gewesen sein musste.

Ihre Mutter hatte sich einen Plan gemacht, von dem ihre Tochter abgewichen war. Jetzt ging es darum, sie wieder auf Linie zu bringen. Sie meinte es ja nur gut. Sie wollte, dass das Leben ihrer Tochter perfekt ist, und Jakob schien nicht die Zutat zu sein, mit der die nötige Perfektion zu erreichen war.

Erst einige Tage darauf, als ich mit einigem Abstand an Jakobs Schilderungen über die Entgleisungen von Maries Mutter nachdachte, fiel mir etwas auf. Etwas ziemlich Beunruhigendes sogar: Ich kenne nicht wenige Leute, die dieser Frau sehr ähnlich sind.

Mit dem Unterschied, dass man heutzutage nicht mehr auf in Zeitungen gedruckte Kontaktanzeigen zurückgreifen muss, weil uns die Technik inzwischen vielfältige Möglichkeiten bietet, die wir nutzen können. Und dem viel wesentlicheren Unterschied, dass sie diese Haltung nicht auf andere anwenden, sondern auf sich selbst.

Wir scheitern an zu vielen Möglichkeiten

Meine Bekannte Sophia hat die Suche nach ihrem privaten Glück kürzlich mit zwei ziemlich aufschlussreichen Sätzen zusammengefasst. Und ich habe die große Vermutung, dass diese beiden Sätze ein großes Dilemma unserer Gegenwart gut beschreiben.

Sophia ist Single und trifft sich seit einigen Wochen mit Jan.

»Ich find ihn ja eigentlich gut«, sagte sie, als wir uns Anfang des Monats im Gagarin in Prenzlauer Berg trafen. »Aber ich date vorsichtshalber noch andere, um rauszufinden, obs nicht noch besser geht.«

»Verstehe«, sagte ich, ein Wort, das ich immer benutze, wenn mich eine Information einen Moment lang überfordert.

Sophia griff nach ihrem Handy, öffnete die vier Dating-Apps, die sie nutzt, und zeigte mir ihre Matches. Es waren sechs. Die engere Auswahl. Während ich mir die Fotos ansah, überlegte ich, inwieweit Sophias Strategie dem Konzept der Sendung *Die Bachelorette* ähnelte. Es gab kaum Unterschiede, abgesehen davon, dass die Männer in dem Format zumindest wussten, dass sie Konkurrenten hatten. Insofern war

Die Bachelorette in einem Vergleich die menschlichere Version – ein Satz, von dem ich nie gedacht hätte, dass ich ihn aufschreiben könnte, ohne mich übergeben zu müssen.

Ohne ihn zu kennen, tat Jan mir leid, aber dann fiel mir etwas ein. Wenn man das jetzt weiterspann und davon ausging, dass auch Jan eine ähnliche Taktik anwandte, um einen Partner zu finden, genauso wie die anderen sechs Männer aus Sophias engerer Wahl, verstehe ich auch, dass es noch nie so leicht war wie heute, ein Date zu finden, und noch nie so schwer, mit jemandem zusammenzukommen.

Also ich weiß nicht. Vielleicht liegt es an mir, aber wenn ich an einer Frau interessiert bin, interessieren mich andere Frauen einfach nicht mehr. Offenbar passe ich damit nicht mehr in die Zeit, in der wir uns im Zustand des Vergleichens eingerichtet haben. **Wir sind so überfordert mit den unzähligen Auswahlmöglichkeiten, dass viele verlernt haben, sich für eine Person zu entscheiden.**

Obwohl es eigentlich ganz einfach ist: Die Entscheidung fällt leicht, wenn man sich verliebt. Aber so weit scheint es selten zu kommen. Die meisten halten sich im Unverbindlichen. Aber Verbindlichkeit entsteht erst, wenn man Gefühle zulässt. Da stellt sich natürlich die Frage, wie viele tatsächlich Gefühle zulassen. In einer Gefühlsarmut, die man als vermeintliche Sicherheit empfindet.

Wenn man es aus einem größeren Zusammenhang betrachtet, ist da etwas Beunruhigendes passiert: Wir haben die Funktionsweise einer Dating-App in die Wirklichkeit übersetzt. Wir haben uns an sie angepasst, obwohl sie sich uns anpassen sollte.

Das erklärt auch die Plakatkampagne von Tinder, deren Kernaussage unter dem Hashtag #singlenotsorry zusammengefasst ist und die der Regional Director Europe sehr aufschlussreich in einem Interview kommentiert hat:

»Junge Singles verwenden Tinder heute als Teil ihres individuellen Lebensstils«, sagt er. »Unsere Motive sind ganz darauf ausgerichtet, das Singleleben junger Menschen von heute zu feiern.«

Das kann man natürlich so interpretieren, dass man es nicht als Makel empfindet, Single zu sein. Aber darum geht es nicht. Im Kern geht es darum, dass es gar nicht das Ziel ist, überhaupt in eine Beziehung zu kommen. Das klingt schlüssig, denn die betriebswirtschaftliche Idee einer Dating-App ist es ja, Geld zu verdienen. Die Zielgruppe sind Singles, und eine Beziehung würde den Kunden entfernen. Also ist das eigentliche Ziel, den Kunden zu halten.

Vorletzte Woche traf ich meine Bekannte Judith zufällig auf der Kastanienallee. Weil wir uns nur selten sehen, beschlossen wir, zusammen einen Kaffee trinken zu gehen. Die letzte Neuigkeit, die ich aus ihrem Leben gehört hatte, hat mir im März ein gemeinsamer Bekannter erzählt: Sie war nach einer längeren Singlephase seit Anfang des Jahres in einer Beziehung. Ich freute mich aufrichtig, als ich davon erfuhr. Bevor ich sie darauf ansprechen konnte, erzählte Judith jedoch, dass sie auf OkCupid einen Kollegen entdeckt hatte, der verheiratet und erst vor einem knappen Jahr Vater geworden war.

»Und er hat mich auch noch gelikt«, sagte sie verzweifelt. »Ich weiß jetzt gar nicht, wie ich mich verhalten soll. Ich seh ihn ja praktisch jeden Tag.«

»Scheiße«, sagte ich, und dann nach kurzem Zögern: »Aber er weiß ja nicht, dass du weißt, dass er dich gelikt hat.«

»Stimmt«, sagte sie erleichtert. »Daran hatte ich gar nicht gedacht.«

Ich trank einen Schluck von meinem Milchkaffee. Als ich die Tasse absetzte, dachte ich allerdings: Moment! Judith war doch ebenfalls in einer Beziehung. Und wenn sie sehen konnte, dass ihr der Mann ein Like geschickt hatte, nutzte sie ja offenbar die Bezahltversion der App. Judith war offensichtlich eine OkCupid-Poweruserin. Vermutlich war ich nicht auf dem neuesten Stand.

»Du bist also wieder Single?«, fragte ich, naiv, wie ich war. »Nö«, sagte sie. »Ich bin nur immer noch auf OkCupid.«

»Verstehe«, log ich und musste unwillkürlich an Sophia denken. Es gab eine Gemeinsamkeit, Judith bewegte sich allerdings schon auf der nächsten Stufe.

Es gibt diese schöne Frage: »Sind Ihnen Menschen, die Sie an sich selbst erinnern, eher sympathisch oder eher unsympathisch?« In gewisser Weise spiegelte Judith ihren Kollegen, aber es fiel ihr überhaupt nicht auf.

Und die beiden sind keine Ausnahmen. Ich kenne einige Paare, die ihre Tinder- und Lovoo- oder OkCupid-Profile nicht deaktivieren, obwohl sie in einer Beziehung sind.

In solchen Momenten beginne ich, mir Grundsatzfragen zu stellen. Warum nutzt man noch Datingportale, wenn man mit jemandem zusammen ist?

Ich spreche hier natürlich nicht von Entwürfen wie offenen Beziehungen, in denen beiden Partnern klar ist, dass man sich zwar füreinander entschieden hat, aber Sex mit anderen haben kann, ohne dass es eine Auswirkung auf die Beziehung hat. Ich rede von Beziehungen, in denen man das hinter dem Rücken des Partners macht.

Woran man erkennt, dass man eine Zwischenlösung ist

Ich kenne eine Frau namens Melina, die inzwischen seit einem knappen Jahr mit einem Mann zusammen ist, der Tinder nutzt. Er heißt Alexander, und wenn Melina über ihre Beziehung spricht, drängt sich förmlich der Gedanke auf, dass sie dringend beginnen sollte, diese Beziehung zu hinterfragen.

Obwohl wir es uns vornehmen, sehen wir uns nicht oft, meistens nur einmal im Jahr auf dem Geburtstag einer Freundin.

Melina ist eine dieser Bekanntschaften, mit denen ich mich stundenlang unterhalten kann. Auf den Geburtstagen sitzen wir in einem Raum voller Menschen, als wären wir zu zweit. Wir versichern uns bei jedem Abschied, uns demnächst unbedingt zu treffen, aber dazu kommt es nie. Es ist ein Vorhaben, das im Alltag verschwimmt. Ein unscharfer Gedanke, der immer mal wieder auftaucht und dann doch wieder verschwindet, bevor man ihm nachgeht. Er wird erst wieder klar erkennbar, wenn wir uns ein Jahr darauf auf dem Geburtstag sehen und sofort wieder wunderbar verstehen.

Seit dem letzten Geburtstag liegt allerdings ein Schatten auf unseren Gesprächen. Da kannte sie Alexander seit drei Monaten. Ein Vierteljahr ist ein Zeitraum, in dem man die Frage nach dem Beziehungsstatus noch offenhalten kann. Aber als er ihr etwas auf seinem Smartphone zeigen wollte und Melina sah, dass er Tinder geöffnet hatte, musste sie ihn darauf ansprechen.

»Ich wollte einfach wissen, was das mit uns ist«, sagte sie. »Ich wollte wissen, ob er mehr wollte. Ich wollte wissen, ob er eine Beziehung wollte.«

Alexanders Antwort entsprach nicht Melinas Erwartungen.

»Nein, ich brauch noch Zeit«, sagte er. »Und Tinder kann ich nicht deinstallieren. Dann würde ich mich meiner Freiheit beraubt fühlen.«

»Wie bitte?«, sagte ich scharf, als hätte er es zu mir gesagt.

Alexander versicherte ihr, dass er die App ja eigentlich nicht benutze und sie offensichtlich nur unbeabsichtigt geöffnet hatte.

»Direkt neben dem Tinder-Icon befand sich ja schließlich die Wetterapp«, sagte Melina.

Gott, dachte ich mit einem skeptischen Blick, der sich verhärtete, als sie verständnisvoll hinzufügte, dass sie Alexander

Zeit geben würde, obwohl seine Erklärungen in ihr ein schales Gefühl verursachten.

Melina ist eine kluge Frau, die Dinge einschätzen kann, aber wenn es um diesen Mann geht, verändert sie sich. Ihre Persönlichkeit wird nicht ausgetauscht, sie wird eher neu zusammengesetzt, was dazu führt, dass mir ein unbeholfener Teenager gegenübersitzt, der wie Melina aussieht und redet. Es ist ein Phänomen, das mir nicht fremd ist.

Die Gründe dafür liegen in einem Prinzip, das auch greift, wenn einer meiner Freunde unglücklich in eine Frau verliebt ist und mich verzweifelt fragt, wie er sich denn nun verhalten soll. Nachdem er mir sein Herz ausgeschüttet hat, bewerte ich das Verhalten der beiden. Ich gelte als jemand, der solche Dinge souverän und kompetent beurteilen kann, auch wenn ich hin und wieder zu resoluten Schlüssen neige. Diese Souveränität überrascht mich offen gestanden selbst immer mal wieder, denn wenn ich selbst unglücklich verliebt bin, werde ich zu einem hilflosen Teenager, der das alles zum ersten Mal erlebt.

Als ich vor einem guten Jahr unglücklich verliebt war, hat mich ein guter Freund in täglichen, stundenlangen Gesprächen beraten und aufgebaut. Mir war vorher nie klar gewesen, dass er eine Art Messias der Liebe war. Ein Mann, der verstanden hatte, wie Frauen denken und fühlen, der die vielen Missverständnisse zwischen den Geschlechtern überblickte und auflöste. Ein Mann, der mich einweihte. In das Geheimnis, wie man sich verhalten muss, um eine Frau für sich zu gewinnen.

Was soll ich sagen, dieser Mann ist nicht mehr vorhanden. Der Mensch existiert zwar noch, aber mein kompetenter Berater ist durch einen hilflosen Teenager ersetzt worden. Seitdem er nämlich selbst unglücklich verliebt ist. Seit Monaten führen wir beinahe täglich stundenlange Telefonate, in denen ich souverän die Strategien beurteile, in denen er

sich verfangen hat. Es hat praktisch ein Rollentausch stattgefunden.

Wirklich grotesk wird es aber dann, wenn ich ihn in einem
dieser Telefonate frage, wie er das Verhalten der Frau bewertet,
die ich gerade date. Der hilflose Teenager verwandelt sich ansatzlos in den kompetenten Berater, den ich aus der Zeit meiner unglücklichen Verliebtheit kannte. In einen Mann, der
weiß, wovon er spricht. Es hat schon etwas Surreales. Ein Gefühl, das ich auch mit Melina verbinde, wenn sie über ihren
Freund spricht.

Vorletzte Woche habe ich sie zufällig in der Alten Schönhauser Straße getroffen. Ich freute mich aufrichtig, sie zu sehen,
und ihr ging es ähnlich. Aber ihre Heiterkeit wirkte irgendwie
leer, wenn man das so sagen kann. Ein abwesendes Lachen,
das nicht mit Leben gefüllt war.

»Wollen wir einen Kaffee trinken?«, fragte sie mit dem
Blick eines Menschen, der jemanden zum Reden braucht.

Ich ahnte den Grund für ihren Zustand. Dessen Name war
Alexander. Der Geburtstag unserer gemeinsamen Freundin ist
im Januar, Melina kannte Alexander jetzt also seit einem guten
Jahr. Diese Formulierung habe ich nicht willkürlich gewählt.
Denn der Grund für Melinas Zustand war, dass sich Alexander
immer noch nicht festgelegt hatte.

Seit unserer letzten Begegnung war viel passiert.

»Tinder hat er irgendwann *angeblich* gelöscht«, erzählte
Melina. »Aber nach sechs Monaten waren wir immer noch
nicht weiter. Ich wurde immer unsicherer, hinterfragte fast
alles, was er tat. Wir stritten oft. Ich war emotional am Boden,
es eskalierte und dann war irgendwie Schluss.«

»Irgendwie?«, fragte ich.

»Na ja, über Weihnachten gabs dann wieder zaghafte Kon-
taktversuche. Und jetzt treffen wir uns wieder. Er ist natürlich
wieder auf Tinder und er braucht wieder Zeit. Er meinte, ich

soll mich einfach entspannen, dann würde es sich auch ergeben. Seine letzte Beziehung war eine Katastrophe und nun will er sich eben ganz sicher sein.«

»Nach einem Jahr?«, rief ich.

»Und im gleichen Atemzug sagt er aber auch, dass er sich keine bessere Frau vorstellen kann.«

»Das ist ja wohl ein Scherz«, rief ich.

»Aber irgendwie tut es mir ja auch leid, dass seine letzte Beziehung so schrecklich war«, überging Melina meinen Einwurf. Offensichtlich erreichten sie nur noch Sätze, die ihre Hoffnung bestätigten.

»Was meinst du«, fragte sie, »wie viel Zeit sollte ich ihm geben, wenn das wirklich noch nicht aufgearbeitet ist?«

Ich schwieg, denn gerade musste ich mir eingestehen, dass mir Melinas Gedankengänge nicht fremd waren. Ich kenne das. Wenn ich in einer ungesunden Beziehung feststecke, bin ich einfach zu verständnisvoll. Ich verteidige die Handlungen des geliebten Menschen, auch wenn mir häufig Verletzungen zugefügt werden. Ich finde immer neue Entschuldigungen. Mit dem nötigen zeitlichen Abstand kann ich natürlich besser urteilen. Ich weiß, dass ich dessen Handlungen verzerrt wahrgenommen habe. Ich habe sie so gesehen, dass sie sich in meine Hoffnungen einpassten.

Aber wie Melina fehlt mir in einer solchen Lage der Abstand. Darum erscheinen mir die Ratschläge meiner Freunde oft zu drastisch. Aber genau dann muss man ihre Ratschläge berücksichtigen.

Man muss berücksichtigen, dass die Freunde ja auf meiner Seite sind, sie sind an meinem persönlichen Glück interessiert. Aber es ist immer ein Prozess, sich aus einer vergifteten oder aussichtslosen Verliebtheit zu lösen. Die Gespräche mit Freunden haben nur eine Funktion: dass man mit jemandem über sich selbst reden kann. Dass jemand für einen da ist. Sie sind ein therapeutisches Mittel, Teil einer Gesprächstherapie gewissermaßen. Die Ratschläge hingegen kommen nicht an. Wenn man unglücklich verliebt ist, ist man beratungsresistent. Irgendwann, ganz am Ende, wenn man bereit ist, sich zu lösen, verändern sich die Hinweise der Freunde: Sie werden plötzlich plausibel.

Eine Frau, mit der ich eine achtmonatige toxische Beziehung kultiviert habe, warf mir in unserem Trennungsgespräch vor: »Du legst zu viel Wert auf die Ratschläge deiner Freunde.«

Ich habe damals wirklich ernsthaft darüber nachgedacht, ob sie mit dieser Feststellung recht hatte. Rückblickend kann ich jedoch sagen, dass ich die Ratschläge meiner Freunde viel früher hätte berücksichtigen sollen. Ich habe einige Episoden aus diesen vergifteten acht Monaten in diesem Buch verwendet, wobei ich sie allerdings nicht auf zwei Personen gelegt habe, sondern auf mindestens acht. Hätte ich die Geschehnisse in nur einer Beziehung stattfinden lassen, hätte man mir vorgeworfen, dass sie zu konstruiert und überzogen sei. Und während ich den letzten Satz schreibe, fällt mir auf, dass man sie wohl kaum besser zusammenfassen kann.

Diese Gedankengänge halfen mir, Melina einen Rat zu geben, der sie überfordern würde.

»Aber auch wenn er sich gerade nicht festlegt, fühlt es sich wie eine Beziehung an«, sagte sie.

»Natürlich ist es eine Beziehung«, sagte ich. »Und zwar eine toxische Beziehung.«

»Aber ...«, begann sie.

»Trenn dich von ihm«, sagte ich ansatzlos.

Melina schwieg erschrocken. Ihr Blick war voller Unverständnis. Ich weiß natürlich, dass man vorsichtig sein muss, wenn man solche Empfehlungen gibt. Sie können gefährlich sein, auch für einen selbst. Wenn sie befolgt werden, kann einem später vorgeworfen werden, dass man eigentlich die Schuld trägt, weil man die Trennung sozusagen verursacht habe. Aus diesem Grund sagen einem Freunde meist erst nach einer Trennung, was sie wirklich über den Partner gedacht haben. Darum kann es ein hilfreiches Mittel sein, eine Einschätzung von außen zu erhalten, wenn man ihnen sagt, man habe sich getrennt.

Aber die Schuld auf mich zu nehmen, war ein Risiko, dass ich bereit war einzugehen. Durch ihre Gefühle war Melina sich selbst zu nah, um erkennen zu wollen, was jedem mit einem unvoreingenommenen Blick offensichtlich war. In ihrem Zustand musste sie vor sich selbst beschützt werden.

»Wenn ihm wirklich etwas an dir liegt, weißt du, was ich mich dann ernsthaft frage?«, fragte ich. »Ich frag mich, warum er überhaupt mit dir zusammen ist, wenn er unter seiner letzten Beziehung so leidet. Wenn du ihm wirklich etwas bedeutest, ihm also wichtig ist, dass es dir gut geht, sollte er das erst einmal aufarbeiten, bevor er sich wieder mit dir trifft.«

»Aber ...«, begann Melina wieder.

»Nee, warte mal bitte«, unterbrach ich sie. »*Das* habe ich nur gesagt, weil ich seine Argumente mal für einen kurzen Augenblick zugelassen und zu Ende gedacht habe. Wie egoistisch und selbstbezogen sie schon sind, wenn man sie ernst nehmen würde. Aber man kann sie nicht ernst nehmen. Sie sind vollkommener Unsinn. Weil sie eine Ausrede sind. Eure Beziehung ist für deinen Alexander eine Beziehung auf Abruf. Eure Beziehung ist eine Zwischenlösung. Er sieht dich als etwas Vorübergehendes. In eurer Beziehung ist keine Zukunft vorgesehen. Er hält diesen Schwebezustand aufrecht, weil er sich nicht einsam fühlen will, weil er nicht allein sein kann oder weil er nicht auf regelmäßigen Sex verzichten will. Du bist eine Zwischenstation seiner Suche nach der Frau, mit der er sich eine Beziehung vorstellen kann. Sobald er einer Frau begegnet, mit der er sich eine Zukunft wünscht, wird er euch aufgeben. Er wird keine Rücksicht auf dich nehmen, das macht er ja jetzt schon nicht.« Als ich meine kurze emotionale Rede beendet hatte, war ich sogar ein wenig außer Atem. Mir fiel ein, dass Ratschläge oft die Summe eigener Erfahrungen sind. Wer Ratschläge gibt, meint vor allem sich selbst. Das wusste schon Matthew McConaughey in der Serie *True Detective,* einer der besten Serien, die ich je gesehen habe. Das ist ein sehr wahrer Satz. Ich fragte mich, ob er auch auf meine Rede anwendbar war. Ob sich meine Rede aus den Verletzungen meiner unerfüllten Lieben zusammenfügte. Sicherlich war das richtig, zu einem Teil zumindest, sonst wäre ich nicht so emotional geworden. Aber sie war kein Fehler, auch wenn Melinas hilfloser Blick etwas anderes sagte. Sie würde nur Zeit brauchen, um das auch so sehen zu können.

Das falsche Verständnis von Perfektion

Obwohl Alexander sicherlich ein drastisches Beispiel ist, steckt etwas von ihm in nicht wenigen von uns. Man sollte sich selbst hinterfragen, warum man sich weiterhin auf Dating-Apps bewegt – obwohl man in einer Beziehung ist.

Es kann natürlich das angenehme Gefühl von Selbstbestätigung sein, das einem jedes Match gibt. Vielleicht ist es auch eine Gewohnheit, die aus der Zeit als Single überlebt hat. Oder es geht darum, seinen Partner vorsätzlich zu betrügen. Oder das Gefühl, dass andere einem etwas geben, was einem der Partner nicht gibt – ein Umstand, aus dem übrigens auch die meisten Affären entstehen. In allen Fällen ist es ein Spiel mit den Optionen. Aber es ist ja nun mal so: **Wenn man sich Optionen offenhält, versteht man seinen Partner ja ebenfalls als Option.**

Mit anderen Worten: Es gibt gerade keinen Besseren. **Man ist mit einer Zwischenlösung zusammen, etwas Vorübergehendem, auf dem Weg zum perfekten Partner.** Man fühlt sich noch nicht in einer Beziehung angekommen. Ob man es sich eingesteht oder nicht: Ein Teil in einem ist noch Single, und man genießt es, diesen Teil auszuleben. Trotz der Beziehung ist man immer noch auf der Suche. Es ist die uneingestandene Überzeugung, dass es noch besser geht. Obwohl man sich doch so danach gesehnt hat, ist man in der Beziehung Single geblieben. Und sich so etwas einzugestehen, fällt nicht unbedingt leicht.

Offensichtlich haben sich viele in der ewigen Suche nach dem perfekten Partner verfangen. Es ist allerdings ein falsches Verständnis von Perfektion, nach dem wir uns da sehnen. Das große Missverständnis ist ja, Perfektion mit einer Person zu assoziieren. Mit Äußerlichkeiten wie Attraktivität, Arbeit, Status. Das beste Beispiel sind Dating-Apps: Anhand eines Fotos entscheidet man in Sekundenbruchteilen, ob die Person zu einem passt oder nicht. Das Foto der Person wird zur Projektionsfläche unserer Sehnsüchte, die natürlich viel mehr mit uns zu tun haben als mit dem Menschen hinter dem Bild. In unserer Sehnsuchtswelt gibt es nur perfekte Personen. Weil sie eine idealisierte Welt ist.

Wir wissen natürlich, dass es den perfekten Partner nicht gibt. Aber viele scheinen das nicht verinnerlicht zu haben. Es ist eine passive Haltung von Menschen, in der man davon ausgeht, dass einem die Liebe einfach zufällt. Dass man nichts dafür tun muss.

Irgendwann kann schließlich das Profil des wirklichen Seelenverwandten auf dem Display erscheinen. **Aber einen Seelenverwandten findet man nicht. Man wird zu Seelenverwandten, indem man zusammenwächst. Die Perfektion, um die es eigentlich geht, entsteht aus dem Verhalten**

zueinander. Perfektion ist ein Prozess. Es geht darum, was man gemeinsam kreiert. Liebe ist, eine gemeinsame Heimat zu erschaffen, in der man sich angekommen fühlt. Sie beweist sich in der Zeit. Wie man sich gemeinsam entwickelt. Was man einander gibt.

Das ist der Schlüssel, der alles ändern kann. Er liegt in uns. Wir müssen ihn nur erkennen. Und dann anwenden.

Empathie gibts nicht im Appstore

Das Wesen der Notgeilheit

Wie Tinder & Co. unsere hässlichsten Seiten zum Vorschein bringen

Es gibt einen Impuls, der immer an mir zerrt, nachdem eine meiner Beziehungen in die Brüche gegangen ist. Diesen einen Impuls, dem ich nachgebe, obwohl ich durch umfangreiche Erfahrungswerte weiß, dass es vollkommen sinnlos ist. Ich folge ihm trotzdem – und melde mich bei einer Dating-App an. Anfang April war das wieder der Fall. Ich hatte zwar keine Trennung nach einer Beziehung hinter mir, es war eher das Ende eines psychisch außerordentlich belastenden Konstruktes, das wir beide monatelang kultiviert hatten. Auf dem Heimweg nach unserem letzten klärenden Gespräch hatte ich das Gefühl, endlich wieder frei zu sein. Vielleicht lag es an diesem tiefen Gefühl der Befreiung, dass ich den Impuls stärker spürte als sonst. Einige Wochen später lud ich mir nicht nur eine Dating-App auf mein Smartphone – sondern vier. Tinder, OkCupid, Once und Bumble – die volle Breitseite. Ich hatte Schwung genommen. Das Leben konnte wieder beginnen.

Tja.

Um es gleich vorwegzunehmen: Ich bin nicht der Typ für Dating-Apps. Daran liegt es wohl, dass ich mich in den Phasen, in denen ich Dating-Apps nutze, mit genau einer Frau treffe, danach reicht es mir. Vermutlich tue ich mich damit so schwer, weil ich Dating-Apps nicht mit der Suche nach einer festen Partnerschaft verbinde. Wenn ich mich dort anmelde, geht es mir nicht wirklich um einen Menschen, es ist ein Teil der Verarbeitung einer Trennung, es ist eine Ablenkung. Aber auch wenn es anders wäre, gäbe es gute Gründe, die mir den Schwung wieder nähmen.

Nehmen wir den Abend mit Nadja, mit der ich mich in der Dating-App-Phase nach meiner letzten Trennung traf. Er war angenehm, hatte allerdings einen Fehler. Die Frau, die mir gegenübersaß, ähnelte dem Menschen auf ihrem Profilbild in keiner Weise. Obwohl wir uns gut unterhielten, hatte ich einen Abend lang das seltsame Gefühl, ich hätte mich mit jemand anderem verabredet. Es gab dann aber gegen Ende des Abends einen kurzen Moment, einen Sekundenbruchteil nur, in dem Nadja wie die Frau aussah, die ich erwartet hatte. Es war eine sehr eingegrenzte Perspektive, in die ich zufällig geriet, als wir aufstanden. Vielleicht lag es aber auch an den beiden Hefeweizen, die ich während unseres Treffens geleert hatte. Ich weiß, dass das sehr oberflächlich ist, aber irgendwie missfällt mir der Gedanke, bei einem Date so viel Alkohol zu trinken, bis meine Gesprächspartnerin zu der Frau wird, die ich erwartet hatte. Aber man lernt ja durch Erfahrungswerte, und heute hatte ich sogar zwei neue Regeln gelernt: Ich durfte mich nicht auf Schwarz-Weiß-Fotos verlassen und nur mit Frauen Kontakt aufnehmen, die mehrere Fotos auf ihrem Profil gepostet haben.

Ich verstehe auch nicht, aus welchen Gründen jemand auf jedem Foto seines Profils eine Sonnenbrille trägt. Es hat sicherlich eine unnahbare und auch coolere Ausstrahlung, aber es geht doch um Erkennbarkeit.

Es hat dieselbe Wirkung wie das Profil eines Menschen, der die Galerie seines Profils ausschließlich mit Gruppenfotos füllt. Vielleicht will man damit zeigen, dass man ein sozialer Mensch ist, aber wenn nicht erkennbar ist, mit welcher Person auf den Bildern man überhaupt kommuniziert, sucht man sich in Gedanken die attraktivste aus. Und meistens ist das nicht die Inhaberin des Accounts.

In einer Zeit, in der die Filter die Kontrolle übernommen haben, geht es genau genommen vor allem darum, die Fotos so auszuwählen, dass die Enttäuschung bei einem realen Date möglichst gering ist. Die höchste Kunst ist es sicherlich, nur Fotos zu verwenden, die beim Treffen zu einer angenehmen Überraschung führen – denn nichts macht attraktiver, als Erwartungen zu übertreffen. Aber dagegen lehnt sich natürlich unsere Eitelkeit auf, und gegen die Eitelkeit haben die meisten von uns keine Chance.

Inzwischen ist das Bewusstsein, dass ich mich nicht mehr auf Fotos verlassen kann, so tief in mir verankert, dass ich gar keine Dating-Apps mehr nutze, die sich so bezeichnen. Wenn überhaupt, dann nutze ich eine App, die sich viel besser eignet, um jemanden kennenzulernen, vielleicht gerade weil sie nicht zum Daten entworfen wurde. Die App nennt sich Instagram.

Meine kurzen Dating-App-Episoden machen mir immer wieder deutlich, dass ich Menschen nicht über ein Foto, sondern über eine Begegnung im wirklichen Leben kennenlernen möchte. Es ist mir einfach zu aufwendig: dieses endlose Chatten vor einem Treffen, die Irreführung durch Fotos und die Enttäuschung, wenn man sich dann tatsächlich trifft. Denn die Art, wie man sich verhält, die Art, zu reden, zu lachen, und – wie ich ja gerade gelernt habe – die falsche Kameraperspektive können jemanden zu einem vollkommen anderen Menschen machen. Mir sind Umstände lieber, in denen ich sofort dem ganzen Menschen begegnen kann.

Die Schwierigkeit der ersten Kontaktaufnahme

Allerdings habe ich festgestellt, dass es trotz aller Unterschiede eine Ähnlichkeit gibt, die mich bei Dating-Apps und in der Wirklichkeit vor dieselben Probleme stellt: die erste

Kontaktaufnahme. Ich bin einfach kein Anmachtyp. Ich mag es, natürlich mit einer Frau ins Gespräch zu kommen, wenn es sich ganz selbstverständlich ergibt. Die kurze Unnatürlichkeit einer Anmache ist bei mir mit dem Gefühl verbunden, mich der Frau aufzudrängen. Daran liegt es wohl, dass ich in meinem Leben nur sehr wenige Frauen angesprochen habe. Genauso geht es mir mit der ersten Kontaktaufnahme auf Dating-Apps. Der erste Satz nach einem Match stellt mich vor ernst zu nehmende, gewissermaßen unüberwindliche Probleme.

Aber im April hatte ja die Frau, die ihrem Profilbild so gar nicht ähnelte, mich angeschrieben. Und zwar mit einer Nachricht, die mir aus der Seele sprach. Sie schrieb:»Hallo, ich bin ja nicht so die Vielschreiberin, vor allem bei Menschen, die ich noch nicht kenne ;) wenn du Lust hast, lass uns doch mal auf einen Kaffee oder Wein treffen. Das würde mich freuen. Meld dich einfach.«

Ich weiß, dass das nicht für mich spricht, aber der Satz dieser Frau entsprach so sehr meiner Idee einer ersten Kontaktaufnahme, dass ich ihn erst einmal in eine Notiz kopierte und ihn ein wenig abänderte – um ihn dann selbst zu verwenden.

Ich weiß, diese Methode widerspricht natürlich allen romantischen Idealen. Es rettet mich zwar nicht, aber ich kann versichern, dass ich den Satz tatsächlich nur einmal benutzt habe. Der Inhalt der Nachricht entsprach mir ja deswegen so sehr, weil sie sofort zu einem Treffen führt, ohne tage- oder wochenlang zu chatten. Mit jeder neuen Nachricht kultiviert man eine Projektion der anderen Person, die in den meisten Fällen überhaupt nichts mit dem wirklichen Menschen zu tun hat. Je länger man vor einem Treffen mit einer Person chattet, desto größer ist die Gefahr einer Enttäuschung. Aber die Frau, bei der ich den kopierten Satz verwendete, antwortete, dass wir uns doch erst einmal über das

Schreiben kennenlernen sollten. Dann fragte sie, was ich denn am Wochenende gemacht hatte. Wir schrieben noch zwei-, dreimal, die Abstände wurden immer größer, bis sich mein Interesse vollständig aufgelöst hatte.

Man sagt ja, dass der Inhalt des ersten Satzes gar nicht so wichtig ist, wenn beide einander gefallen, aber online fallen nun mal die anderen Facetten einer Begegnung weg, wodurch der erste Satz mit einer Bedeutung aufgeladen ist, die er eigentlich gar nicht haben sollte. Es sind diese Momente, in denen ich begreife, dass ich wohl noch verkopfter bin, als ich annehme.

Und damit bin ich nicht allein.

Es scheint nicht wenige Männer wie mich zu geben, denn offensichtlich gibt es einen großen Bedarf an Sätzen, mit denen man eine erste Kontaktaufnahme beginnen kann, denn wenn man danach googelt, reihen sich die Tipps der Flirtprofis aneinander. Ich fürchte allerdings, die meisten sind nicht allzu hilfreich.

Ich klickte auf eine Seite namens *Dating Psychologie,* weil sie am seriösesten wirkte. Zumindest was das Design betraf, beim Inhalt sah das schon ein wenig anders aus. Nachdem ich die ersten Vorschläge gelesen hatte, musste ich mich erst einmal versichern, dass die Website ernst gemeint und keine Satire war. Aber weil ich weiß, wie sehr es einen behindern kann, die Blase, in der man sich bewegt, nicht zu verlassen, beschloss ich, mich darauf einzulassen. Ich benötigte zwar einige Zeit, bis ich mich dazu überwand, aber dann war es so weit: Ich begann zu lesen.

Wer auf Dating-Apps Erfolg beim Flirten haben will, braucht einen guten Einstieg für die erste Kontaktaufnahme. Auf der Website sind diese Opener in verschiedene Gruppen unterteilt. Je nach eigenem Selbstbild kann man sich eine Rubrik aussuchen.

In der ersten Rubrik befinden sich Vorschläge für die Men-schen, zu deren Selbstverständnis »die besten aggressiven Opener« passten. Also ich weiß nicht, irgendetwas in mir hindert mich daran, eine erste Kontaktaufnahme mit der Frage »Was ist dein Lieblingsessen, wenn du betrunken und geil nach Hause kommst?« zu beginnen. Oder mit der Frage: »Hast du Lust, rüberzukommen und Pornos auf meinem 32"-Flatscreen zu gucken?« Gerade diese letzte Frage fasst die Rubrik ganz gut zusammen, denn irgendwie klangen alle Vorschläge, als seien sie einem drittklassigen Pornofilm ent-nommen. Meinem Selbstbild entsprachen diese – nennen wir sie mal – schlagfertigen Sätze nicht unbedingt, aber schon die nächste Rubrik gab mir neue Hoffnung. Sie versprach mir schließlich Opener »mit einem gewissen Wortwitz«.

Weil ich ja weiß, dass kaum etwas eine stärkere Wirkung hat als die Gabe, mit geistreichem Humor ein Lächeln auf die Lippen einer Frau zu zaubern, schien diese Rubrik wert-voll zu sein. Allerdings gab es auch hier gewisse Schwierig-keiten, denn offen gestanden erschließt sich mir der Wort-witz des Satzes »Ist dir irgendetwas zugestoßen oder bist du von Natur aus hässlich« irgendwie nicht. Und auch mit dem etwas bodenständigeren Humor in »Hast du gerade gepupst? Denn du hast mich weggeblasen« ging es mir ähnlich. Also sprang ich ansatzlos zur nächsten Rubrik, die mir »die besten Flirtsprüche auf Tinder« versprach.

Liebe Leser*innen, jetzt ist es Zeit für einen Rechtshinweis, um mich selbst juristisch abzusichern. Ich warne jeden, der sich romantischen Idealen nicht entziehen kann. Die folgenden Sätze werden diejenigen mit solchen Anlagen überrollen, mehr noch, sie werden ihrer Wirkung vollkommen ausgeliefert sein. Wenn euch romantische Momente berühren, überspringt die nächsten Absätze bitte schon aus reinem Selbstschutz. Solltet ihr sie lesen, kann ich für nichts garantieren. Ich habe euch gewarnt.

Der letzte Absatz war natürlich nur ein Scherz, denn wer annimmt, eine Frau mit dem Satz »Ich dachte, Engel hätten Flügel!« zu gewinnen, macht einen Denkfehler. Und auch der sich selbst widersprechende Flirtspruch »Was würdest du lieber von mir haben? A: Ein großartiges Date, B: Tiefgründige intelligente Gespräche mit anschließendem Kuscheldate oder C: Mehrfache intensive Orgasmen« hat nichts mit intelligentem Flirten zu tun. Eher mit Nötigung.

In der Liste gab es auch zwei Komplimente, die mir aufgefallen sind, weil sie irgendwie sehr deutsch sind: »Deine Schönheit hat mich geblendet«, stand da, »ich werde deine Nummer aus versicherungstechnischen Gründen brauchen.« Oder als etwas direktere Variante: »Hast du eine gute Haftpflichtversicherung? Du hast mir gerade eine Beule in die Hose gemacht!«

Wer sich als Mann selbst einen Gefallen tun möchte, sollte keinen dieser Flirtsprüche anwenden, denn alle diese Vorschläge zur Kontaktaufnahme lassen sich mit dem ungewollt ehrlichsten Flirttipp in der Liste zusammenfassen – dem verzweifelten Satz: »Sei anders als die anderen: Sag bitte Ja!«

Ich hatte bei all diesen geistreichen Tipps den generellen Eindruck, dass jemand, der annimmt, solche Sätze würden bei Frauen Erfolge erzielen, die Welt irgendwie verzerrt wahrnimmt. Aber auch die Wahrnehmung vieler Männer auf Dating-Apps, die eine erste Kontaktaufnahme vor keine ernst zu nehmenden Probleme stellt, scheint teilweise äußerst verzerrt zu sein.

Identitätswechsel für eine Stunde

Als Mann kriegt man normalerweise nicht mit, wie die Zustände bei Tinder von einer Frau erlebt werden, aber kürzlich gab mir meine Freundin Marie die Möglichkeit, das herauszufinden. Sie schlug mir vor, die Seite zu wechseln, indem ich ihr

Tinder-Profil übernahm. Eine Möglichkeit, die ich natürlich gern nutzte, aus Interesse und aus Recherchezwecken. Mein Ansatz sollte sich bewahrheiten, denn dieses Erlebnis war der Auslöser, diesen Text zu schreiben.

Ich wurde für eine knappe Stunde zu Marie. Es war ein sehr aufschlussreicher Identitätswechsel. Die Männer, mit denen ich in dieser Zeit schrieb, hatten die Kontrolle über ihr Wesen offenbar einer ausgeprägten Variante verzweifelter Notgeilheit übergeben.

Marie ist eine gute Freundin von mir, darum bin ich natürlich an ihrem persönlichen Glück interessiert. Ich verschickte ausnahmslos Likes an Männer, die so attraktiv waren, dass ich sie mir gut an ihrer Seite vorstellen konnte. Was soll ich sagen, die folgende Stunde bewies wieder einmal, wie groß der Fehler sein kann, ausschließlich von Fotos auf einen Menschen zu schließen.

Die ersten Antworten ließen nicht lange auf sich warten. Es war unglaublich, Frauen sind auf Dating-Apps offensichtlich einer Direktheit ausgesetzt, die mich massiv verunsicherte und verschreckte, obwohl ich ja gar nicht gemeint war.

Einer der Männer wollte sich am liebsten sofort mit ihr treffen. »Wo wohnst du?«, schrieb er. »Ich komm vorbei.«

Wie bitte?, dachte ich und wich instinktiv einige Zentimeter zurück, als ich das las. Der Mann baute sofort einen unangenehmen, von Verzweiflung durchtränkten Druck auf. Ich hatte das Gefühl, in eine Serientäterbiografie geraten zu sein. In solchen Biografien ist schnell mit Toten zu rechnen, darum löste ich schnell auf, dass ich nur ein Freund von Marie sei und nicht sie selbst.

»Kein Problem«, schrieb er umgehend zurück. »Wir können auch einen Dreier machen. Ich bin da aufgeschlossen.«

Gott, dachte ich und blockierte ihn schnell. Manche Menschen lässt man nicht gern zu nah an sich heran, und ich hatte ja schon aus der virtuellen Distanz das Gefühl, dass er diese Grenze bereits überschritten hatte. Und im Posteingang warteten ja noch ungelesene Nachrichten anderer Männer auf mich. Einer von ihnen versuchte es mit einem Kompliment. Ein Ansatz, der grundsätzlich nicht schlecht ist. Ich möchte es mal folgendermaßen formulieren: Originell war es, ich war mir nur nicht sicher, inwieweit es für eine Frau spricht, bei der solche Komplimente gut ankommen.

»Bei dir brauch ich keinen Alkohol«, schrieb er. »Dich muss ich mir nicht schöntrinken.«

Das war peinlich! Ich wand mich unangenehm berührt und voller Fremdscham, als ich Marie das Kompliment vorlas. Es war ja für sie. Im selben Moment fiel mir jedoch etwas Beunruhigendes auf: Der Gedankengang des Mannes erinnerte mich an meine eigenen Gedanken bei dem Date mit der Frau, die ihren Profilbildern nicht ähnelte. Ich hoffte, dass ich den Männern nicht ähnlicher war, als ich annahm.

Nachdem ich alle Männer, die Marie geschrieben hatten, blockiert hatte, gab ich ihr das Smartphone zurück und wurde wieder zu Michael. Ich konnte jetzt nachvollziehen, warum mir Frauen immer häufiger sagen, dass sie ausschließlich an gestörte Männer geraten.

Die Frage, was denn um Gottes willen mit den Leuten nicht stimmt, stelle ich mir ja oft. In der vergangenen Stunde an Maries Handy hatte sich diese Frage gewissermaßen potenziert, und das auf mehreren Ebenen. Ich fragte mich, wie man solchen Leuten verständlich machen kann, dass das Leben kein Pornofilm ist. Oder dass sich hinter den Profilen auf Tinder reale Menschen verbergen, die verschreckt und verstört werden könnten, wenn man ihnen solche Nachrichten schreibt.

Offensichtlich müssen viele ihre verzerrte Wahrnehmung korrigieren, und vielleicht können die folgenden

Gedankengänge hilfreich sein: **Man muss sich nur fragen,
wie die Welt aussähe, wenn alle sich so verhalten, wie sie es
online tun. Ich habe die große Vermutung, sie wäre keine
bessere.** Im Virtuellen überschreitet man gern Grenzen, die man
im normalen Alltag oder Gespräch nie überschreiten würde.
Das trifft auf Nachrichten auf allen Plattformen zu. Derselbe
Mechanismus greift aber auch bei diesen Hasskommentaren,
die so oft zu lesen sind und deren Urheber im wirklichen
Leben ja häufig bemitleidenswerte Verlierer sind, die ein Ventil brauchen, um ihr trostloses Leben zumindest irgendwie
auszuhalten. Vielleicht hilft da wirklich ein Gedankenspiel. Die Vorstellung, wie es wirken würde, wenn man sich in der Wirklichkeit einem Menschen gegenüber so verhalten würde, wie
man sich online gibt.

Wenn jemand bei einem Date in der realen Welt als einleitende Worte einen Satz wie »Wie geil bist du gerade auf
einer Skala von 1 bis 10?« anwendet, ist das nicht nur peinlich und unangenehm für alle Beteiligten. Es wirkt auf eine
Frau, als würde der Abend mit einer Straftat enden. Sie sieht
praktisch schon vor ihrem inneren Auge das polizeiliche Ab-
sperrband. Es sind einfach Sätze, die anderen Angst machen
können, man führt sich praktisch als Soziopath ein. Dass
Menschen, die solche Sätze benutzen, das nicht mehr registrieren, ist das eigentlich Tragische an diesem Umstand. Aber
manchmal werden sie gezwungen, sich damit auseinanderzusetzen.

Wirklich interessant wird es aber, wenn sich die virtuelle
und die wirkliche Welt berühren.

Kürzlich begegnete zum Beispiel meine Bekannte Caro
einem Mann, mit dem sie erst kurz zuvor auf Tinder Kontakt
hatte. Oder, um es präziser auszudrücken, den sie erst kurz

zuvor auf Tinder blockiert hatte. Der Grund für diese drastische Maßnahme, die ja eigentlich als letztes Mittel gilt, um sich online vor jemandem zu schützen, lag in diesem Fall schon in seiner allerersten Nachricht.

»Schöne Lippen hast du«, schrieb er. »Komm vorbei und blas mir einen.« Als Caro noch fassungslos auf das Display starrte, vibrierte ihr Smartphone erneut. Er schickte ihr seine Adresse.

»So gesehen könnte ich ihn jetzt wegen sexueller Belästigung anzeigen«, sagte Caro »Ich hab ihn dann aber nur blockiert.«

Aber wenn man einen Menschen blockiert, entfernt man ihn nur aus seiner virtuellen Wirklichkeit. Eigentlich ist er noch da, im wirklichen Leben. Eine Erfahrung, die Caro nur eine Woche darauf machen musste.

»Ich hab ihn am Wochenende gesehen, als ich abends unterwegs war«, sagte Caro »Ganz zufällig. Das war schon sehr unangenehm. Und dann hat er mich auch noch erkannt und kam auf mich zu.«

»Scheiße«, sagte ich und spürte, wie sich meine Mundwinkel angewidert verzogen. Das war eine Fremdscham, die schon beinahe physische Präsenz besaß.

»Aber er hat sich entschuldigt«, sagte Caro, die offensichtlich die hohe Kunst beherrscht, nicht nachtragend zu sein. »War zwar nett gemeint von ihm, aber es änderte nichts. Es war einfach extrem unheimlich, ihm dann persönlich gegenüberzustehen.«

Es wäre hilfreich, das eigene Onlineverhalten zu überprüfen und besser einzuschätzen, indem man sich vorstellt, mit einem Menschen zu reden, der einem gerade gegenübersteht. Die Voraussetzung ist immer Wertschätzung, und das sollten erste Kontaktaufnahmen auch ausdrücken. Und Komplimente auch.

Einige Tage nach meinem Erlebnis, für eine Stunde Marie zu sein, habe ich alle Dating-Apps von meinem Smartphone entfernt. Meine Profile existieren noch, aber sie liegen brach. Hin und wieder nutze ich zwar noch das andere große Datingportal namens Instagram.

Aber am liebsten bewege ich mich in der Wirklichkeit. Sie ist mir näher. Viel näher sogar.

Die unverbindliche Leichtigkeit des Seins

Wie moderne Technologien unsere sozialen Beziehungen verändern

Kürzlich hat eine Frau, die schon seit längerer Zeit Single ist, einen Satz gesagt, der nicht wenige Gedanken in mir in Gang setzte. Sie sagte: »Ich bin nicht beziehungsunfähig, ich hab doch stabile Beziehungen, die schon seit Jahren halten.« Sie machte eine Kunstpause, um die Wirkung des folgenden Satzes zu erhöhen. Dann sagte sie: »Die Beziehungen zu meinen Freunden.« Natürlich, dachte ich und atmete auf. Das klang schlüssig. Ziemlich schlüssig sogar. Es war so einfach und auch so beruhigend. **Eine Beziehungsunfähigkeitsstörung bezieht sich ja nicht nur auf Liebesbeziehungen, sondern generell auf Beziehungen zu anderen Menschen. Wer stabile und dauerhafte Freundschaften pflegen kann, beweist damit, dass es doch nicht so gravierend ist, wie man vielleicht angenommen hat.**

Allerdings gab es da etwas, was mich störte. Es lag gar nicht daran, was sie sagte, sondern eher daran, wie. Es war der Unterton. Ein trotziger Unterton, der die Wirkung ihres Satzes vollkommen veränderte. Er sollte ein selbstbewusstes Statement sein, aber durch die Art, wie sie ihn sagte, wurde er zu einer Ausrede. Zur Rechtfertigung eines Menschen, der sich eine Wahrheit zurechtgelegt hat, um am besten damit leben zu können. Aber der Ansatz ist schon richtig, Beziehungsfähigkeit auch auf Freundschaften anzuwenden. Sowohl in der Liebe als auch in der Freundschaft geht es schließlich um Beziehungen zu Menschen. Der Mensch erkennt sich in seinen Mitmenschen, in seinen Beziehungen zu ihnen, das ist eine Wahrheit, die einem viel über sich selbst sagen kann. In Liebesbeziehungen genauso wie in Freundschaften. Die Frage ist allerdings, wie beziehungsfähig man heutzutage in Freundschaften so ist.

Mir fiel mein Bekannter Markus ein, der Anfang des Jahres in ein Experiment gezwungen wurde, um die Beziehungsfähigkeit seines Freundeskreises zu überprüfen. Er wurde gezwungen, das zu überprüfen, als er sein Handy verlor und damit auch alle Nummern. Markus nahm an, dass sich die Liste schnell wieder füllen würde, wenn seine Freunde anriefen, aber eine Woche lang meldete sich niemand. Er begriff, dass sie nur aus einem Grund Teil seines Lebens waren: weil er sich bei ihnen meldete. Und auch wenn sie gern mit ihm sprachen, die Gespräche teilweise Stunden dauerten, in denen viel gelacht wurde, gab es für sie keinen Anlass, um sich von selbst bei ihm zu melden. Sie dachten nicht an ihn, er rief sich durch seine Anrufe in ihre Erinnerung, das war das Fundament ihrer Freundschaft. Ihre Freundschaft existierte nur, wenn er sich meldete. Die Rollen waren festgelegt, Markus wurde die Aufgabe überlassen, ihre Freundschaft zu pflegen. Die Menschen in seiner Telefonliste schienen in Bezug auf Freundschaften nicht allzu beziehungsfähig zu sein.

Der Satz meiner Freundin war offensichtlich ein Auslöser. Er setzte Gedanken in Gang. Ich spürte praktisch, wie sich Erlebnisse, Momentaufnahmen und Erinnerungsfetzen zu einem schlüssigen Ganzen zusammenfügten, und was sich da zusammenfügte, sah gar nicht gut aus. Ich sah immer klarer, wie sehr sich das Verständnis von Freundschaft verändert hat – und ebenso ihre Pflege.

Fife hundred of my closest friends

Der erste Erinnerungsfetzen erreichte mich aus meiner Kindheit.

Zu den Vorteilen, wenn ich als Kind meine Großeltern besuchte, gehörte es, dass ich ihren Fernseher zu Uhrzeiten nutzen durfte, zu denen meine Eltern annahmen, ich würde schon seit Stunden tief und fest schlafen. In einer dieser Nächte sah ich einen Film, der mich beeindruckt hat. Ich war natürlich zu jung, um ihn wirklich zu verstehen, ich kannte auch keinen der Schauspieler, aber sein Hauptdarsteller hatte einen tiefen Eindruck bei mir hinterlassen. Als ich dann spät in der Nacht im Bett lag, hatte ich zum ersten Mal einen Begriff davon, wie mein bester Freund sein sollte: und zwar wie der Mann in dem Film. Ich definierte zum ersten Mal meinen Freundschaftsbegriff.

Jetzt kommt sicher die Frage auf, was das für ein Film war. Es war *Denn sie wissen nicht, was sie tun.* Die Filmfigur, also der Mann, den ich mir so gut als besten Freund vorstellen konnte, heißt Jim Stark – und ihr Darsteller war James Dean. Eine Kunstfigur, die von einer Ikone der Popkultur dargestellt wurde. Die Latte lag also ziemlich hoch, schon damals. Vielleicht hat mich das geprägt. Vielleicht liegt es an dieser Nacht, dass ich mit dem Begriff Freundschaft sehr vorsichtig umgehe.

Ich habe einen ziemlich großen Bekanntenkreis, aber nur wenige Menschen, die ich als Freunde bezeichnen würde. Mir geht es weniger um Quantität als um Qualität. Es liegt wohl daran, dass es mich irritiert, wenn ich Menschen begegne, die den Begriff Freundschaft so inflationär nutzen, dass er schon durch die hemmungslose Verwendung seine Bedeutung verliert.

Ich kenne nicht wenige Leute, die es für Freundschaft halten, wenn man sich gut versteht, obwohl man sich ein Jahr lang nicht gesehen hat. Wenn man sich dann begegnet, ist es beinahe, als hätte man sich erst gestern zum letzten Mal gesehen, um praktisch nahtlos an das geführte Gespräch anzuknüpfen. Es gibt solche Menschen auch in meinem Leben, aber es sind für mich keine Freunde. Wir verstehen uns gut und haben einen ähnlichen Humor, aber ich denke nicht oft an sie. Wir nehmen am Leben des anderen nicht Teil. Es sind portionierte Freunde, wie es so wunderbar treffend in dem Film *Fight Club* heißt.

Nehmen wir meine Bekannte Paula, in deren Leben ausschließlich portionierte Freunde vorkommen. Es fällt ihr nur nicht auf. Ich kenne niemanden persönlich, der einen größeren Freundeskreis hat. Und niemanden, der mehr Freunde hat. Ihr soziales Leben besteht ausschließlich aus guten, sehr guten und besten Freunden.

Mein Sozialleben setzt sich aus sehr wenigen Freunden und ziemlich vielen Bekannten sowie sehr vielen entfernten Bekannten zusammen. Es gibt noch eine weitere Hierarchieebene, wie ich kürzlich festgestellt habe, als ich auf einer Party gefragt wurde, woher ich einen Mann kannte, den ich einige Minuten zuvor begrüßt hatte. Ich sagte: »Wir haben gemeinsame Bekannte.« Mehr Distanz kann man in einen Satz, in dem das Wort »Bekannte« vorkommt, eigentlich nicht legen.

Ich kenne eine Frau, die ihre Freunde in Hierarchien aufgeteilt hat, und zwar mit einer gnadenlosen Härte. Als zwei Kolleginnen sich immer häufiger bei ihr meldeten, um etwas miteinander zu unternehmen, wusste sie, dass es Zeit für ein Gespräch war, um den beiden etwas Grundsätzliches klarzumachen.

»Ich kann einfach nicht so viel Zeit mit euch verbringen, wie ihr es euch wünscht«, sagte sie. »Ich habe ja schon gute

Freunde, für die ich kaum Zeit habe, und um die muss ich mich zuerst kümmern. Ihr seid nicht Prio A.«
Die beiden Frauen sahen sie erschüttert an. Nicht Prio A zu sein, hieß dann wohl Prio B. Oder schlimmeres.

Abgesehen von der undiplomatischen Härte dieser Argumente ist das wohl ein Konzept, dem Paula angesichts ihres großen Freundeskreises vermutlich eher verständnislos gegenübersteht.

Ich sehe Paula nur selten, aber als wir uns vor einigen Monaten trafen, hatte ich auch nicht unbedingt das Gefühl einer Begegnung, denn Paula war in Begleitung eines Gesprächskillers, der nie von ihrer Seite wich. Dieser Gesprächskiller war ihr Handy, auf dem sie pausenlos tippte.

»Mit wem schreibst du denn da?«, fragte ich, schon ein wenig ungeduldig.

»Mit meiner drittbesten Berlin-Freundin auf WhatsApp«, sagte sie, ohne ihren konzentrierten Blick von ihrem Smartphone zu lösen. »Und mit drei sehr guten Freunden auf Insta.«

Wow, dachte ich.

Man muss dazusagen, dass Paula einen besten Kölner Freund, zwei beste Hamburger Freunde und acht beste Berlin-Freundinnen hat. Acht! Wenn ich darüber nachdenke, wen ich als Freund bezeichnen würde, komme ich auf drei – und das auch noch städteübergreifend. Wenn Paula in unseren Gesprächen ihren Alltag vor mir ausbreitet, finde ich es immer wieder erstaunlich, wie sie das hinkriegt. Offen gestanden wüsste ich gar nicht, wie ich es bewältigen würde, einen so großen Freundeskreis zu pflegen. Die Pflege wäre eine logistische Herausforderung, die mich überfordern würde.

Ich kann mich noch gut an den Fehler erinnern, meinen Geburtstag vor einigen Jahren in einem größeren Rahmen gefeiert zu haben. Ich lud 150 Leute ein. Ich erwartete ein rauschendes Fest, aber es war eine anstrengende Nacht, in der ich nicht zur Ruhe kam. Kein Gespräch dauerte länger als zwei Minuten, während schon der nächste Gesprächspartner wartete. Das gab dem Abend ein schales Gefühl von Oberflächlichkeit. Ich hatte das Gefühl, mich nicht wirklich um die Menschen kümmern zu können, auf die es mir eigentlich ankam. Sie gingen unter. Vor drei Jahren habe ich dann mit vier Freunden gefeiert. Es war ein Experiment, denn sie gehörten verschiedenen Bekanntenkreisen an. Obwohl ich mich mit jedem von ihnen gut verstand, kannten sie sich nur aus Erzählungen. Ich ging einfach mal davon aus, dass sie sich auch gut verstehen würden, weil ich mich ja auch mit jedem von ihnen verstand. Es war eine der besten Geburtstagsfeiern meines Lebens. Meine Freunde schienen das ähnlich zu sehen, denn unabhängig voneinander schrieb mir jeder am folgenden Tag, wie sehr er den Abend genossen hatte. Das war mir vorher noch nie passiert.

Aber jeder Mensch funktioniert anders. Ich kenne einen Mann, der achtzig Zigaretten am Tag raucht. Eine Frequenz, die mich vor Rätsel stellt. Achtzig Zigaretten, das sind vier Schachteln am Tag. Das sind alle zwölf Minuten eine Zigarette, wenn man acht Stunden Schlaf berücksichtigt. Ähnlich muss es Paula mit der Pflege ihrer Freundschaften gehen. So gesehen interessierte mich schon, wie Paula ihren umfangreichen Beste-Freund*innen-Kreis pflegte.

Vielleicht hat Paula ihre Freundeslisten kategorisiert, dachte ich. In der obersten Hierarchie könnte stehen: 500 meiner besten Freunde. Paula kennt keine Unterschiede, sie sammelt soziale Kontakte und definiert sie als Freunde. Sie pflegt ein Netzwerk. Sie erinnert mich an einen Bekannten, der jede Frau in die Liste seiner Beziehungen aufnimmt, auch wenn sie nur eine Woche zusammen waren. Es ist ein Missverständnis, ein Variieren der Wirklichkeit. Bei Paula habe ich allerdings die Vermutung, dass sie die Größe ihres Freundeskreises als

Statussymbol sieht. Sie sammelt soziale Kontakte, um ihren Selbstwert zu erhöhen.

Und so wie es aussieht, ist sie damit nicht allein.

Soziale Medien machen Freundschaften unverbindlicher

In Studien wurde festgestellt, dass gerade bei Teenagern Freundschaft quantifiziert wird. Man ist mehr wert, je mehr Freunde und Follower man auf sozialen Medien hat. **Die Anzahl der Freunde ist zu einem Statussymbol geworden.** Freunde sind zu Bestandteilen einer Liste geworden. Dazu kommt noch der Umstand, dass wir uns in sozialen Medien einer Öffentlichkeit präsentieren. Während wir auf einer Bühne stehen, verwandeln sich unsere Freunde und Bekannten in ein Publikum. Ein Publikum, auf dessen Reaktionen viele angewiesen sind, um ihr Ego zu pflegen. Die Frage ist allerdings, was es für unseren Umgang miteinander bedeutet, wenn unser Freundes- und Bekanntenkreis zu einem Publikum geworden ist, dessen Nutzen sich auf die virtuelle Selbstbestätigung beschränkt.

Wenn man darüber nachdenkt, was man denn nun posten soll, um so viele Likes wie möglich zu erhalten, läuft schon mal irgendetwas falsch. Das ist Marketing. In der Werbung werden dieselben Mechanismen angewandt, um eine Marke aufzubauen. Man verkauft sich – und seinen Freunden sollte man sich nicht verkaufen müssen, auch dann läuft irgendetwas falsch. Aber es ist ja nun mal so: Das Publikum, also unsere Follower und Abonnenten, und dessen Reaktionen auf unsere Posts – das sind die Statussymbole unserer Zeit. Damit pflegen viele ihren Selbstwert. **Aber es wäre ein Ansatz, seine Freundschaften zu pflegen und nicht seine Followerzahlen.**

Mit wie vielen Personen kann man befreundet sein, ohne jemanden zu vernachlässigen? Das ist eine gute Frage. Als ich

Paula einmal darauf ansprach, wie sie ihre Freundschaften pflegt, sagte sie: »Na, online.«

Online, dachte ich. Aha.

Es ist tatsächlich so, dass die meisten ihrer Freundschaften online stattfinden. Das ist ja heutzutage nicht ungewöhnlich. Aber man übersieht oft, dass es eine Freundschaft aus der Distanz ist. So wie man in einer Fernbeziehung mehr Single bleibt. Es ist eine Form von Freundschaft, die am Leben anderer nur noch in Form von Likes oder Kommentaren teilnimmt. Vielleicht ist das ja der neue Freundschaftsbegriff. **Wir sind immer vernetzter, aber haben immer weniger tiefgehende Beziehungen. Ich glaube, dass sich damit auch das Verständnis von Freundschaft verändert hat.**

Das liegt auch an der Distanz, mit der wir durch die heutigen Technologien an ihrem Leben teilnehmen können. Sie sind der effiziente Weg, die Beziehung zu einem Menschen zu pflegen. Ich öffne Instagram, gebe Fotos Likes, weil sie von Freunden gepostet werden. Jedes Foto in sozialen Netzwerken gibt uns das Gefühl, über ihr Leben informiert zu sein, und jedes Like, das wir geben, gibt uns das Gefühl, an ihrem Leben teilzunehmen. Das ist natürlich ein Missverständnis. Ein Missverständnis, das allerdings immer weniger Menschen aufzufallen scheint.

Seitdem es soziale Medien gibt, ist die Pflege des Soziallebens zu einem Verwaltungsakt geworden. Menschen werden in Listen zusammengefasst, man kann ihnen Schlagworte geben, sie in Kategorien organisieren, und über alles haben die Entwickler von Facebook das Wort »Freunde« gesetzt. Offen gestanden frage ich mich schon, was das mit jemandem macht, der mit sozialen Medien aufgewachsen ist. Ob das sein Verständnis dafür, was ein Freund ist und wie man sein soziales Umfeld generell pflegt, verändert hat?

Ich fürchte, man muss diese Fragen mit Ja beantworten.

Der beste Weg, einen Freund zu haben, ist, ein Freund zu sein

Ich kenne eine Frau namens Lisa, deren volles rotes Haar mich bei jeder unserer Begegnungen erneut überrascht. Ihr Haar ist ihr wichtig. Als ich ihr einmal ein Kompliment dafür machte, sah sie mich einen Moment lang nachdenklich an, während ihre Finger eine Strähne dieses vollen, lockigen Haares umspielten.

Dann sagte sie: »Ich pflege meine Haare mehr als ich meine sozialen Kontakte pflege.«

Das klingt ziemlich hart und auch gnadenlos ehrlich, sich selbst gegenüber. Ich sah Lisa an, und unwillkürlich verstand ich, dass sie gerade ungewollt die passende Metapher unserer Gegenwart formuliert hatte, in der viele Menschen viel zu sehr mit sich selbst beschäftigt sind, um auf andere zu achten.

Vielleicht müssen wir uns wieder die Frage stellen, was wirkliche Freundschaft ist. Was macht sie aus? Das ist eine gute Frage. In unserer Gegenwart, in der kaum noch aufeinander geachtet wird, sogar eine sehr gute.

Wir leben eher in Zeiten von Bekannten. Wahre Freundschaften sind dabei auszusterben. Wir kompensieren das, indem wir Bekannte als Freunde bezeichnen. Wie in den USA, wo man ja in vielen Bereichen sehen kann, wohin auch unsere Reise gehen kann. Dort haben Psychologen die Freunde ersetzt. Man geht zum Psychologen, um ein ernsthaftes Gespräch zu führen. Man erfährt dort nicht die vorgeschriebene gute Laune, die vom Freundeskreis erwartet wird. Eine gute Laune, die wir alle auf Instagram-Fotos sehen können. Als würde das inszenierte Glück auf Instagram unsere Gefühle auch in der Wirklichkeit festlegen. Wir haben unsere Gefühlskonventionen an die lachenden Gesichter angepasst. Die Frage ist, inwieweit das unsere sozialen Beziehungen beeinflusst.

Vor einigen Monaten unterhielt ich mich mit einer Frau, die in Köln lebt. Vielleicht stellte ich ihr Fragen, die sie nicht gewohnt war, jedenfalls begann sie irgendwann, über die Tragiken ihres Lebens zu sprechen. Über ihre Probleme. Sie wirkte gehemmt, als sie mir davon erzählte, unschlüssig, als gäbe es einen inneren Widerstand, überhaupt darüber zu sprechen. »Ich rede sehr selten darüber«, sagte sie. »Eigentlich gar nicht.«

»Auch nicht mit deinen Freunden?«, fragte ich.

»Nein«, rief sie und machte eine abweisende Geste. »Ich will sie ja nicht mit meinen Problemen belasten.«

»Aber genau das gehört doch bei einer Freundschaft dazu«, sagte ich.

Sie sah mich ratlos an. Als würde sie diesem Konzept von Freundschaft vollkommen verständnislos gegenüberstehen.

Das sind keine Freunde, sie nennt sie nur so, dachte ich. Eigentlich sind es Ansprechpartner, mit denen sie Zeit verbringt, um sich nicht einsam zu fühlen.

Wahre Freunde zeigen sich erst, wenn es einem schlecht geht. Ob sie da sind, wenn man sie wirklich braucht. Wir leben offensichtlich in einer Zeit, in der man diese Wahrheit, die ja jedem bewusst sein sollte, betonen und bekräftigen muss.

Den intensivsten Kontakt zu meinen Freunden habe ich, wenn es einem von uns nicht gut geht. Wenn wir jemanden brauchen, mit dem wir reden können. Als ich zum letzten Mal unglücklich verliebt war, verbrachte ich sehr viel Zeit mit ihnen. Wir trafen uns, wenn mir zu Hause die Decke auf den Kopf fiel, aber einen Großteil der Zeit verbrachten wir miteinander am Telefon. Wir telefonierten jeden Tag, ich bin heute noch dankbar, dass sie ab einem bestimmten Punkt, an dem es anderen zu viel geworden wäre, überhaupt noch ans Telefon gingen. Gerade ist einer von ihnen unglücklich verliebt und ruft mich jeden Tag an. Wir haben die Rollen gewechselt. Ich erzähle ihm jetzt die Wahrheiten, die er mir vor einigen Jahren erzählt hat. Es ist schon erstaunlich, wie wenig man sieht, wenn man sich selbst zu nah ist. Aber dazu sind Freunde da: um einem einen Überblick aus einer gewissen Distanz zu verschaffen. **Es geht nicht um die Menge, sondern um die Tiefe der Bindung. In der Freundschaft und in der Liebe.** Aber 800 Facebook-Freunde zu haben, macht nicht unbedingt weniger einsam, wenn zu keinem dieser Freunde eine enge Bindung besteht. Aber ohne tiefe Bindung zu Menschen wird man einsam. Auch wenn man sie »Freunde« nennt. Man nennt es Freundschaft, um sich zu beruhigen, aber das ist eine Flucht nach vorn. Ein Ausblenden der Wirklichkeit. So kann man auch ein Leben verbringen. Die Frage ist nur, ob es einen erfüllt.

Natürlich sind nur die wenigsten beziehungsunfähig, in der Liebe genauso wenig wie in Freundschaften, aber viele pflegen eine Unverbindlichkeit aus der Distanz, die sie als Freundschaft bezeichnen. Wenn man einen Zusammenhang zwischen Freundschaften und Beziehungen herstellen möchte, drängt sich ja schon ein beunruhigender Gedanke auf: Wenn man Liebesbeziehungen so behandelt, wie man heutzutage mit Freundschaften umgeht, ist mir schon klar, dass es zu keinen tiefgehenden Bindungen kommen kann.

Wenn man sich fragt, worauf es im Leben ankommt, sind es tiefer gehende Beziehungen zu anderen Menschen. Man kann sogar sagen, dass man sich selbst in den Beziehungen zu seinen Mitmenschen erkennen kann, in Liebesbeziehungen genauso wie in Freundschaften. Das ist eine Wahrheit, die einem viel über sich selbst sagt.

Eine Wahrheit, die uns beziehungsfähiger machen würde. In Freundschaften, Bekanntschaften und in Liebesbeziehungen. Allerdings muss sich jeder fragen, ob man das wirklich will. Ob man wirklich etwas dafür tun möchte, wonach man sich so sehnt, oder ob man sich diese Sehnsucht einredet. Man sollte sich fragen, inwieweit Worte und Handeln übereinstimmen. Das sind die richtigen Fragen.

Wir interpretieren und interpretieren und interpretieren

Die Wirkung fehlender Details

Meine Eltern erzählen gern, dass ich ein sehr ruhiges Kind war. Ich galt als pflegeleicht und konnte mich gut mit mir selbst beschäftigen. Wenn ich spielte, befand ich mich in meiner eigenen Welt. Ich war praktisch nicht mehr vorhanden. Es gab allerdings auch Umstände, unter denen ich dieses Image brach. Ich kann mich natürlich nicht mehr daran erinnern, ich war zu jung, aber ich kann es mir nur so erklären, dass es mir hin und wieder gelang, beim Ansehen des Sandmännchens die Hände so fest auf meine Augen zu pressen, dass es dem Schlafsand nicht gelang, sie zu erreichen oder auch nur ansatzweise seine Wirkung zu entfalten. Obwohl ich ins Bett musste, war ich nicht müde. Und wenn es mir schwerfiel einzuschlafen, konnte ich schnell launisch werden.

Allerdings hatte meine Mutter einen seltsamen Auslöser entdeckt, der mich sofort einschlafen ließ: den Staubsauger. Er war mein Schlafmittel.

Soweit ich weiß, habe ich den Klang eines Staubsaugers immer als störend und nervtötend empfunden, aber als ich ein Kind war, war es offenbar das entspannendste Geräusch, das ich mir vorstellen konnte. So abwegig das heute für mich klingt: Sobald der Staubsauger lief, wiegte mich sein aufdringliches Geräusch in den Schlaf. Ich verlor mich in ihm, als wäre es eine Art akustisches Valium.

Auch wenn sie die Methode kaum anwenden mussten, gaben meine Eltern sie weiter, wenn sie ausgingen und ein Babysitter auf mich aufpassen sollte. Als Babysitter war man bei mir mit einem Staubsauger auf der sicheren Seite. Als meine Eltern jedoch an einem Abend von einem Theaterbesuch zurückkehrten, fanden sie – obwohl sie die Babysitterin eingehend gebrieft hatten – in unserer Wohnung ein emotionales Chaos vor. Die Babysitterin stand verzweifelt im Flur, mit Tränen in den Augen, während ich mich im Kinderzimmer heiser schrie.

»Ich hab alles genau so gemacht, wie Sie es gesagt haben«, schluchzte die Frau überfordert und öffnete die Tür zum Kinderzimmer, hinter der mein unkontrolliertes Weinen zu hören war.

Ich stand mit tränennassem Gesicht in meinem Gitterbett und sah meine Eltern Hilfe suchend an. Auf den ersten Blick hatte meine Babysitterin alles richtig gemacht. Das Setting stimmte. Der Staubsauger stand unmittelbar neben dem Bett. Aber jetzt hörten meine Eltern, dass sie einen Fehler gemacht hatte. Ein Detail fehlte. Die arme Frau hatte den Staubsauger nicht eingeschaltet. Offenbar hatte sie angenommen, dass nur sein Anblick genügen würde, um mich augenblicklich einschlafen zu lassen. Ein winziges, fehlendes Detail, das alles änderte. Ein Missverständnis, mit dem sie stundenlang zu kämpfen hatte.

Die traumatische Erfahrung der armen Babysitterin zeigt mir auch heute noch, wie sehr nur ein fehlendes Detail – so geringfügig es auch sein mag – den Inhalt einer Aussage vollkommen ändern kann. Es erinnert mich daran, wie verheerend die Auswirkungen eines Missverständnisses, das durch ein entferntes Detail entsteht, sein können.

Ich versuche, auf diese Erinnerung zurückzugreifen, wenn ich in Situationen gerate, in denen es klug wäre, sie zu berücksichtigen. Was soll ich sagen, es gelingt mir zwar, sie abzurufen; sie zu berücksichtigen, gelingt mir allerdings nicht immer.

Wenn Missverständnisse beginnen, Entscheidungen zu treffen

Die meisten Missverständnisse meines Alltags entstehen in Situationen, an denen das Programm WhatsApp beteiligt ist. Die Ursache dafür liegt darin, dass das Verfassen von WhatsApp-Nachrichten inzwischen einen Großteil meiner Gespräche ersetzt hat. Ein bestürzender Satz, von dem ich wohl nie gedacht hätte, ihn einmal aufzuschreiben. Dabei hatte alles ganz harmlos begonnen. Und zwar schon im Jahr 1997, als ich mein erstes Handy bekam. Damals waren Textnachrichten allerdings auf 160 Zeichen begrenzt und kosteten ungefähr 80 Pfennig pro Nachricht. Es wäre sicherlich nicht uninteressant auszurechnen, was wir heute an täglichen Kosten hätten, wenn Nachrichten noch immer so viel kosten würden. Aber auch ohne dieses Gedankenspiel hielt mich dieser Preis damals davon ab, unkontrolliert Textnachrichten zu verschicken. Das änderte sich allerdings, als das Verschicken von Nachrichten kostenlos wurde – durch WhatsApp. Das Verfassen von Textnachrichten sickerte in meinen Alltag, breitete sich immer unkontrollierter aus, bis ich irgendwann begriff, dass WhatsApp-Nachrichten nicht nur einen Großteil meiner Gespräche ersetzt hatten. Wenn ich eingehender darüber nachdachte, konnte ich sogar noch einen Schritt weiter gehen. Ich konnte sagen: **Es ist schon erstaunlich, wie sehr die Verwendung von WhatsApp in mein Leben eingegriffen hat.**

Da stellt sich natürlich die Frage, in welche Richtung es geändert wurde – ob es verbessert wurde oder sich eher verschlechtert hat. Oder inwieweit beides zutrifft.

Tja.

Man sagt ja, jede neue Technologie, die unser Leben bereichern oder effizienter machen soll, produziert eine eigene Infrastruktur ausschließlich mit ihr verbundener Probleme, die diese Verbesserung wieder aufheben. Probleme, die die Dinge sogar komplizierter machen können.

Wenn man den Wert einer Kommunikationsform an der Zahl der Missverständnisse misst, die durch sie entstehen können, haben wir uns mit WhatsApp nicht unbedingt verbessert. Die App ist ein Brandbeschleuniger für Missverständnisse. Gerade für jemanden wie mich, der immer noch nicht so richtig begriffen hat, wie bestimmte Codes in der Whats-App-Welt funktionieren – auch wenn die App seit mehr als zehn Jahren Teil meines Lebens ist.

So gesehen ist es ein Makel unserer Gegenwart, dass viele hauptsächlich eine Kommunikationsform nutzen, die der fruchtbarste Boden ist, um neue Missverständnisse entstehen zu lassen. Und viele nutzen sie so, dass dieser Effekt noch verstärkt wird.

Zum Beispiel ich.

Gerade am Anfang zwischenmenschlicher Beziehungen steht mir die App im Weg. Sie ist eine Komponente, die ein wichtiger Bestandteil der Kennenlernphase geworden ist. Sie entscheidet.

Wenn ich überlege, mit wie vielen Frauen ich nicht zusammengekommen bin, weil ich ihrem Schreibverhalten verständnislos gegenüberstand, ist das schon bemerkenswert. Es sind nicht wenige. Es ist erstaunlich, wie wichtig ähnliches Schreibverhalten für das Entstehen einer Beziehung ist. Wie groß der Einfluss auf die Anfänge von Beziehungen ist.

Das Schreibverhalten ist offenbar zu einer wichtigen Gemeinsamkeit geworden und sollte harmonieren. Von einem ähnlichen Verständnis, wie man schreibt oder wie lang eine Nachricht sein sollte, hängt bereits viel ab. Auch ein ähnlicher Schreibrhythmus kann viel entscheiden. Jedes einzelne dieser Elemente kann Missverständnisse erzeugen, die unsere Entscheidungen beeinflussen. Das ist beunruhigend, vor allem wenn sich dieser Eindruck immer häufiger mit dem Gefühl mischt, der App die Kontrolle darüber zu geben, wie ich kommuniziere, wie ich mich fühle oder ob ich mich verliebe.

Verbale und nonverbale Kommunikation

Ich bin generell sehr anfällig für Interpretationen, darum sollte WhatsApp wohl von jemandem mit meinen Anlagen nur in Zusammenhängen verwendet werden, in denen es kaum Spielraum gibt, um Missverständnisse entstehen zu lassen. Ich sollte WhatsApp lediglich zum Austausch kalter, klarer Informationen nutzen. Wo und wann ich mich zu Verabredungen treffe oder zum Schicken eines Live-Standorts.

Wenn ich mit meiner Familie, Freunden oder Bekannten schreibe, ist auch noch alles in Ordnung. Das ändert sich allerdings, wenn ich eine Frau kennenlerne, die mich wirklich interessiert. Dann beginnen die Unsicherheiten.

Gerade im Zwischenmenschlichen liegt ja oft die Gefahr, den Dingen wesentlich größere Bedeutung zu geben, als sie eigentlich haben. Und in der Kennenlernphase wird dieser Effekt noch verstärkt. Die Interpretationen sprudeln, sie fügen unzählige Details hinzu, und ich kann nichts dagegen tun. Meine Art, damit umzugehen, ist es, dagegen anzugoogeln.

Ich habe gegoogelt, was ich eigentlich schon wusste: Ich las, dass die Aussage eines Satzes kaum von den verwendeten Wörtern abhängig ist. 65 bis 90 Prozent unserer Kommunikation finden nonverbal statt. Es kommt auf das Zusammenspiel an, und Worte sind in diesem Zusammenspiel genau genommen nur Ergänzungen unserer eigentlichen Kommunikation. Viel wichtiger sind andere Elemente. Zum Beispiel die mit den gesprochenen Wörtern verbundene Lautstärke, die Betonung oder die Sprachmelodie sowie das Sprechtempo und die Stimmlage. Und das ist noch nicht alles. Auch Blicke, Gesichtsausdrücke und die Körpersprache muss man berücksichtigen.

Ein Nebeneffekt, wenn man googelt, ist ja, dass man seine Allgemeinbildung in Bereichen verfeinern kann, nach denen man gar nicht gesucht hatte. Ich fand zum Beispiel heraus, dass es offenbar Menschen gibt, die sämtliche Wörter, die Goethe in seinen Briefen verwendete, katalogisiert haben. Daraus schließt man, dass sein aktiver Wortschatz 90 000 Wörter umfasste. Das ist ziemlich viel. Der Wortschatz eines modernen Durchschnittsdeutschen liegt zwischen 12 000 und 16 000 Wörtern. Ich las, dass der Mensch dagegen mehr als 5000 Gesten beherrscht, mehr als 250 000 Gesichtsausdrücke und mehr als 1000 Körperhaltungen. So gesehen sind Wörter ziemlich in der Defensive.

Wenn man all das berücksichtigt, sind Textnachrichten eine sehr eingeschränkte Art, sich auszudrücken. **WhatsApp-Kommunikation ist eine unvollständige, reduzierte Form der Kommunikation.** Es ist eigentlich ein Rückschritt, so kommunikationsevolutionsbiologisch gesehen jedenfalls.

Wenn ich mit einer Frau schrieb, nahm ich nur einen Bruchteil der Anhaltspunkte wahr, die nötig sind, um ein Gesamtbild zu erhalten.

So gesehen brauchte ich Textnachrichten nicht überzubewerten, ich brauchte sie nicht einmal ernst zu nehmen, weil es ja unmöglich war, sie richtig zu deuten. Ich konnte schließlich die meisten Facetten gar nicht einbeziehen, weil ich gar nicht in der Lage war, sie wahrzunehmen. Beispielsweise haben ja auch die Umstände, unter denen eine Nachricht geschrieben wurde, einen Einfluss auf deren Wortwahl oder Länge, den man nicht unterschätzen darf.

Ich spürte, wie sich die beruhigende Wirkung in mir ausbreitete, die die Artikel und die Interviews diverser Psychologen und sogar das Wissen um den aktiven Wortschatz von Goethe in mir erzeugten. Als ich meinen Laptop gut gelaunt schloss, war mir vollkommen klar, wie souverän ich zukünftig mit Textnachrichten umgehen konnte. Aber all dieses Wissen zerfällt, sobald die Gewissheiten von Gefühlen erzeugt werden. Erst dann wird mir erneut das wirkliche Ausmaß bewusst, wie viele Interpretationsebenen die App meiner Kommunikation hinzugefügt hat. Wie viele Möglichkeiten uns WhatsApp gibt, einander misszuverstehen. Die Bedeutungen ordnen sich neu, alles verschiebt sich, plötzlich sind Dinge entscheidend, die man unter anderen Umständen übersehen hätte.

Wenn eine lange Nachricht nur mit einem kurzen Satz beantwortet wird, öffnet das ja schon einen Spielraum für Interpretationen. Antwortet man mit nur einem Wort, besteht Redebedarf. Die Beziehung könnte in Gefahr sein.

Interpretationen durch WhatsApp-Transparenz

Und dann ist da ja auch noch die Transparenz, die man nicht vergessen darf. Ich rede nicht einmal davon, wie viele Gedanken in Gang gesetzt werden können, wenn die Nachricht, die man geschickt hat, noch nicht beantwortet wurde, obwohl man sehen kann, ob und, falls ja, wann genau sie gelesen wurde. Ich meine auch nicht die Transparenz, durch die man sehen kann, wann die Person zuletzt online war. Diese Funktionen kann man ja glücklicherweise ausschalten, um sich vor sich selbst zu schützen. Ich meine die Transparenz, die während eines Chats Interpretationen entstehen lassen kann.

Ich kenne das ja selbst. Wenn jemand gerade bei iMessage schreibt und noch das Chatfenster geöffnet ist, sieht man ja diese animierte Sprechblase, in der sich drei Punkte bewegen. Die Blase verschwindet, wenn die Person aufhört zu schreiben, um zu überlegen, was sie schreiben oder verbessern soll. Bei WhatsApp ist das ähnlich, man sieht, ob jemand online ist oder gerade »schreibt«. Man kann heutzutage also ziemlich genau den Schreibprozess einer Nachricht verfolgen. Wenn ich diese animierten Punkte oder das »schreibt« sehe, lasse ich die App geöffnet, weil man ja davon ausgehen kann, dass jeden Moment eine Nachricht eintrifft. Manchmal dauert es allerdings länger. Verwirrend ist dann, wenn man nach zehn Minuten eine Nachricht erhält, die aus einer Zeile besteht. Dann kann man davon ausgehen, dass sich der andere schon sehr viele Gedanken beim Schreiben macht.

· Es gibt allerdings eine Variante, die mich ratlos zurücklässt, obwohl ich sie schon einige Male erlebt habe: Man sieht, dass die andere Person schreibt, plötzlich verschwinden die animierten Punkte. Dann verschwindet das »online« unter dem Namen und dann hört man tagelang nichts von ihr. Diese Variante kann sehr viele Gedanken in Gang setzen, und ich weiß, wovon ich rede.

Aber zu zeigen, wie oft man ansetzen muss, um zu schreiben, oder die letzten Sätze noch einmal zu löschen, um wieder Pausen zu machen, weil man nach den richtigen Worten sucht – das ist eine Blöße, die ich mir nicht geben will. Ich will ja souverän wirken. Seitdem schreibe ich Nachrichten, an denen ich feilen muss, in der Notizenapp meines Handys vor. Erst wenn ich mit dem Inhalt zufrieden bin, kopiere ich sie in das WhatsApp-Eingabefeld.

Und diese Transparenz ist nicht nur auf WhatsApp beschränkt. Bei Instagram kann man beispielsweise sehen, wer sich die eigene

Story angesehen hat. Auch das öffnet den Spielraum für Spekulationen. Heutzutage ist es ja schon eine Kommunikationsform, sich die Instagram-Story anzusehen. Ich bin interessiert an deinem Leben, erzählt der Thumbnail in der Liste der Personen, die sich die Story angesehen haben. Das kann irritieren, wie zum Beispiel die absurdeste Variante dieser Kommunikationsform zeigt, von der mir mal eine Bekannte erzählt hat. Sie verstand nicht, dass jede ihrer Storys von einem Mann angesehen wurde, der sie geghostet hatte. Ich habe versucht, mich in diesen Mann hineinzuversetzen. Es ist mir nicht gelungen. Sein Verhalten ist verwirrend. Und was mich verwirrt, beginnt mich zu beschäftigen, vor allem wenn Gefühle im Spiel sind. Ähnlich ging es auch meiner Bekannten. Er war in ihrem Kopf.

»Diese Nachricht wurde gelöscht«

Inzwischen ist es sogar noch schlimmer geworden. Seitdem uns WhatsApp eine Information gibt, die für Menschen wie mich zu einem Fantasiebooster werden kann, der sämtliche Hypothesen unkontrolliert sprudeln lässt. Diese Information besteht aus vier Wörtern. Den gefährlichen Wörtern: »Diese Nachricht wurde gelöscht.«

Ich verstehe nicht, warum WhatsApp uns das mitteilen muss. Warum verschwindet die Nachricht nicht einfach? Vielleicht wollen sich die Entwickler der Firma ja bei allen Verliebten dafür rächen, dass sich noch nie jemand in sie verliebt hat. Warum klingt diese Information wie ein Kommentar, der unsere Liebesbeziehung hinterfragt?

»Diese Nachricht wurde gelöscht« klingt wie: »Denk mal drüber nach.« Eine Aufforderung, der mein Verstand gern Folge leistet. Und ich kann nichts dagegen tun.

Mein Bekannter Henrik hat mir vor einigen Wochen erzählt, dass eines Morgens vier Nachrichten seiner Ex-Freundin auf seinem Handy leuchteten, die sie gegen zwei Uhr früh abgeschickt und sofort wieder gelöscht hatte.

»Ich frag mich die ganze Zeit, was sie geschrieben hat«, sagte Henrik.

»Es ist vollkommen egal, was sie geschrieben hat«, sagte ich. »Die Frau war betrunken. In dem Zustand kann man nichts, was jemand schreibt, ernst nehmen.«

Henrik nickte kaum wahrnehmbar. Diese Sätze, die ja seine Rettung sein konnten, schienen ihn nicht zu erreichen. Ich verstehe das. So etwas ist immer leicht gesagt, wenn es einen nicht selbst betrifft. Und dann gab es ja noch eine andere Information, die diese Überzeugung bröckeln ließ. Die Ex-Freundin war seit zwei Jahren mit einem anderen Mann zusammen.

»Sie ist nicht glücklich«, sagte Henrik. »*Er* macht sie nicht glücklich.«

Obwohl wir uns gegenübersaßen, starrte sein fiebriger Blick in meine Richtung, als wäre ich nicht vorhanden.

Sie hatte es geschafft. Sie hatte eine neue Spur in seinem Leben hinterlassen. Sie war in seinem Kopf. Solche Nachrichten aus einer noch nicht abgeschlossenen Vergangenheit können einen sehr beschäftigen. Sie reißen Wunden auf, deren Existenz man schon verdrängt hatte. Man spürt ein Gefühl in sich aufkeimen, das sehr gefährlich sein kann, vor allem wenn es aussichtslos ist: Hoffnung. Und es war genau diese Hoffnung, die den Blick meines Bekannten so fiebrig machte.

Allerdings hilft es in solchen Situationen oft, sich zu vergegenwärtigen, aus welchen Gründen man sich einmal getrennt hat. Bei Henrik war das sogar ziemlich einfach. Ihre Trennung war mit einer Erniedrigung verbunden, die ich nur schwer verkraftet hätte.

Henrik hatte sich von ihr getrennt, weil sie auf seiner Geburtstagsfeier vor den Augen der Gäste mit einem anderen Mann – sagen wir mal so – ihren Gefühlen physischen Ausdruck verliehen hatte.

Oder wie es einer der anwesenden Gäste einige Tage darauf umschrieben hatte: »Allet außer reinstecken.«

Es war davon auszugehen, dass sie auf Henriks Geburtstag in demselben Zustand war, in dem sie auch ihre letzten Nachrichten geschickt hatte.

Henrik hatte noch an dem Abend mit ihr Schluss gemacht. Verständlicherweise. Das war die Information, die Henrik jetzt brauchte.

»Sag mal, warum habt ihr euch noch mal getrennt?«, fragte ich arglos.

In Sekundenbruchteilen verlor sich das Fiebrige in seinem Blick. Ich hatte ihn gerettet. Ich hatte ihn vor seiner Hoffnung bewahrt.

Man gibt den Dingen eine falsche Bedeutung

Generell kann ich sagen: Wie ungesund die Beziehung zu einer Frau ist, erkenne ich meistens daran, wie tief ich bei der Analyse ihrer Nachrichten ins Detail gehe. Wie viel Bedeutung ich den geringsten Kleinigkeiten gebe.

Als ich vor zwei Jahren im Düsseldorfer Savoy Theater war, um aus meinem ersten Roman zu lesen, entdeckte ich während des Signierens im Foyer ein Gesicht aus meiner Vergangenheit. Es war das Gesicht einer Frau, in die ich einmal ziemlich unglücklich verliebt war.

Scheiße, dachte ich. Lina.

Während ich lächelnd fortfuhr, Bücher zu signieren, fragte ich mich, was sie hier machte. Wir hatten seit Jahren keinen Kontakt, und nach allem, was wir einander angetan hatten, gab es eigentlich nichts mehr zu besprechen. Es war alles gesagt. Eigentlich war sogar mehr als alles gesagt, wenn ich mich an unseren letzten WhatsApp-Streit erinnerte, der ausschließlich aus Beleidigungen bestand.

Wenn ich etwas mit ihr verband, waren es die quälenden Stunden in meiner Küche, in denen ich darauf wartete, dass sie die Nachricht beantwortete, die ich ihr geschrieben hatte. Es hatte schon etwas Manisches. Damals habe ich noch in meiner Wohnung geraucht. Während ich also eine Zigarette nach der anderen rauchte, lief ich auf und ab oder saß am Küchentisch, auf dem mein Telefon lag und gnadenlos schwieg.

Ich bin mir ziemlich sicher, dass mein Verhältnis zu Lina das erste in meinem Leben war, in der die App eine tragende Rolle spielte. Sie nahm praktisch alles vorweg, was – in unterschiedlichen Ausprägungen natürlich – in folgenden Beziehungen kommen sollte. Als wären in den Monaten mit Lina die Bedienungsanleitung und Gesetzmäßigkeiten entworfen worden, nach denen ich mich bis heute richte. Es ist wie ein Spiel, das immer wieder aufs Neue beginnt, nur dass sich die Gesichter der Spieler ändern. Die Regeln bleiben dieselben. Dabei entsteht in meinem Inneren das Bild von Menschen, von denen die Gefahr ausgeht, mir Verletzungen zuzufügen. Ich habe sie festgelegt, bevor ich sie kennenlernen kann.

Und begonnen hatte das in meiner Küche. Mit Lina.

Sobald mein Handy vibrierte, griff ich gierig danach und begann mit der Analyse der Nachricht, die Lina wahrscheinlich gedankenlos verfasst hatte. Ich sezierte sie. Jedes Wort, jedes Satzzeichen wurde interpretiert und mit einer unverhältnismäßigen Bedeutung aufgeladen. Als würde ich die Nachrichten in einem Zerrspiegel betrachten.

Ich war auf Recherche. Mein Blick hetzte über Websites, die sich mit der Bedeutung von Emojis beschäftigten. Ich meine: *Emojis.* Nichts zeigt mir mehr, dass gerade etwas in eine falsche Richtung läuft, als wenn ich mich mit Emojis und deren Bedeutung für mein persönliches Glück auseinandersetze. Das zeigt mir das Maß der Verunsicherung, die das verwirrende und undurchsichtige Verhalten der Frau in mir ausgelöst hat.

Es ist schon wahr, Emojis können hilfreich sein, um die mit den geschriebenen Worten verbundenen Gefühle zu zeigen. Ich nutze eigentlich nur zwei. Das Lächel-Emoji und dieses zwinkernde Emoji, mit dem man Ironie kenntlich macht. Ich kenne Leute, die Emojis verachten, aber wenn ich mit ihnen Nachrichten schreibe, fällt mir auf, dass ich diese Emojis benutze, weil ich selbst inzwischen darauf angewiesen bin, um Ironie zu erkennen.

Es mag Menschen geben, die mich für gefühlsarm halten, weil ich nur diese beiden Emojis verwende. Ich muss gestehen, dass ich ziemlich viele Frauen kennenlerne, die Emojis in teilweise sehr unkontrollierten Mengen verwenden. Vielleicht muss ich ja da ansetzen. Vielleicht kann ich an der Anzahl der Emojis, die eine Frau verwendet, erkennen, wie weit unsere Welten auseinanderliegen.

Tja, dachte ich im Foyer des Savoy Theaters. Und mit dir fing es an.

Weil ich bisher sehr unauffällig zu ihr hinübergesehen hatte, hatte Lina nicht registriert, dass ich ihre Anwesenheit bemerkt hatte. Aber die Schlange wurde immer kürzer. Ich musste unbedingt überrascht wirken, wenn sich unsere Blicke trafen.

Ich tat überrascht, und es gelang mir sogar ziemlich gut, wie ich fand. Lina nahm mir die Überraschung ab, genauso wie mein erfreutes Lachen, das ja ebenfalls auf mehreren Ebenen erzählen kann, auf der ersten, dass ich mich aufrichtig freute, sie zu sehen, und auf der zweiten, tieferen Ebene, dass ich ihr nichts nachtrug.

Und jetzt erfuhr ich auch, warum sie hier war.

»Ich wollte mich entschuldigen«, sagte sie. »Ich hab mich damals ziemlich scheiße verhalten.«

»Na ja«, sagte ich. »Es gehören ja immer zwei dazu.«

Sie war inzwischen verheiratet und Mutter. Wegen ihres Mannes war sie aus dem großstädtischen, energiereichen Prenzlauer Berg in ein Einfamilienhausgebiet in Essen gezogen, eine Stadt, die ich nur einmal besucht hatte und die ich beinahe so deprimierend fand wie die quälenden Stunden in meiner Küche. Ich hatte irgendwie gehofft, der Gedanke, dass Lina von einem Ort, wo ich immer hinwollte, an einen Ort gezogen war, von dem ich wegwollte, sobald ich ihn betreten hatte, würde mir eine späte Genugtuung geben. Aber ich empfand nichts in dieser Richtung. Offensichtlich hatte sich etwas in mir schon vor langer Zeit mit ihr versöhnt.

Glaub nicht alles, was du fühlst

Wenn ich die letzten Seiten noch einmal überblättere, erscheint mir das alles so lächerlich. Die Überlegungen erwachsener Menschen, wer wann schreiben darf und was genau oder wie dieses Emoji denn genau gemeint ist, zeigen mir, wie weit wir inzwischen schon sind. **Es ist erschreckend, wie schnell sich die Prioritäten verschieben. Wie groß die Bedeutung ist, die wir dem Zeitraum geben, der benötigt wird, um eine Nachricht zu beantworten. Das ist die Gefahr, wenn sich die Beziehung zweier Menschen ausschließlich auf das Virtuelle verlagert.**

Es ist schon erstaunlich, wie viele Gedanken es in Gang setzt, wenn sich andere Menschen nicht so verhalten, wie man es erwartet. Wenn sich jemand, dem ich geschrieben habe, stundenlang nicht meldet, weiß ich, dass ich das nicht überbewerten darf. Es gibt viele plausible Gründe, die ihn daran hindern, zu antworten. Stress im Job, Sport oder mit Freunden unterwegs sein. Aber wenn sich eine Person nicht so meldet, wie ich es erwarte, fängt meine Fantasie an zu sprudeln – und es sind selten Gedanken, die zu einem Happy End führen. Aber aus irgendeinem Grund fallen mir eigentlich nur Gründe ein, die gegen die Person sprechen.

Eine Journalistin hat mir vor einigen Jahren erzählt, dass das negative Interpretieren von Situationen in unserer Natur liegt, weil unser Gehirn es als Training empfindet. Es ist am kreativsten, wenn es Hiobsbotschaften aneinanderreiht, zu immer drastischeren Schlussfolgerungen kommen kann. Das passt gut zu einem Satz, den der Historiker Yuval Harari einmal gesagt hat: »Das menschliche Gehirn ist eine Maschine, die Erzählungen erfindet.« Und tragische Geschichten sind die erzählenswertesten Geschichten.

Wenn man so will, ist ein WhatsApp-Chat voller Verständigungslücken. Und unser Verstand beginnt, die fehlenden Lücken zu schließen. Er fügt die fehlenden Details hinzu. Er interpretiert. Wir reagieren nicht auf Ereignisse, sondern auf unsere Interpretation dieser Ereignisse. Tatsachen und Interpretation können weit auseinanderliegen. Interpretationen konstruieren eine eigene Realität, die nur mit uns selbst zu tun hat. Diese Interpretationen, mit denen ich die Lücken schließe, die Details, mit denen ich sie fülle, erzählen mir mehr über mich, als ich mir eingestehen möchte. Wie wir die Dinge interpretieren, zeigt, wie sehr wir innere Zustände auf die Außenwelt projizieren.

Man kann einordnen, welche Gefühle meine Beziehungen zu anderen bestimmen. Bei mir ist es eine Mischung aus Verlustangst, Trotz und Wut.

Wie geht man mit Verletzungen um, die einem gewollt oder ungewollt zugefügt werden? Hinterfragt man sie oder geht man in Gegenangriff? Wie wir reagieren, zeigt vor allem, wie verletzlich unsere Egos sind. Und wie gering unser

Selbstwert. Und je verletzlicher ein Ego, desto geringer der Selbstwert.

Ich stelle immer mal wieder fest, dass die Technik Züge meines Charakters herausmodelliert, die mir eigentlich nicht sympathisch sind. WhatsApp verstärkt und überhöht sie, bis ich ihnen ausgeliefert bin. Und zwar gnadenlos. Dann erlebe ich, wie schnell einem ein verletztes Ego die Entscheidungen abnehmen kann.

Wir dürfen nicht all unseren Gefühlen vertrauen, denn Interpretationen können ein Ereignis vollkommen fehldeuten. Wir müssen uns zwingen, uns zu fragen, ob unsere Gefühle berechtigt sind, wir müssen nachhaken, wir müssen miteinander kommunizieren. Ansonsten fällt man schnell in Muster, mit denen sich unsere Psyche vor Verletzungen schützen will.

Wenn wir jemanden kennenlernen, ist der- oder diejenige ja fremd für uns. Wir können gar nicht wissen, ob sie Arschlöcher sind, es sind nur unsere Erfahrungen mit anderen, die sie zu vermeintlichen Arschlöchern machen. Wir legen vergangene Erfahrungen auf sie. Wir schließen von Verletzungen, die wir erfahren haben, auf sie und machen sie dafür verantwortlich, obwohl sie es gar nicht waren. Sie werden zur Projektionsfläche der Verletzungen, die uns in der Vergangenheit zugefügt wurden. Die geliebte Person wird zur Leinwand, auf die wir unsere Traumata werfen, ohne dass sie auch nur irgendetwas damit zu tun hat.

Ich bin ein Mensch, der oft auf sein Bauchgefühl gehört hat. Die meisten Entscheidungen meines Lebens waren Bauchentscheidungen. Aber manchmal ist es ein Fehler, nur auf sein Gefühl zu hören. Man darf nicht alles glauben, was man denkt. Und man darf nicht alles glauben, was man fühlt. Es geht um ein ausgewogenes Zusammenspiel aus der Klugheit der Vernunft und der Klugheit der Gefühle. Gerade wenn es um den sensiblen Bereich der Liebesbeziehungen geht.

Meiner Erfahrung nach entstehen viele Verletzungen aus Missverständnissen. Und in einem Leben, das sich aus einer endlosen Aneinanderreihung von Missverständnissen zusammensetzt, erkennt man den Wert einer Kommunikationsform daran, wie wenig Missverständnisse sie entstehen lassen kann. Bei Kommunikation geht es darum nachzuvollziehen, wie es dem anderen geht, was er denkt und fühlt. **Kommunikation ist ein Mittel, empathischer zu sein.** Es ist schon wahr: WhatsApp und alle anderen modernen Kommunikationsformen ändern zwischenmenschliche Beziehungen. Aber das geschieht nur dann, wenn man den Fehler macht, der App zu viel Raum zu geben. Das ist allerdings ein Fehler, den die meisten machen. Auch ich.

Und das muss uns bewusst sein, wenn wir Kommunikationsformen, die eigentlich Ergänzungen sind, zum Mittelpunkt machen. Ausschließlich zu schreiben, macht einen nicht unbedingt empathischer. Ich würde sogar noch einen Schritt weiter gehen: Über WhatsApp zu kommunizieren, arbeitet gegen unsere Empathie. Und Empathie ist ja eine Eigenschaft, die bei den meisten eher unzureichend ausgeprägt ist.

Und mit diesen Sätzen berühren wir das eigentliche Problem. Den eigentlichen Ursprung aller Missverständnisse.

Wie wir uns in der Empathielosigkeit verfangen haben

Einige kennen das vielleicht: Diese Anrufe älterer Familienmitglieder, in denen sie mit besorgter oder verzweifelter Stimme um Hilfe bei einem technischen Problem bitten, das bei der Arbeit an einem Computer entstehen kann. Bei mir sind es meine Eltern, die mich dazu anrufen.

Es ist schon eigenartig. Meine Eltern beherrschen die Programme, die sie nutzen, besser als ich. Sie sind Experten, wenn sie sich auf WhatsApp, FaceTime oder Facebook bewegen. Allerdings verlässt sie ihre Kompetenz sofort, wenn sie diese

Nischen verlassen. Wenn es beispielsweise um ein gewisses Grundwissen geht, ohne das ein Computer nur sehr umständlich zu bedienen ist.

Meine Mutter weiß zum Beispiel immer noch nicht, wie sie einen Text auswählt, kopiert und in einem anderen Dokument wieder einfügt. Wenn ich ihr einen Text schicke, druckt sie ihn aus und schreibt ihn ab. Ich habe schon oft versucht, es ihr zu erklären, aber dann sagt sie schnell: »Das ist mir am Telefon zu kompliziert. Das machen wir, wenn du nächstes Mal wieder hier bist.« Aus irgendeinem Grund vergessen wir es aber bei jedem meiner Besuche. Manchmal glaube ich, dass sie es gar nicht wissen will. Meine Eltern sind ja inzwischen Rentner, sie haben viel Zeit, die gefüllt werden muss.

Also bleibt uns nur das Telefon, auch wenn es kompliziert ist. Generell entstehen gewisse Hürden, wenn man am Telefon ein Computerproblem lösen soll, auch weil der Gesprächspartner ja oft vergisst, dass man selbst nicht sieht, was auf dessen Bildschirm zu sehen ist.

»Ich bin kein Hellseher«, rufe ich mit gedämpfter Stimme, wenn ich langsam beginne zu verzweifeln.

Oft geht es darum, dass Dokumente, die meine Eltern ausdrucken wollen, nicht vollständig auf dem Ausdruck zu sehen sind. Sie werden aufgeteilt und auf zwei Seiten gedruckt, manchmal auch vier. Es sind meistens Excel-Dokumente.

»Du musst jetzt auf ›Druckereinstellungen‹ klicken«, sage ich. »Und dann auf ›Optionen‹.«

»Hier steht nirgendwo ›Druckereinstellungen‹«, sagt meine Mutter wie ein ungeduldiges Kind. »Und ›Optionen‹ auch nicht.«

»Druckereinstellungen«, sage ich mit dem ruhigsten Unterton, der mir nach den vergangenen vierzig Minuten zur Verfügung steht. »Das muss da irgendwo stehen. ›Optionen‹ kommt später.«

»Nein«, sagt meine Mutter entschieden, und zwar so schnell, dass klar ist, dass sie es gar nicht überprüft hat. Ein Zeichen, dass die Situation bereits gekippt ist. Jetzt kommt es ausschließlich auf mein Verständnis an. Ich weiß das, aber trotzdem können mich solche Dialoge schnell ungeduldig machen.

Ich zwinge mich, ruhig zu bleiben, weil ich ja auch weiß, dass es noch andere Bestandteile unserer Unterhaltung gibt, die ich berücksichtigen muss. Der Anruf meiner Eltern steht ja am Ende eines langen Prozesses. Ihre Nerven sind bereits angespannt, bevor sie überhaupt erwogen haben, meine Nummer zu wählen. Wenn sie mich dann anrufen, liegen sie bereits blank. Ich versuche, auf alle Ebenen zu achten, die in unserem Telefonat enthalten sind. Auch auf die Umstände, die ja nicht auf den ersten Blick erkennbar sind. Ich versuche, mich in sie hineinzuversetzen. Ich versuche, mich in sie einzufühlen und so empathisch wie möglich zu sein.

Bei meinen Eltern gelingt mir das ganz gut. Ich verstehe, dass sie während unseres Telefonats ausblenden, dass ich gerade nicht neben ihnen stehe, und davon ausgehen, dass ich vor meinem inneren Auge exakt dasselbe sehe wie sie. Ich weiß auch, dass ich den scharfen Ton eines Satzes nicht persönlich nehmen darf, er bezieht sich auf die Umstände, er hat nichts mit mir zu tun. Dank meiner in unzähligen Telefonaten trainierten Empathie haben wir es geschafft, jede Excel-Tabelle, die meine Mutter angelegt hat, auf nur eine A4-Seite zu bekommen.

In anderen Bereichen sieht das allerdings vollkommen anders aus. Leider. Wenn es beispielsweise um eine Frau geht, die ich gerade kennengelernt habe und an der ich interessiert bin, verlassen mich meine empathischen Fähigkeiten. Und zwar umgehend.

Ich meine, ich versuche natürlich, mich in ihre Lage zu versetzen. Ich versuche zu verstehen, warum eine Frau immer ziemlich genau 24 Stunden benötigt, um eine meiner Nachrichten zu beantworten. Als hätte sie ihren Timer beim Eintreffen meiner Nachricht auf 23 Stunden, 59 Minuten und 59 Sekunden gestellt. Es fällt mir nicht leicht. Ich kenne einen Mann, der immer pünktlich 8 Minuten nach der verabredeten Zeit zu einem Treffen erscheint. Es ist seine Form von Pünktlichkeit. Ich empfinde sie als etwas undurchsichtig, aber für ihn müssen diese 8 Minuten eine Bedeutung haben. Es muss Gründe geben, die sie schlüssig erklären. Es muss eine Geschichte geben. Vielleicht greift bei beiden ein ähnliches Prinzip.

Obwohl mir ja klar ist, dass mir Informationen fehlen, die mich ein plausibles Gesamtbild sehen lassen könnten, berücksichtige ich es nicht. Ich blende es aus und schließe dann doch von mir auf andere. Ich frage mich, welche Gründe mich erst Stunden oder Tage auf eine Nachricht antworten lassen würden.

Auch in Zeiten, in denen ich wirklich viel zu tun hatte, ist mein Leben dann doch nicht so angefüllt, dass ich erst Tage später zurückschreiben kann. Wenn ich mir so viel Zeit lasse, um zurückzuschreiben, fehlt mir so viel Interesse an einer Frau, dass ich mich zwingen muss, überhaupt zu schreiben. Dann ist mir die Person nicht wichtig. Wie gesagt: mir.

Aber intuitiv davon auszugehen, andere würden sich genauso verhalten wie ich selbst, ist ein Irrtum, der sich durch mein Leben zieht. Obwohl dieser Irrtum die größten Missverständnisse zwischen Menschen produzieren kann.

Macht Empathie zu einem Statussymbol!
Wenn ich wirklich ehrlich bin, war ich ein Egozentriker der Liebe. Auch wenn ich es mir nicht eingestand, setzte ich mich nicht mit den Beweggründen der Frauen auseinander, von denen ich annahm, dass sie mich so sehr interessierten. Ich

nahm es zwar an, aber es gab nie ein wirkliches, ehrliches Interesse an ihnen und ihrem Erleben. Ich versuchte weder, mich in sie hineinzuversetzen, noch, ihre Gefühle nachzuempfinden. Ich setzte alles in einen Zusammenhang zu mir selbst. Ich projizierte meine eigene Wirklichkeit auf sie. Das ist die Haltung einer Person, die sich nur für sich selbst interessiert. Ohne dass es mir auffiel, hatte ich nur mich selbst im Blick.

Wenn ich den letzten Absatz noch einmal lese, erschreckt er mich schon sehr. Noch mehr erschreckt mich aber, dass es mir bisher nicht aufgefallen ist. Die Worte klingen drastisch, und so müssen sie auch klingen. Sie sind wie eine Wahrheit, die die Geduld verloren hat.

Wenn man so will, hatte ich gerade die rote Pille geschluckt, dachte ich.

Und jetzt wird es wirklich interessant, denn jetzt kommen wir zu einer anderen Wahrheit: Die meisten haben diese Pille nämlich noch nicht geschluckt. Die meisten agieren in Beziehungen genauso wie ich und scheitern an ihrer Empathielosigkeit. Sie sehen es allerdings nicht.

Vielleicht zeigt dieser Umstand schon, wie degeneriert die Werte sind, an denen wir uns orientieren. In einer Gesellschaft, in der wir lernen, es wäre ein Wert, nur sich selbst zu sehen.

Das hat Erich Fromm schon vor fünfzig Jahren erkannt: »Egoismus, Selbstsucht und Habgier sind Eigenschaften, die das Wirtschaftssystem fördern muss, um existieren zu können«, schreibt er. In unserer ichbezogenen Gesellschaft verfolgt jeder nur seine eigenen Interessen.

Wir wenden das auch auf das Zwischenmenschliche an.

Wenn man in eine Beziehung geht, denkt man nicht in einem »Wir«, man denkt in einem »Ich«. Man ist auf seinem Weg und will nicht gestört werden. Man wird den anderen los, wenn er den eigenen Komfort stört. **Unser Ich steht an erster Stelle. Jeder Kompromiss wird als Einschränkung empfunden, sich entfalten zu können. Als Gefahr, unser Wesen verleugnen zu müssen.** Man findet immer wieder neue Ausreden, damit man selbst im Vordergrund stehen kann, der Wichtigste für sich selbst sein kann.

Wir müssten diesen Werten widersprechen. Empathie müsste eigentlich zu einem Statussymbol erhoben werden. Sie müsste in der Schule gelehrt werden. Um uns zu besseren Menschen zu machen. Ich frage mich allerdings, warum ich bei meinen Eltern so anders handele, warum ich bei ihnen ein besserer Mensch bin. Vielleicht liegt darin ja die Lösung.

Offen gestanden musste ich das auch erst lernen. Ich hatte jahrelanges Training, das viel Zeit gekostet hat. Dazu kommt, dass die Beziehung zu meinen Eltern, auch wenn es natürlich immer mal wieder Konflikte gab, sozusagen aus einer Folge von Happy Ends besteht. Wir wollten die Beziehung aufrechterhalten.

Wir hatten allerdings auch Jahrzehnte Zeit, unsere Beziehung zu pflegen, deren Bedeutung ja erst mit der Zeit entstand. Eine Chance, die ich Beziehungen zu Frauen nur selten gab. Entstanden in der Kennenlernphase mit Frauen Konflikte, brach ich die Verbindung ab und verschwand aus ihrem Leben, um mit der nächsten dieselben Fehler noch einmal zu machen.

Wenn meine Eltern Probleme mit ihrem Computer haben, wende ich inzwischen eine Taktik an, die es mir leichter macht, ihre Wirklichkeit zu verstehen. Ich öffne während des Telefonats dasselbe Programm auf meinem Rechner und führe die Arbeitsschritte parallel aus, damit ich sehen kann, was sie gerade sehen.

Ich sollte wohl eine ähnliche Taktik für die Kennenlernphase mit einer Frau entwerfen. Um sie wirklich zu sehen.
Und in der Lage zu sein, auf die fehlenden Details zu achten,
die – so geringfügig sie auch sein mögen – den Inhalt einer
Aussage vollkommen ändern können.

Wir können ja Stalker bleiben

Was die Transparenz moderner Kommunikationsformen mit uns macht

Ich bin ja auch so einer: Wenn mein Telefon klingelt und auf dem Display eine unbekannte Nummer zu sehen ist, nehme ich den Anruf nicht an. Ich gehe nicht mehr ans Telefon, ohne zu wissen, wer dran ist. Skeptisch starre ich dann auf das vibrierende Handy in meiner Hand und warte darauf, dass es endlich aufhört zu klingeln.

In solchen Situationen stelle ich auch fest, dass es viel zu oft klingelt, bis der Anruf auf die Mailbox umgeleitet wird. Ich nehme mir seit Jahren vor herauszufinden, ob man das verkürzen kann, aber aus irgendeinem Grund kommt mir immer etwas dazwischen.

Wenn ich Pech habe, ist mein Handy auch nicht auf lautlos gestellt. Es ist eine Eigenart meines iPhones, dass sich der Knopf, den ich eigentlich immer auf lautlos gestellt habe, in meiner Hosentasche aus unerfindlichen Gründen immer mal wieder verschiebt. Wenn ich dann das klingelnde Smartphone in der Hand halte, will ich auch nichts drücken, um das Klingeln auszuschalten. Ich will nicht den Fehler machen, einen Knopf zu drücken, der den Anruf ablehnt und dem Anrufer damit zeigt, dass ich ihn weggedrückt habe, um einem Gespräch aus dem Weg zu gehen.

Wenn das in der Öffentlichkeit geschieht, spüre ich, wie ich mich in den Mittelpunkt des Interesses der Menschen in

meiner Umgebung bewege. Während ich auf die mir unbekannte Nummer auf meinem Display starre, kann ich die
gereizten Blicke der anderen schon beinahe physisch spüren.
Ich habe das Gefühl zu stören, mit dem Klingeln meines
Smartphones zu aufdringlich zu sein. Manchmal werde ich
auch rot, was es nicht einfacher macht. In solchen Momenten bin ich mir selbst dafür dankbar, dass mein Klingelton
dem eines klassischen Telefons nachempfunden ist. Hätte
ich einen Song gewählt, würde es die Sekunden zu Stunden
machen, die ich nicht ertragen würde. Seltsamerweise haben
Menschen, deren Klingeln ein Popsong ist, die Lautstärke
ihres Smartphone-Klingelns generell auf eine Stufe gestellt,
als wären sie hörgeschädigt. Gerade in voll besetzten U-Bah-
nen kommt so etwas immer gut an. Oft sind es auch Songs,
die ich nicht unbedingt auswählen würde, um cool zu wirken.
Als wäre es ein ungeschriebenes Gesetz, nur Lieder aus dem
Genre zu verwenden, zu dem auch Helene Fischers *Atemlos
durch die Nacht* gehört. Oder Schlimmeres.

Es ist schon erstaunlich, wie viele Gedanken ein klingeln-
des Handy erzeugen kann, wenn man nicht weiß, von wem
man da gerade angerufen wird. Mein Klingelton ist das Einzige, was mein Telefon noch mit einem alten, klassischen Telefon verbindet. Ansonsten hat sich alles geändert.

Leider auch ich.

Es gab eine Zeit in meinem Leben, die ich mir nicht mehr
vorstellen kann, obwohl sie eigentlich noch gar nicht so lange
her ist. Eine tiefe, unwirkliche Vergangenheit, in der es keine
Displays gab, auf denen man lesen konnte, wer da gerade anrief. Ich hob den Hörer eines Telefons ab, wenn es klingelte,
obwohl ich keine Ahnung hatte, wer mich anrief. Ein Satz,
der einen unangenehmen Schauer bildet, der sich durch meinen Körper zieht. Als wäre mir sehr kalt.

Damals hob ich den Hörer unbefangen ab. Die Zeiten des unbefangenen Annehmens von Anrufen sind offensichtlich vorbei. Ich will einfach wissen, wer mich gerade anruft.

Die Schwelle, die überschritten wird, um mir das Gefühl zu geben, meine Privatsphäre zu verletzen, ist niedriger geworden. Genau genommen ist sie kaum noch vorhanden. Und es kommt auf meine Stimmung an. Ich will wissen, wer mich anruft, weil ich dann sehen kann, ob ich in der Stimmung bin, überhaupt mit dieser Person ein Gespräch zu führen. Ich will nicht, dass mir ein Gespräch aufgedrängt wird. Der Anrufer dringt in meine Komfortzone ein, er verletzt sie. Und das bezieht sich nicht nur auf mir unbekannte Rufnummern. Es bezieht sich auch auf Freunde, Bekannte und manchmal auch auf Familienmitglieder.

»Vielleicht ist es wichtig«, sagen Freunde, wenn sie sehen, wie ich genervt auf eine unbekannte Nummer starre.

»Wenn es wichtig ist, kann man mir auch auf die Mailbox sprechen«, erwidere ich dann entschieden. Aber es scheint selten so wichtig zu sein, dass eine Nachricht auf meiner Mailbox hinterlassen wird.

Einmal rief mich eine mir unbekannte Nummer an. Ich nahm den Anruf nicht an, schickte dem Anrufer jedoch eine iMessage. »Wer ist da?«, schrieb ich.

Niemand schrieb zurück, aber die Nummer rief mich in den nächsten Stunden immer wieder an, was meine These erhärtete, einem Spam-Anruf gerade noch entgangen zu sein, obwohl ich noch nie einen Spam-Anruf erhalten habe. Ich dachte immer, dass die erst in mein Leben treten, wenn ich die sechzig überschritten habe.

Es kommt immer häufiger vor, dass ich die mir unbekannte Nummer eines Anrufers in meinen Kontakten speichere, um dann in WhatsApp sehen zu können, ob auf dem Profilbild ein Gesicht zu sehen ist, das ich kenne. Einmal habe ich ein wichtiges Gespräch erst Wochen später geführt, weil die Person auf ihrem WhatsApp-Profilbild nicht zu erkennen war.

Weil ich solche Nummern immer unter dem Namen »ZZZ« abspeichere und oft auch vergesse, sie umzubenennen, weiß ich nicht, wer mich anruft, wenn die drei Buchstaben auf meinem Display zu sehen sind. Ich muss wohl ein anderes System ausarbeiten.

Das wirkt aufwendig und mir ist klar, dass es sogar lächerlich ist. Es ist ein Geflecht von Umständlichkeiten, in dem ich mich verfangen habe. Aber den Gedanken, den Anruf einfach anzunehmen, empfinde ich trotzdem als vollkommen unverständlich.

Anfang des Jahres hat mir ein Bekannter erzählt, dass er sich wieder ein Festnetztelefon zugelegt hat.

»Ohne Display«, sagte er.

»Ohne Display?«, wiederholte ich schockiert. Ich stellte fest, dass meine Stimme leicht zitterte, aber meinem Bekannten schien es nicht aufgefallen zu sein.

»War eine bewusste Entscheidung«, sagte er entschieden. »Ich wollte einfach nicht mehr sehen, wer mich anruft.«

»Und wie ist das so?«, fragte ich vorsichtig.

»Es ist wie ein Aufatmen«, sagte er.

»Okay«, sagte ich beeindruckt. Ich empfinde Respekt für seinen Schritt. Eine Art Respekt, mit der ich wohl auch reagiert hätte, wenn er mir von einer geplanten Geschlechtsumwandlung erzählt hätte. Und so etwas Ähnliches war es ja auch. Es änderte die Natur seiner Kommunikation. Ein Schritt, den ich nicht bereit wäre zu gehen.

Manchmal frage ich mich, was da passiert ist. Wie konnte es so weit kommen? Warum will ich nicht aufatmen? Die allgegenwärtige Transparenz, die unsere Kommunikation inzwischen begleitet, hat mich offenbar fest im Griff. Sie hat

etwas mit mir gemacht. Sie hat meinen Umgang mit anderen
verändert. Man kann sogar noch einen Schritt weiter gehen:
Sie hat mich verändert. Ich bin zu ihrer Kreatur geworden.
Gerade im sensiblen Bereich der Liebe zeigt sie sich am
deutlichsten. Vor allem wenn sie beginnt.

Wenn ich gerade eine Frau kennenlerne, die mich interessiert, will ich sehen, dass sie meine gesendete Nachricht gelesen
hat, obwohl ich weiß, dass die Zeit, die sich die Adressatin zwischen dem Lesen der Nachricht und ihrer Beantwortung lässt,
unerträglich sein kann.

Ich will wissen, ob sie gerade online ist, wie viele WhatsApp-
Häkchen neben meiner Nachricht zu sehen sind und welche
Farbe diese Häkchen haben, obwohl ich weiß, dass jeder Status
Kaskaden von quälenden Gedanken produzieren kann.

Und ich will wissen, wer mich gerade anruft, weil ich vor-
bereitet sein will. Ich will mich darauf einstellen können, mit
wem ich gleich spreche. Ich will alles unter Kontrolle haben.

Ich muss in der richtigen Stimmung sein, um mit einer bestimmten Person sprechen zu wollen – vor allem wenn ich
eine Frau kennengelernt habe, die mich *nicht* so interessiert.

Offensichtlich bin ich zu einem Kontrollfreak geworden.
Und obwohl ich weiß, dass es mir seelisch nicht guttut, nutze
ich alle Funktionalitäten moderner Technologien, um die Bedürfnisse des Kontrollfreaks in mir zu erfüllen.

30 Anrufe in Abwesenheit

Es ist schon einige Jahre her, da hat eine Frau mir mal erzählt,
dass sie die Zeiten vermisst, in denen man einen Geliebten
dreißigmal am Tag anrufen und wieder auflegen konnte, bevor er den Hörer abnahm.

»Weil man so aufgeregt ist, dass man gar nicht so richtig
weiß, was man sagen soll«, erklärte sie mit einem Lachen,
dem man anhörte, dass sie Zustimmung erwartete.

Ich sah sie aufmerksam an, bevor ich nach einer kurzen Verzögerung in ihr Lachen einstimmte. Es war unser erstes Date, und ich war mir ziemlich sicher, dass hier gerade etwas in eine Richtung lief, in die ich mich bei einem ersten Date nicht bewegen wollte.

»Ich meine, wenn er heute auf sein Handy sehen würde ...«, setzte sie an.

»Genau«, unterbrach ich sie. »Dann würde da ›30 Anrufe in Abwesenheit‹ stehen.« Ich beendete ihren Satz nachdrücklicher, als es eigentlich klingen sollte, aber es schien ihr nicht aufgefallen zu sein. 30 Anrufe in Abwesenheit. Großer Gott! Man wagt kaum, sich das vorzustellen. Wenn ich mir vorstelle, dass mir auf meinem Handy von der Frau, mit der ich kürzlich ein Date hatte, nur 10 Anrufe in Abwesenheit angezeigt werden, kommt mir das schon nicht gesund vor. Es wirkt verzweifelt, bedrängend und obsessiv. Es wirkt, als würde es etwas sehr Kompliziertes vorwegnehmen. Es wirkt auf mich gefährlich. Ein Grundgefühl, das ich bei der Frau, die mir gerade gegenübersaß, wohl verdreifachen konnte. Jemanden dreißigmal anzurufen, ohne einen Rückruf abzuwarten, klang nach der Frequenz einer Person, deren Geschichte eine Folge der Serie *Criminal Minds* füllen konnte. Gewissermaßen die erste Folge der Serie, deren Inhalt eine Altersbeschränkung notwendig macht. Obwohl sich ihr Lachen nicht verändert hatte, entdeckte ich plötzlich eine hysterische Note, die mir bisher gar nicht aufgefallen war. Eigentlich war es sogar zu einem auffallend psychotischen Kichern geworden. Als wäre kurz sichtbar geworden, was sich hinter ihrer Fassade befand, und dieser kurze Blick entstellte mein bisheriges Bild von ihr. Ich spürte, wie ich mich bereits innerlich von ihr entfernte.

Ich bin sensibel geworden. Wie so viele sehe ich heute schnell Beweise, die auf psychische Unzulänglichkeiten hinweisen. Auch in Bezug auf mein eigenes Verhalten.

Wir hatten kein Date, wir waren auf derselben Party

Gerade in einer fragilen, vielleicht erst kurz vor dem Erblühen befindlichen Liebesbeziehung verstärkt sich mein Gefühl, nicht aufdringlich wirken zu wollen. Es verstärkt sich, weil es sich mit Unsicherheit mischt. Ich habe das Gefühl, zu schnell in die Privatsphäre der Frau einzudringen. Ich meine, man wagt es ja inzwischen kaum noch, sich zu melden, weil wir inzwischen schon so weit sind, das Gefühl zu haben, durch einen unangemeldeten Anruf unangemessen weit in die Privatsphäre einzudringen.

Als ich sechzehn Jahre alt war, verliebte ich mich in eine Frau, die ich aus dem Köpenicker Allendeclub kannte, in den ich damals praktisch jeden Mittwoch ging. Eigentlich kannte ich sie nicht einmal, aber wir hatten gemeinsame Freunde.

Weil ich sehr schüchtern war, habe ich ihr nie gesagt, was ich für sie empfand. Das ist nicht unbedingt der beste Weg, um das Herz einer Frau zu gewinnen. Allerdings trafen sich unsere Blicke jeden Mittwoch immer mal wieder, und ich bildete mir ein, dass meine Zuneigung in diesen Blicken deutlich zu lesen war. In ihren Blicken war ja auch zu erkennen, dass ich ihr nicht unsympathisch war. Ich habe erst später gelernt, dass man Blicke in einem abgedunkelten Raum, in dem sich viele Menschen bei lauter Musik aneinanderdrängen, leicht überinterpretieren kann. Man sieht schnell, was gar nicht da ist.

Es fehlte nur noch dieser letzte kleine Schritt, der alles auslösen konnte, aber aus irgendeinem Grund konnte ich mich nicht überwinden, ihn zu gehen. Wenn ich heute Fotos betrachte, die damals von mir aufgenommen wurden, ist mir schon klar, was mich behinderte. Ich habe das damals natürlich nicht so empfunden, aber mein Unterbewusstsein schien mir auf diesem Weg mitteilen zu wollen, meine Frisur, meine Kleidung, eigentlich sogar meinen generellen Stil zu überdenken. Die Achtziger waren noch nicht lange her, sie wirkten noch nach, vor allem ästhetisch, obwohl ich mich schon an Nirvana und Rage Against the Machine orientierte. Das war eine gefährliche Mischung. Heute muss ich meinem Unterbewusstsein zustimmen, es hätte die Dinge einfacher gemacht, mich innerlich und äußerlich umzustylen. Aber damals war ich vollkommen ratlos, und mit jedem verstrichenen Mittwochabend, an dem ich sie nicht ansprach, wurde ich ratloser.

Ich fragte meinen älteren Bruder um Rat.

»Weißt du, was bei mir immer gut geklappt hat?«, fragte er. »Ich bin am Sonntagmorgen zum Bäcker gegangen, hab frische Brötchen, Marmelade, Honig gekauft und dann einfach bei ihr geklingelt und gefragt, ob wir zusammen frühstücken wollen.«

Damals schien mir das eine gute Idee zu sein. Die schöne Überraschung eines Romantikers. Weil ich wirklich sehr schüchtern war, habe ich sie nicht umgesetzt. Ich hob sie auf, für die nächste Liebe meines Lebens.

Ich muss bekennen, dass ich den Rat meines Bruders nie umgesetzt habe – glücklicherweise, muss man wohl sagen. Es ist ein Ratschlag aus einer anderen Zeit. Einer Zeit, in der es keine Smartphones gab, soziale Medien oder WhatsApp. Es war ganz natürlich, dass man Freunde einfach besucht hat, wenn man sie sehen wollte – und zwar ohne sich vorher anzumelden.

Die Gesetzmäßigkeiten waren anders. Heutzutage überschreitet man ja schon eine Grenze, wenn man eine Frau anruft, an der man interessiert ist, ohne sich vorher in einer Nachricht zu erkundigen, ob sie überhaupt Zeit hat, um zu telefonieren. Schon ein unerwarteter Anruf überschreitet eine Grenze und dringt in die Privatsphäre ein.

Und jetzt stellen wir uns doch einfach mal vor, welche Gedanken es auslösen würde, wenn ein schüchterner junger Mann die romantische Sonntagmorgenfrühstücksidee meines

Bruders in der heutigen Zeit umsetzen würde. Es ist eine Erfahrung, von der abzuraten ist, weil sie eine Strafanzeige nach sich ziehen würde:

Es ist Sonntagmorgen, als es an der Wohnungstür klingelt. Ein so früher Sonntagmorgen, dass die attraktive Frau – nennen wir sie Mareike – noch ganz benommen in ihrem Bett liegt und annimmt, sie habe sich getäuscht. Aber dann kommt ihre Mutter in ihr Zimmer, um ihr zu sagen, dass sie Besuch hat.

In der Wohnungstür steht ein Mann ihres Alters, dessen Züge sie nicht wirklich zuordnen kann, obwohl sie ihr irgendwie vertraut sind. Ein Allerweltsgesicht, das sie an irgendjemanden erinnert. Er hat Frühstück dabei, und bevor ein Wort gewechselt wurde, spürt sie bereits, wie sie innerlich eine Abwehrhaltung eingenommen hat.

»Hallo Mareike«, sagt er verhalten.

Er kennt also meinen Namen, denkt sie. Und jetzt fällt ihr auch endlich ein, woher sie ihn kennt. Von gelegentlichem Small Talk. Sie sind keine Freunde, nicht einmal Bekannte, und jetzt steht er plötzlich am frühen Sonntagmorgen unangemeldet vor ihrer Wohnungstür.

Warum – verdammt noch mal – weiß dieser Mensch, wo ich wohne?, denkt sie.

Ein Schockmoment. Ein Eingriff ins Privateste, auf den sie sich erst einmal einstellen muss. Das kann schon eine Erfahrung sein, die für ein Trauma reicht.

Er ist offensichtlich ein Mann, dem man den Hinweis geben muss, dass es kein Date ist, nur weil man auf derselben Party ist. Sie weiß auch gar nicht, was sie sagen soll. Sie weiß nur, dass dieser Soziopath niemals ihre Wohnung betreten wird. Das würde dem Gefühl ähneln, das einen erstarren lässt, wenn man nach Hause kommt und feststellt, dass eingebrochen wurde. Die Einbrecher sind schon verschwunden, aber im Flur liegt noch das große Messer aus der unteren Schublade des

Küchenbuffets, dass sie dort vorsorglich deponiert haben, falls die Besitzer der Wohnung unerwartet nach Hause kommen sollten.

Der Mann vor ihr war die personifizierte Version dieses Messers – wenn er ihre Wohnung beträte, würde sie sich dort nicht mehr zu Hause fühlen.

Sie wechseln ein paar ungelenke Sätze, bevor sie ihn mit einer Ausrede abweist, der man anhört, dass es eine Ausrede ist. Als die Tür ins Schloss fällt, weiß sie, dass sie ihn zukünftig meiden wird. Er hatte es versaut, noch bevor sie ihn wirklich wahrgenommen hatte.

Ich muss gestehen, dass ich Mareike verstehe, mir würde es genauso gehen. Ich wäre überfordert. Ich würde mich fragen, ob ich die Person falsch eingeschätzt habe. Für mich wäre sie ein Soziopath.

Ich frage mich oft, was sich verändert hat. Was hat die Grenzen um meine Privatsphäre so erhöht und verhärtet? Warum entdecke ich bei anderen so schnell Anzeichen für psychische Instabilitäten? Manchmal denke ich: Vielleicht sind wir so sensibilisiert, weil die effektivsten Werkzeuge für Stalker, Voyeure und Psychopathen so frei zugänglich sind. Werkzeuge, die wir alle nutzen. Man muss nur einen Browser öffnen.

Vielleicht schließen wir ja unbewusst von unserem eigenen Verhalten auf andere.

Zu viel Transparenz ist nicht gut
Es gibt einfach Dinge, die ich von einer Person nicht wissen muss.

Eine Bekannte hat mir mal von einem Klassentreffen erzählt, auf dem ihr ein ehemaliger Mitschüler nach dem dritten Bier gestanden hat, dass er in der zehnten und elften Klasse verliebt in sie war.

»Ach ja«, hatte sie überrascht und auch ein wenig erschrocken geantwortet.

»War denn mal was zwischen euch?«, fragte ich.

»Nein«, rief sie empört. »Er hat mir eigentlich immer ein bisschen leidgetan.«

»Es war ganz seltsam«, sagte sie nach einer kurzen, nachdenklichen Pause. »Dieses Kompliment von jemandem zu hören, den ich damals kaum wahrgenommen hatte, wir hatten ja nichts miteinander zu tun.«

Sie sprachen über die Vergangenheit. In der Vergangenheit meiner Bekannten schien er sich gut auszukennen. Sie sagte, wie aufschlussreich es war, die damaligen Erlebnisse aus einer so ungewohnten Perspektive zu hören.

»Als würde ich mit einem fremden Blick auf mein Leben blicken«, sagte sie.

Nach dem fünften Bier wurde es allerdings noch etwas aufschlussreicher. So aufschlussreich, dass ihre mitfühlenden Gefühle umgehend ersetzt wurden.

Ihr ehemaliger Mitschüler beugte sich zu ihr hinüber und erzählte, dass er damals sehr oft beim Onanieren an sie gedacht hatte.

Das änderte das Bild, das meine Bekannte von ihm hatte.

»Es war einfach nur unangenehm«, sagte sie und schüttelte sich angewidert. »Es gibt Dinge, die möchte ich einfach nicht wissen.«

Ich lachte.

»Das ist auch nicht ungewöhnlich«, sagte ich. »Das werden damals auch noch andere gemacht haben.«

»Daran will ich gar nicht denken«, rief meine Bekannte schnell.

»Und es passiert immer noch«, begann ich, den Bogen zu überspannen. »Du willst dir gar nicht vorstellen, welche deiner Kollegen sich ...«

»Nein«, unterbrach sie mich entschieden, »*das* will ich nicht.«

»Und vor allem willst du nicht wissen, welche Rollen du in ihren Onanierfantasien spielst.«

»Michael«, unterbrach sie mich sehr betont. »Sprich jetzt bitte nicht weiter. Du bewegst dich gerade auf sehr dünnem Eis.«

Man sah ihr aber an, dass es zu spät war. Die entsprechenden Bilder begannen bereits in ihrem Kopf aufzuploppen. Und ihrem Gesichtsausdruck nach zu urteilen, schienen sie sehr farbenprächtig zu sein.

Der Gedanke war in ihrem Kopf. Sie würde sich in den nächsten Tagen oder Wochen keinem ihrer männlichen Kollegen unvoreingenommen nähern können. In jedem Gespräch würde sie sich vorstellen, wie er sich selbst befriedigte, während er an sie dachte.

Diese Transparenz ist dann doch zu transparent. Auch wenn sie nur in ihren Gedanken stattfand.

Wenn ich bei Instagram oder Facebook sehen könnte, wer mein Profil besucht, und vor allem, wie oft mein Profil von einer Person aufgerufen wird, würde etwas Ähnliches passieren. Auch ich hätte von einigen Menschen ein vollkommen anderes Bild. Obwohl sich dieses Bild ebenfalls nur aus Interpretationen zusammensetzen würde.

Im Virtuellen ist zu viel Transparenz oft ein Auslöser für Interpretationen. Interpretationen, die andere schnell wie Psychotiker erscheinen lassen.

Digitale Katalysatoren für Obsessionen

Aber auch ohne Interpretationen gibt es Dinge, die ich von einer Person nicht wissen muss.

Wenn hoffnungslos verliebte Freunde mit zitternder Stimme Rat bei mir suchen, wie sie sich denn nun genau verhalten sollen, um die Frau für sich zu gewinnen, frage ich mich schon, ob die Frau überhaupt mit ihnen zusammenkommen würde, wenn sie erführe, wie oft wir über sie sprachen, und vor allem, welche Gedanken im Kopf meiner unglücklich verliebten Freunde ihretwegen so entstanden.

Verliebtheit ist ja schon ein psychotischer Zustand. Es gibt allerdings eine seelische Verfassung, die psychotische Anlagen noch stärker hervortreten lässt. Und das ist unglückliche Verliebtheit. Die Besessenheit eines unglücklich Verliebten, dessen Strategien und Manipulationen, um jemanden für sich zu gewinnen, kann jeden zu einem Menschen machen, der andere verängstigen kann.

Ich kenne einen Mann, der seit Monaten in eine Frau verliebt ist. Sein Name ist Christian. Die beiden schreiben sich täglich unzählige Nachrichten, sehen sich praktisch jeden zweiten Tag und haben wundervollen Sex. Er hat mir Nachrichten gezeigt, in denen sie ihm schreibt, wie sehr sie ihn liebt. Und obwohl ich schnell misstrauisch werde, wenn jemand die Worte »Ich liebe dich« so inflationär verwendet wie diese Frau, klingt dieser Absatz nach einer Liebesgeschichte, die sich jeder wünscht.

Allerdings gibt es da ein Problem. Im letzten Absatz fehlt nämlich eine Information. Eine Information, die dessen Aussage vollkommen ändert. Die Frau ist mit einem anderen Mann liiert. Trotz ihrer vielen Liebesbeteuerungen scheint mein Freund keinen Eindruck auf sie gemacht zu haben, der groß genug war, um sich aus ihrer Beziehung zu lösen. Mein Freund ist ihre Affäre. Sie schläft mit Christian und postet trotzdem auf Instagram glückliche Fotos mit ihrem Freund.

Was Christian auch unternimmt, wie sehr er auch um sie kämpft, es bewegt sich nichts. Er leidet seit Monaten, und inzwischen sieht man es ihm auch an. Inzwischen sehen sie sich seltener. Die fehlende gemeinsame Zeit hat er ersetzt. Er verbringt sie auf ihren Social-Media-Profilen. Und nicht nur auf ihrem. Er durchforstet die Profile ihres Freundes und aller Personen, die ihre Fotos gelikt oder kommentiert haben.

Er durchleuchtet ihre Bewegungen, durchsucht ihr Onlineselbst, er verfolgt ihre Spuren, recherchiert, wen sie gerade kennengelernt hat und wem sie Kommentare schreibt.

Er war zu einem Beweis geworden, der begründete, warum die Entwickler von Instagram entschieden haben, die Funktion zu entfernen, mit deren Hilfe man sehen konnte, welche Fotos von den Personen, denen man folgt, gelikt oder kommentiert wurden und welche Profile sie gerade abonniert haben. Jedes Like, jeder Kommentar und jeder neue Kontakt öffnet viel Raum für Spekulationen.

Google, Facebook und Instagram sind Katalysatoren für Obsessionen. Es sind Tools, mit denen man seine Besessenheit pflegen kann. Durch diese Werkzeuge kann sie aber auch erst entstehen.

Wie bei Christian.

Offenbar musste er beschützt werden. Vor sich selbst. Die Technologie küsste verborgene Eigenschaften in ihm wach, arbeitete sie heraus, bis sie begannen, seine Persönlichkeit zu bestimmen. Wie jetzt. Und jetzt geschah etwas Beunruhigendes. Christian begann, sie in die wirkliche Welt zu übersetzen.

Er erzählte mir ganz begeistert von einer Idee, die ihn seinem Ziel endlich näher bringen konnte. Sie erschien ihm schlüssig, und wenn einem solche Ideen schlüssig erscheinen, um eine Frau für sich zu gewinnen, sollte man darüber nachdenken, ob da gerade etwas in eine vollkommen falsche Richtung läuft.

Mein Freund war auf die Idee gekommen, eine Art bizarres Freundschaftsverhältnis zu ihrem Freund aufzubauen.

»Das ist einfach nur kranke Scheiße«, rief ich entsetzt, als er mir von seinem Plan erzählte.

»Ich hab mich schon zweimal mit ihm getroffen«, sagte er. »Intelligenter Typ. Der ist richtig sympathisch.«

»Wie bitte?«

»Man muss seinen Feind kennen«, sagte er mit einem seltsamen Lächeln. »Hab ich bei Ovid gelesen.«

»Alter!«, rief ich. »Bitte vergiss diese Frau.«

»Nein, ich brauch da nur einen langen Atem. Das geht nicht von heute auf morgen. Das ist ein Langzeitprojekt. Dinge von Wert brauchen Zeit.«

»Aber ihr trefft euch doch schon seit einem Jahr«, rief ich. »Die wird sich nicht trennen.«

»Erst wenn sie sich nach vierundzwanzig Monaten nicht von ihm getrennt hat, dann wird sie sich auch nicht von ihm trennen«, sagte er. »Hab ich gelesen.«

»Aha«, sagte ich mit einem bitteren Lachen. »Na, dann hast du ja noch ein Jahr.«

»Nein«, sagte er schnell. »Der Zeitrahmen gilt erst, seitdem wir miteinander schlafen. Ich hab also noch achtzehn Monate.«

Achtzehn Monate? Das waren die Gedanken eines Unzurechnungsfähigen. Mein Freund hatte offenbar die Kontrolle über sein Leben verloren. Jetzt machte er sogar mir Angst. Wenn jemand zu solchen Gedanken fähig ist, drängt sich die Frage auf, zu welchen Gedanken er darüber hinaus noch so fähig ist. Und welche Handlungen aus diesen Gedanken entstehen können.

»Du musst auf Abstand gehen«, sagte ich bestimmt. »Sofort. Das ist alles ganz, ganz ungesund. Du musst alles beenden. Unverzüglich. Entferne diese Leute bitte umgehend aus deinem Leben.«

Ich sah auf die Uhr meines Handydisplays. Wir sprachen jetzt seit einer Stunde. Einer Stunde, in der ich das Gefühl hatte, meinem Freund dabei zuzusehen, wie er innerhalb von sechzig Minuten den Verstand verlor.

»Du hast recht«, sagte er, aber ich sah in seinem Blick, dass er mir nur zustimmte, damit ich endlich Ruhe gab.

Transparenz ist eine Sucht

Zu viel Transparenz ist nicht gut. Aber online zieht uns diese Transparenz an. Online scheinen wir abhängig von ihr zu sein. Wir wollen auf sie angewiesen sein. Transparenz ist eine Sucht geworden.

Meine Sucht nach Transparenz ist inzwischen so tief in meinem Selbstverständnis verankert, dass sie mir gar nicht mehr auffällt. Wenn ich jemanden kennenlerne, googele ich erst mal nach ihm, ohne darüber nachzudenken. Es ist eine Routine geworden. Irgendeinen Eintrag gibt es immer. Und jeder Eintrag beginnt schon, mein Bild dieser Person zu formen. Jeder Eintrag behindert ein natürliches Kennenlernen. Man muss sich erst gegen das Bild durchsetzen, das der andere von einem recherchiert hat. Eigentlich kann ich mich niemandem mehr unvoreingenommen nähern.

Wenn eine Sucht in der Normalität angekommen ist, wird sie nicht mehr als solche wahrgenommen. So ist es auch mit der Sucht nach Transparenz. Wenn sie für uns selbstverständlich ist, nehmen wir Stalking nicht mehr als Stalking wahr und Voyeurismus nicht mehr als Voyeurismus.

Ich brauche immer ein Schlüsselerlebnis, einen Schockmoment, der mir klarmacht, dass etwas in meinem Leben falsch läuft. Ich hatte Glück, dass es Christians Schlüsselerlebnis war. Sein Fall gewissermaßen, der mir klarmachte, was so passieren konnte, wenn man kurz davor ist aufzuschlagen. Christian war der Auslöser, er war Darsteller einer dieser dystopischen Serien, von denen Netflix voll ist. Er hatte praktisch seine eigene *Black-Mirror*-Folge entworfen.

Ich musste ihm dankbar sein, für sein Leid, seine Psychospiele, denn er half mir, mich selbst zu hinterfragen. Uns alle.

Es klingt hart, aber man muss es wohl so klar sagen: Wir sind abhängig. Wir müssen Wege finden, um uns vor uns selbst zu beschützen. Es ist wie bei allem, es kommt auf das Maß an. Wir haben uns in einer Maßlosigkeit verfangen. Es war an der Zeit, Änderungen vorzunehmen. Ich musste mich der ungesunden Transparenz entziehen. Inzwischen habe ich meine WhatsApp-Einstellungen geändert. Ich sehe nur noch, wenn jemand gerade online ist, und die Häkchen neben der Nachricht verfärben sich nicht mehr.

Wenn ich Frauen kennenlerne, haben wir uns bisher bei Instagram oder Facebook verbunden, um unsere Verbindung damit irgendwie auszudrücken. Aber eigentlich ging es nur darum, sich durch die Fotos des anderen klicken zu können. Inzwischen verbinde ich mich online nicht mehr sofort mit Frauen, die mich interessieren. Ich bin dankbar für jedes Privatprofil auf Instagram. Es ist ein Aufatmen, aber ich spüre auch, wie meine Ungeduld an mir zerrt, mehr über sie zu erfahren.

Wenn ich diesen Impuls spüre, zwinge ich mich dazu, nicht zu verdrängen, dass ich einen Menschen nicht online kennenlernen will. Sondern durch unsere Gespräche, gemeinsames Lachen und unmittelbare Reaktionen.

Dass ich einen Menschen kennenlernen will und nicht die unvollständige, verfälschte Version, die online von ihm gezeichnet wird. Ich muss mich zwingen, das Wort »kennenlernen« für mich neu zu definieren.

Nichts ist enttäuschender bei einem Date, als wenn Erwartungen nicht erfüllt werden, und nichts schöner, wenn man erwartungslos in ein Date geht, um dann angenehm überrascht zu werden.

Es ist wie mit dem unbedarften Annehmen eines Anrufs. Unvoreingenommen ein Gespräch annehmen. Sich überraschen lassen. So weit bin ich noch nicht, aber ich arbeite daran.

Smartphone-Abhängigkeit

Wie wir uns an moderne Technologien angepasst haben – obwohl es eigentlich umgekehrt sein sollte

Es ist schon wahr, das Internet nimmt einen nicht unwesentlichen Platz in meinem Leben ein. Mir fällt es nur immer seltener auf. Ich merke es immer dann, wenn mein Internetanschluss nicht funktioniert. Ein Zustand, der mich schon nach Minuten zum Choleriker werden lässt. Ich habe auch festgestellt, dass ich nervös werde, wenn die Batterieanzeige meines iPhones weniger als 30 Prozent zeigt. Ich fühle mich dann irgendwie sehr eingeschränkt. In solchen Momenten begreife ich, wie abhängig ich bin. Aber das ist auch verständlich. Denn online zu sein, ist ja gewissermaßen eine Erweiterung meines Lebens. Es öffnet Möglichkeiten und bietet Ergänzung. Mit Vorteilen und Nachteilen.

In diesem Text geht es um die Nachteile.

Gelegentlich stelle ich mir die Frage, welche Technologien, die ich nutze, mein Leben eigentlich verbessern. Ob sie meinen Alltag bereichern oder beschränken. Ob sie meinen Blick erweitern oder ihn von den Dingen ablenken, auf die es eigentlich ankommt. Diese Fragen stellt sich vielleicht jeder einmal, und wenn nicht, kann ich das nur empfehlen.

Meistens stelle ich mir diese Frage in Momenten, in denen ich begreife, dass sich etwas verändert hat. Dass *ich* mich verändert habe.

Vor einigen Wochen gab es einen dieser Momente, als ich in einem Restaurant in der Schönhauser Allee auf einen Bekannten wartete, der sich verspätete. Ich sitze ungern allein in Restaurants, es verunsichert mich, ich weiß immer nicht, wo ich hinsehen soll. Ich nahm mein Handy, öffnete verschiedene Apps, *Spiegel,* Instagram, *Süddeutsche,* aber ich war unkonzentriert und mein Blick streifte nur nachlässig über die Nachrichten. Ganz kurz dachte ich, dass die Neuigkeiten, mit denen ich tagtäglich bombardiert wurde, mein Leben nicht bereicherten, dass sie nur ein Grund waren, um mich mit meinem Smartphone zu beschäftigen. Und dann dachte ich, dass es nur existierte, um mich von den Dingen abzulenken, auf die es im Leben ankam. Ich schob den Gedanken schnell zur Seite, aber er wirkte so stark nach, dass ich den Blick von meinem Handy hob, um das Leben zu betrachten, von dem ich mich gerade mal wieder abgelenkt hatte. Ich sah mich nach meinem Freund um, der aber noch nicht eingetroffen war, allerdings fiel mir dabei ein Mann auf, der mich aus irgendeinem Grund beunruhigte.

Ich konnte nicht genau sagen, was an dem Mann so bedrohlich war, aber mein Gefühl, das von ihm eine Gefahr ausging, verstärkte sich immer mehr. Dabei sah er gar nicht unsympathisch aus. Er saß zurückgelehnt auf einer der Sitzbänke, trank hin und wieder von seinem Kaffee und betrachtete die Gesichter der eintreffenden Gäste. Als er wie zufällig zu mir hinübersah, senkte ich schnell meinen Blick. Es war, als hätte er meine Gedanken erraten, ich durfte jetzt keinen Fehler machen. Vorsichtig hob ich den Kopf, aber der Mann sah bereits in eine andere Richtung.

Ich folgte seinem Blick zu den anderen Gästen, die Selfies machten oder die gerade servierten, noch unangetasteten Gerichte fotografierten, Nachrichten schrieben oder einen inszenierten Ausschnitt ihres Lebens in einem sozialen Netzwerk posteten. Und jetzt fiel mir auf, was mich an dem Mann beunruhigte. Er passte nicht hierher. Er wirkte wie ein Fremdkörper. Etwas fehlte, und zwar etwas Existenzielles. Der Mann war ohne Smartphone da. Wer bei dem letzten Satz innerlich zusammengezuckt ist, ist offensichtlich so weit wie ich. Ich spürte nicht zum ersten Mal, dass sich gerade etwas verschob. Es war, als würde ich neben mich treten und das Leben, das ich führe, aus einem anderem Blickwinkel betrachten, mit einem Abstand, der einen unvoreingenommenen Blick ermöglicht. Jetzt war ich von mir selbst beunruhigt. Ein Mann, der aus Gründen in ein Café ging, aus denen man sich eigentlich dort aufhält, wirkte ohne Smartphone wie ein Serienmörder auf mich, der auf der Suche nach seinem nächsten Opfer war. Aber genau genommen machte er alles richtig. Er genoss den Moment, weil er seine Zeit nicht online verbrachte. Er schien nicht über diesen Filter zu verfügen, mit dem ich – wie viele andere – die Momente des Alltags auf ihre Onlineverwertbarkeit scanne. Den daraus entstehenden Druck gab es in seinem Leben offenbar nicht. Wenn man so wollte, war der Mann frei. Wahrscheinlich war er der glücklichste Mensch, der sich im Spreegold aufhielt. Und jetzt begriff ich, dass es eine dieser Situationen war, in denen mir klar wird, was aus mir geworden ist. Auf jeden Fall nicht der Mensch, der ich immer sein wollte.

Es gibt ein Foto, das ich in den Favoriten meines iPhones gespeichert habe und mir immer dann ansehe, wenn mir auffällt, dass es notwendig ist. Es entstand, als ich vergangenen Sommer Danzig besuchte. Zum ersten Mal seit Jahren war ich wieder am Ostseestrand. Aber ich habe weder den Ausblick genossen noch das Gefühl des Wassers, das meine Beine umspülte. Stattdessen habe ich Fotos davon gemacht und auf ihre Onlineverwertbarkeit überprüft. Dabei hat mich ein

Freund fotografiert, mit dem ich die Reise unternommen habe. Als ich das Foto dann sah, nur einige Minuten nachdem es aufgenommen wurde, spürte ich, wie sich etwas in mir zusammenzog. Etwas hatte sich verschoben, dachte ich. Ich hatte die Schönheit des Moments verpasst, weil ich zu sehr mit den falschen Dingen beschäftigt war. Ich ließ mein Smartphone bei ihm zurück und ging noch einmal zum Wasser, um den Moment wirklich zu genießen. Es hat funktioniert – glücklicherweise. Seitdem betrachte ich dieses Bild immer mal wieder, sozusagen als Mahnung. Denn kaum etwas erinnert mich so sehr daran, dass es vor allem auf den verschwommenen Bereich um das Display unseres Smartphones ankommt – den undeutlichen Rand, den man Leben nennt.

Dabei hatte mein Verhältnis zu Telefonen ganz harmlos angefangen. Ich habe meine Kindheit in Ostberlin verbracht, einem Teil der Stadt, der während dieser Zeit in einem anderen Land lag. Und in der DDR galt man als privilegiert, wenn man überhaupt ein Telefon besaß. Es gab ja nicht so viele Anschlüsse. Wenn man so wollte, waren wir allerdings nur halb privilegiert, denn als unsere Familie in den ersten neun Jahren meines Lebens in Köpenick lebte, mussten wir einen Telefonanschluss mit den Nachbarn teilen. Das bedeutete, dass die Leitung nur frei war, wenn in der Nachbarwohnung nicht telefoniert wurde. In dem Einfamilienhaus, in das wir zogen, als ich in die vierte Klasse kam, gab es dann gar kein Telefon mehr, und um es ganz offen zu sagen: Inzwischen frage ich mich, wie wir damals überlebt haben.

Im Februar 2019 kam es in Köpenick zu einem Stromausfall, der 31 000 Haushalte und 2000 Geschäfte betraf. Ampeln und Straßenlaternen funktionierten nicht, Schulen blieben geschlossen, die meisten Heizungen fielen aus, es gab kein warmes Wasser. Die Infrastruktur löste sich praktisch auf. Der Ausfall dauerte fast zwei Tage. Zwei Tage, die Köpenick in eine Geisterstadt verwandelten, die nachts in vollkommener Dunkelheit versank. Ein Katastrophenszenario.

Aber der einzige Gedanke, den ich hatte, während ich die Berichterstattung aus dem warmen, beleuchteten Friedrichshain verfolgte, war die Frage, was passieren würde, wenn sich die Akkus der Smartphones leerten. Eine entsetzliche Vorstellung, denn sie kappte die Verbindung zum Leben. Die armen Köpenicker wären abgeschottet von der Welt. Eine Nahtoderfahrung de luxe.

Ernest Hemingway hat einmal gesagt, dass nur jemand ein guter Schriftsteller werden kann, der einmal dem Tod nah war. Erst dann ist er bereit, tiefer zu schürfen. Erst dann sieht man das Wesentliche, was man in seinem Alltag übersieht. Man erkennt, worauf es im Leben wirklich ankommt. Vielleicht trifft das ja auch auf Smartphones zu. Sie grenzen den Blick ein. Wenn man sie nicht mehr benutzen kann, entdeckt man Dinge im Leben, die man vorher nicht wahrgenommen hat.

Manchmal stelle ich mir vor, dass Köpenick in diesen zwei Tagen im Februar zu einem besseren Ort geworden ist. Wenigstens ein bisschen. Es waren ja nur zwei Tage.

Neue Technologien ändern unser Miteinander

Mit der Art, wie die meisten ihr Smartphone benutzen, hat sich auch ihr Umgang miteinander verändert. Ich kenne das ja selbst. Wenn ich mich mit Freunden treffe und einer sein Handy aus der Tasche holt, verschiebt sich die Interessenlage. Es löst einen Impuls aus, der dazu führt, dass auch wir anderen unser Handy in der Hand haben, um uns minutenlang schweigend gegenüberzusitzen.

Dass sich das soziale Miteinander durch neue Technologien verändert hat, fällt mir allerdings in meinem eigenen

Alltag gar nicht so auf. Aber es erschüttert mich, wenn ich es bei anderen sehe.

Als ich an einem Sommerabend des vergangenen Jahres die Kastanienallee in Prenzlauer Berg hinunterlief und das Café Schwarzsauer passierte, fiel mein Blick auf sechs Menschen, die an einem der Tische vor der Bar saßen. Obwohl sie offensichtlich zusammengehörten, unterhielten sie sich nicht. Sie starrten konzentriert auf ihre Smartphones.

Ich spürte, wie ich ein wenig panisch wurde, und blieb unvermittelt stehen. Vielleicht hatte es ein Attentat gegeben, dachte ich. Oder einen Anschlag? Vielleicht war sogar Helene Fischer gestorben! Ich griff hastig nach meinem Handy und vergewisserte mich auf *Spiegel Online* und *Bild.de*, aber nichts war passiert. Es musste andere Gründe haben.

Ich betrachtete die Gruppe, der offensichtlich nicht die Gegenwart der anderen reichte, damit sie das Gefühl erhielten, jetzt am richtigen Ort zu sein. Ganz kurz tauchte der Gedanke in mir auf, dass ihnen vielleicht die Online-Inszenierungen ihrer Freunde lieber waren als ihre realen Gegenstücke in der Wirklichkeit. Wahrscheinlich hatten sie das Gefühl, ihr Posten, Liken und Kommentieren verband sie mit der Welt, obwohl sie ja eigentlich nur anderen Menschen dabei zusahen, deren Blicke ebenfalls über die Displays ihrer Handys hasteten, während sie Likes verteilten, Kommentare verfassten oder Gedanken posteten, die sie für wichtig genug hielten, um sie mit der Welt zu teilen. Obwohl sie Zeit miteinander verbrachten, zogen sie es vor, allein zu sein. Sie waren gewissermaßen zu Autisten geworden.

Die Frage ist nur, warum das so ist. Geben ihnen die Gespräche mit ihren Freunden so viel weniger als die Chats, Profile und Newsfeeds? Ich fürchte, wir haben uns inzwischen so an die andauernden Impulse gewöhnt, dass sie zu einer Sucht geworden sind. **Wir sind süchtig nach dem Reiz, den jede**

**Pushmitteilung befriedigt, die auf unseren Displays auf-
leuchtet. Wir müssen immer ein Level an Reizen halten,
um keine Entzugserscheinungen zu bekommen.** Ob es eine
WhatsApp-Nachricht ist oder ein Newsletter oder ob es Likes
und Kommentare sind, die man auf seine eigenen Posts erhält.
Wir sind süchtig nach Beweisen, die uns zeigen, dass wir wahrgenommen werden. Wir brauchen sie, um das Gefühl zu haben,
am Leben teilzunehmen. Wir sind von ihnen abhängig, weil sie
das Gefühl imitieren, auf das es ankommt: ein lebendiges Leben
zu führen. Ich frage mich manchmal, ob Steve Jobs sich das so
vorgestellt hat, als er der Welt das erste iPhone präsentierte.

Ich kenne nicht wenige Leute, die mir erzählen, sie hätten
kürzlich mit jemandem gesprochen, obwohl sie nur gechattet
haben. Sie empfinden einen Chat tatsächlich als Gespräch.
Wenn ich das registriere, habe ich das beunruhigende Gefühl,
dass etwas gekippt ist.

Ähnliche Empfindungen hatte ich, als mir eine Fünfund-
zwanzigjährige einmal erzählt hat, dass eine Freundin aufgehört hat, ihre Fotos bei Instagram zu liken. Das klingt zunächst
banal, aber es war ein Umstand, der sie sehr beschäftigte. Sie
fragte sich, was da passiert war. Nachdem sie viele Hypothesen
aufgestellt hatte, schrieb sie ihr und fragte, ob sie ein Problem
mit ihr habe. Ob sie irgendetwas falsch gemacht habe. Ich sah
sie fassungslos an und fragte mich, was für Auswirkungen es
gehabt hätte, wenn ihre Freundin sie nicht mehr abonniert
hätte. Man wagt es sich nicht auszumalen.

Aber wenn ich jetzt so darüber nachdenke, geht es mir wie
Paula und der Fünfundzwanzigjährigen. Ich bin wie sie. Vielleicht nicht so kompromisslos, aber die Ansätze sind bereits
vorhanden. Und die reichen schon.

Wenn ich jeden Montag von Apple meinen Wochenrück-
blick erhalte, in dem detailliert aufgeschlüsselt wird, wie viel

Zeit ich mit welcher App meines iPhones so verbringe, wird mir meine Veränderung klar vor Augen geführt. Ich kann sehen, wie viel Zeit meines sozialen Lebens ich online verbringe. Und leider habe ich nicht den Eindruck, dass das meine Beziehungen zu anderen verbessert hat. Auch ich schreibe mehr mit meinen Freunden, als dass ich sie sehe. Ich habe mir ein iPad gekauft, das ich ausschließlich für FaceTime nutze. Ich nutze es oft, also sehen wir uns zumindest, wenn wir miteinander sprechen. Bedauerlich wird es allerdings, wenn der virtuelle Kontakt die Begegnungen ersetzt. Tatsächlich pflege ich meine sozialen Kontakte auch zunehmend online. Ich organisiere meine Freundes- und Bekanntenkreise in WhatsApp-Gruppen, und ich schreibe auch viel zu oft, statt anzurufen.

WhatsApp-Chats, die viele einem Gespräch vorziehen, sind eine Kommunikation aus der Distanz. Aber man kann eigentlich nicht deutlicher als mit einer WhatsApp-Nachricht sagen, dass man gerade nicht mit dem anderen reden will. Es wird eine Distanz aufrechterhalten, die uns nicht mehr auffällt, weil wir uns an sie gewöhnt haben.

Wie Gespräche durch Text- und Sprachnachrichten ersetzt werden

Mir ist schon klar, dass ich mir mit dem folgenden Satz keine Freunde machen werde, aber da muss ich jetzt wohl durch. *Ich hasse Sprachnachrichten!* Sie gehören zu den Belästigungen meines Alltags. Hass ist ein starkes Wort, ich weiß, aber dieses Gefühl war nicht von Anfang an da, es hat sich entwickelt. Wenn man so will, proportional zur Verbreitung von Sprachnachrichten. Sie erinnern mich an einen Virus, der sich immer unkontrollierter verbreitet. Ich hasse Sprachnachrichten, weil ich mit ihnen überschüttet werde. Alle verwenden sie. Alle – außer ich.

Ich finde den Gedanken seltsam, dass Dateien mit Aufnahmen meiner Stimme unkontrolliert kursieren könnten. Es hat etwas Unberechenbares. Eine Befürchtung, die vielen fremd zu sein scheint. Obwohl meine Haltung die Dinge nicht einfacher macht, halte ich trotzig daran fest. Ich beantworte Voicemessages konsequent mit geschriebenen Nachrichten, die mein Gesprächspartner wiederum mit einer Sprachnachricht beantwortet. Es erinnert an einen Kampf. Zwei Technologien ringen miteinander, es geht darum, welche sich durchsetzt. Ich fürchte, ich bin auf der Verliererseite. Weil ich nicht mitmachen will, habe ich den Anschluss verpasst. Die Frage ist nur, woran ich den Anschluss verpassen will? Das ist eine sehr gute Frage, vielleicht gerade weil mir die Antwort darauf noch nicht klar ist.

Am Alter kann es nicht liegen. Mein Bruder, der knappe neuneinhalb Jahre vor mir geboren wurde, besitzt das Talent, minutenlange Sprachnachrichten aufzunehmen. Ich meine, es ist ja schön, seine Stimme zu hören, aber diese Freude verliert sich mit jeder neuen Minute. Er redet einfach fünf Minuten lang. Oder länger. Ich habe es nicht überprüft, aber ich fürchte, er hat die Zehnminutengrenze bereits geknackt. Vielleicht ist es eine Art Wettbewerb mit sich selbst. Vielleicht empfindet er es als angenehm, nicht unterbrochen zu werden. Aber er quält mich mit seinem Talent, vor allem wenn in seinem endlosen Monolog Informationen auftauchen, die wichtig sind. Adressen oder Telefonnummern zum Beispiel, die man sich beim ersten Mal hören nicht merken kann, weil sie schon in den folgenden Wortkaskaden untergehen. Sie in einer fünfminütigen Sprachnachricht noch einmal zu finden, kann sehr quälend sein. Den Regler auf der Zeitachse zu verschieben, macht eigentlich keinen Sinn. Meistens gebe ich auf und höre mir seine Nachrichten dann doch noch einmal vollständig an. Seit letztem Jahr lebt mein Bruder in Wien und erst jetzt, während ich diesen Text schreibe, fällt mir auf, dass wir seitdem kein Telefonat geführt haben. Nur Sprachnachrichten und vereinzelte Textmessages. Als hätten sie unsere Gespräche ersetzt. Vielleicht liegt es daran, dass sich etwas in mir dagegen wehrt. Vielleicht ist es die beunruhigende Überzeugung, dass Sprachnachrichten gerade dabei sind, den Platz von Gesprächen einzunehmen.

In der U-Bahn beobachte ich immer häufiger Menschen, die offensichtlich nur noch fähig sind, über Sprachnachrichten zu kommunizieren. Sie tragen Kopfhörer und sprechen in ihr Handy. Wenn sie die Aufnahme abgeschickt haben, warten sie mit erwartungsvollem Blick auf ihr Display darauf, dass ihnen endlich die Aufnahme, die die Antwort enthält, geschickt wird. Ich frage mich dann, warum sie nicht einfach miteinander telefonieren, was ja der einfachere Weg wäre, aber darum scheint es gar nicht zu gehen. Es scheint eher darum zu gehen, die Technologie zu nutzen, weil man sie nutzen kann.

Ich fürchte allerdings, es liegt vor allem an mir, dass mein Handy mit Sprachnachrichten geflutet wird. Ich falle aus der Zeit. Wenn ich telefoniere, kann das nämlich schnell mal zwei Stunden dauern. Mindestens. Vielleicht bombardieren meine Freunde und Bekannten mich gerade deshalb mit Text- und Sprachnachrichten, weil sie einem Gespräch aus dem Weg gehen wollen. Sie wollen mich zwingen, mich kurz zu fassen. Effizienter zu sein. Keine Zeit zu verschwenden, um sich in den Abständen zwischen den Nachrichten anderen Dingen widmen zu können.

Der Wert einer Unterhaltung entsteht für mich nicht aus dem reinen Austausch von Fakten. Ich mag Gespräche, die wie ein stundenlanger, zielloser Spaziergang sind. Gespräche, deren Qualität erst entsteht, indem man sich Zeit für sie nimmt. Sie entziehen sich den Maßstäben der Effizienz. Man kann sie nicht bemessen, denn Effizienz tötet diesen Genuss. Wenn man so will, haben soziale Medien und Instantmessenger einen philosophischen Programmierfehler: Sie sind nach einem Effizienzprinzip entwickelt worden, nach einem reinen Nützlichkeitsdenken. Ich nehme an, dass das ursprünglich gar kein Fehler war, er entstand erst durch die Art, wie wir die Apps nutzen. Text- oder Sprachnachrichten wurden ja nur als Ergänzungen unserer eigentlichen Kommunikation entwickelt, so wie soziale Medien als Erweiterungen unseres Soziallebens. Es ging um den effizienten Austausch von Fakten. Diese Funktion haben wir inzwischen geändert. Die Ergänzungen haben einen Großteil unserer Gespräche übernommen. Wir haben die Gewichtungen geändert und die eigentlichen Zusätze ins Zentrum unserer Kommunikation verschoben. Wenn ein Kommunikationskanal, der eigentlich nur als Zusatz entwickelt wurde, zum Zentrum wird, hat sich der Sinn von Kommunikation verändert. Ich glaube, das liegt daran, dass sich unser Verständnis von Kommunikation verändert hat. Technologien werden entwickelt, um Dinge unseres Alltags effizienter zu machen. Die Frage, ob Effizienz verbessert, wird nicht gestellt. Es geht um die technische Möglichkeit, um Funktionalität. Sie steht über allem. Sie ist zu dem eigentlichen Wert geworden.

Der Fehler, Effizienz auf Zwischenmenschliches anzuwenden

Effizienz ist ein Prinzip, das in der Betriebswirtschaft verwendet wird. Und es stimmt etwas nicht, wenn man ökonomische Prinzipien auf Zwischenmenschliches anwendet. Wenn man beginnt, betriebswirtschaftliche Begriffe beim Beschreiben seiner zwischenmenschlichen Beziehungen zu verwenden.

Im Zwischenmenschlichen zeigen sich die Grenzen, an die Technologien stoßen, die nach dem Effizienzprinzip entwickelt wurden. **Effizienz fördert die Unverbindlichkeit. Sie fördert Quantität – und keine Qualität. Je effizienter die Beziehungen zu anderen Menschen sind, desto oberflächlicher und unverbindlicher werden sie.** Denn in der Liebe oder in Freundschaften geht es nicht darum, mit dem geringsten Investitionsaufwand den größtmöglichen Nutzen zu erzielen. In der Liebe ist sogar das Gegenteil der Fall. In der Kennenlernphase nimmt man einen geliebten Menschen als viel wertvoller wahr, je mehr man investieren muss, um ihn für sich zu gewinnen.

Tiefe Gefühle entstehen erst mit der Zeit, Liebe beweist sich erst mit der Zeit. Das ist ein Widerspruch zum Effizienzgedanken. Sie ist ein Wert, der hier keine Bedeutung haben darf. Effizienz und Gefühle schließen sich aus. Gefühle sind nicht planbar, widersprechen oft der menschlichen Vernunft und sind nicht immer zielführend. Effizienz ist eine Kosten-Nutzen-Rechnung, man investiert möglichst wenig und erreicht damit möglichst viel. Eine Definition, die schon klarmacht, wie sich das Verständnis von Freundschaft in Zeiten sozialer Netzwerke verändert hat – und die Art, wie wir Freundschaften heutzutage pflegen, ebenfalls. Es gibt Dinge, deren Konzept man nicht verstanden hat, wenn man versucht, ein Effizienzprinzip auf sie anzuwenden. Es sind meistens Dinge, die mit Gefühlen zu tun haben. Der Schriftsteller Sigmund Graff hat sehr treffend formuliert, wohin dieses Missverständnis führt, wenn man es zu Ende denkt. Er schrieb: »Sex ist die Liebesform einer Zeit, die für die Liebe keine Zeit mehr hat.«

Man kompensiert die eigene Liebesunfähigkeit mit Sex, um sich nicht einzugestehen, dass man sich für wirkliche Liebe keine Zeit nehmen will. Das klingt dystopisch, wie eine nahe, nicht allzu ferne Zukunft, aber wenn ich mir ansehe, wie Dating-Apps heutzutage vorzugsweise genutzt werden, sind wir schon mittendrin.

Offensichtlich haben wir unser Miteinander an die Funktionen der neuen Technologien angepasst, obwohl es ja eigentlich umgekehrt sein müsste.

Technologien sind Ergänzungen

Veränderte Kommunikationsformen machen natürlich etwas mit uns. Aber auch nur, weil wir sie nutzen, wie wir sie nutzen. Viele Apps sind wertvolle Tools, wir sind nur offensichtlich nicht fähig, sie richtig zu benutzen. **Wir sind es, die aus neuen Technologien Verbesserungen machen können. Wir entscheiden, wie sie unser Leben sinnvoll ergänzen.** Ob sie eine Bereicherung sind oder ein Hindernis, durch dessen Nutzung wir uns immer weiter voneinander entfernen.

WhatsApp als Ergänzung unserer Kommunikation sollte genug Raum für Begegnungen und echte Gespräche lassen. Man erinnert sich in zwanzig Jahren nicht an einen Abend, an dem man gechattet hat, sondern an die Begegnung, an gemeinsame Erlebnisse, die die Jahre überdauern. Sie sind es, die in ein Leben strahlen können.

Wenn man bedenkt, wie viel inzwischen über Chats miteinander kommuniziert wird, bekommt man das Gefühl, dass wir Chats in unseren Beziehungen zu viel Raum geben. Die wirklichen Begegnungen und Gespräche entwickeln sich zu Ergänzungen. Der Chat darf nicht zum Zentrum werden, um das alles kreist. Dem sich alles andere unterordnet. Wir müssen dringend die Gewichtungen neu bewerten. Eine gesunde Verwendung, das richtige Maß und einen kontrollierten Umgang finden. Wir scheinen Apps eher nach einem Kontrollverlust-Prinzip zu benutzen. Inzwischen sind es diese Werkzeuge, die unser Leben bestimmen.

Ich habe Apps immer als eine Erweiterung meines Lebens empfunden. Sie sind Hilfsmittel, nichts anderes. Und sie sollten nicht der Mittelpunkt werden, um den alles kreist und dem sich alles unterordnet. Wenn sie zum Mittelpunkt werden, hat man irgendetwas falsch gemacht. Wenn sie das Leben nicht mehr nur ergänzen, sondern ersetzt haben. Es geht um einen gesunden Umgang, damit sie nicht unser Leben bestimmen. Wie bei allem geht es darum, das richtige Maß zu finden.

Technologie kennt keine Moral, sie hat keinen ethischen Kompass. Den müssen *wir* hinzufügen. Wie man etwas benutzt, erzählt einem viel über sich selbst. Letztlich kommt es auf einen selbst an. Man kann Apps wie Tinder natürlich verteufeln, aber das ist nichts weiter als eine Ausrede. Ein Ausweichen vor der Frage, die man sich eigentlich stellen sollte.

Es geht nicht darum, welche der Dinge, die man im Internet nutzt, das eigene Leben verbessern. Es geht darum, sich zu fragen, wie man sie nutzen sollte, *damit* sie es verbessern.

Es geht immer nur darum, was wir daraus machen. Wie wir die Tools benutzen, sagt viel über uns selbst aus. Sag mir, wie du deine Apps nutzt, und ich sage dir, wer du bist.

Darüber nachzudenken, kann sehr aufschlussreich sein.

Persönlichkeitsstörungen gibts im Appstore

Wie wir mit WhatsApp und Co. eine schlechtere Version unserer selbst kultivieren

Es kommt immer mal wieder vor, dass ich mit meinen Eltern frühstücke, ohne meine Wohnung zu verlassen. Wenn mein Frühstückstisch gedeckt ist, rufe ich sie über FaceTime an. Wir stellen unsere iPads auf den Tisch, reden, schweigen und trinken Kaffee. Es ist beinahe, als säßen wir am selben Tisch. Das ist sehr angenehm. Die FaceTime-App ist zu einem Teil meines sozialen Lebens geworden. Und damit bin ich keine Ausnahme.

Wenn die Familie meines Freundes Sebastian zum Beispiel Abendbrot isst, vermisst dessen zweijährige Tochter Elli oft den kleinen Mann. Der kleine Mann ist keine skurrile Märchenfigur oder einer dieser imaginären Freunde, die Kinder manchmal erfinden. Der kleine Mann, nach dem Elli fragt, bin ich. Meine Größe erklärt sich damit, dass Sebastian kein iPad, sondern ein iPhone auf den Küchentisch stellt. Ich bin Michael, der kleine Mann auf dem Display.

Weil Elli schon um 19 Uhr schlafen geht, sitzen sie bereits am Tisch, während ich noch dabei bin, mein Abendessen zuzubereiten. Mein iPad steht dann in einem Regal meines Flurs, weil dort der WLAN-Empfang besser ist als in der Küche. Ich habe das Gerät so aufgestellt, dass auf Sebastians Smartphone meine komplette Küche zu sehen ist. Die Ränder des Displays sind praktisch die Wände, sie begrenzen den überschaubaren Raum, in dem ich mich zwischen den Küchengeräten bewege und zu ihnen hinüberrufe.

Ich kann natürlich nicht beurteilen, wie Elli mich in dieser Kulisse wahrnimmt, aber ich kann mir gut vorstellen, dass eine Zweijährige schnell annehmen kann, ich würde im iPhone ihres Vaters leben. Eine trostlose Existenz, die nur in der kurzen Zeit Kontakt zur Außenwelt hat, wenn Sebastian am Küchentisch das Fenster in ihre Welt öffnet. Vielleicht sieht sie mich auch als den kleinen Mann, der dafür sorgt, dass im Smartphone ihres Vaters alles funktioniert. Der Smartphone-Hausmeister sozusagen. Ein Diener, der im Kaufpreis enthalten war. Eine Art moderner Leibeigener. So gesehen bin ich für sie wohl eine tragische Figur. Vielleicht lacht sie deshalb so oft, wenn ich auf dem Display auftauche. Sie hat Mitleid und will mich aufmuntern, um meinen Alltag zumindest ein wenig erträglicher zu machen.

Manchmal, wenn wir uns dann doch mal in der Wirklichkeit begegnen, braucht Elli immer einige Verlegenheitsminuten, um sich an meine Größe zu gewöhnen. Vielleicht stellt sie sich auf den Gedanken ein, dass ich auch in der wirklichen Welt existiere. Oder sie denkt, ich habe Ausgang. Der kleine Mann auf Freigang, der bald wieder zurück in seine Küche muss. In die Gefangenschaft.

Ich habe Elli nicht gefragt und in ihrem Alter kann sie es auch noch nicht einschätzen oder formulieren, aber mich würde interessieren, inwieweit sich für sie mein digitales Ich von meinem Ich in der Wirklichkeit unterscheidet.

Es ist eine interessante Frage, wie deckungsgleich eigentlich die virtuelle und die wirkliche Identität eines Menschen sind. Wie viel die Person, als die man sich online gibt, überhaupt mit einem selbst zu tun hat. Ich glaube, Elli empfindet da kaum Unterschiede, abgesehen von meiner Körpergröße natürlich. Ich weiß allerdings, wie schnell sich das verschieben kann, wenn sich der Kommunikationskanal ändert. Wenn man zum Beispiel FaceTime durch WhatsApp ersetzt, öffnet sich bereits eine Lücke zwischen diesen beiden Versionen.

Ich frage mich nicht selten, was bei der digitalen Ichwerdung einiger Leute so schiefgelaufen ist. Ich finde es immer wieder erstaunlich, wie sehr sich das virtuelle Wesen einer Person von dem Menschen unterscheiden kann, dem man in der Wirklichkeit begegnet. Das fängt schon beim Verfassen von WhatsApp-Nachrichten an.

Ich halte die App für ein wertvolles Tool, weil sie eine Verbesserung meiner Kommunikationsmöglichkeiten darstellt, denn sie erweitert diese. Allerdings kreiert jede Verbesserung ja auch ganz eigene Probleme. Und die Probleme, die mich betreffen, entstehen vor allem durch die für mich teilweise vollkommen undurchsichtigen Gesetzmäßigkeiten, die im Whats-App-Universum gelten. Es sind Regeln, denen abgesehen von mir jeder zu folgen scheint. Sie gehören zu den großen Herausforderungen meines Alltags. Ich verstehe sie einfach nicht, und vermutlich werde ich sie auch nie verstehen. Im WhatsApp-Universum bin ich meinen Unzulänglichkeiten gnadenlos ausgeliefert. Und gerade in so sensiblen Situationen wie zum Beispiel in der Kennenlernphase mit einer Frau, die mich wirklich interessiert, treten sie am frustrierendsten hervor.

Sarahs WhatsApp-Schizophrenie

Vergangenen Sommer ist es wieder passiert, als ich eine Frau kennenlernte, die Sarah hieß. Wir hatten drei Dates, es waren wirklich schöne Abende, die mit dem Gefühl verbunden waren, man wäre aus der üblichen Datingroutine herausgehoben. Alles stimmte. Nach jedem unserer Treffen machte ich mich mit einem euphorischen Gefühl auf den Heimweg. Ich war offensichtlich gerade in den perfekten Anfang einer Liebesgeschichte geraten. Alles würde anders werden, das spürte ich – ich war bereit.

Was soll ich sagen, in den folgenden Wochen fanden tatsächlich Veränderungen statt, allerdings tendierten sie nicht in eine Richtung, die ich mir gewünscht und nach diesen wundervollen ersten Abenden irgendwie erwartet hatte. Es war grotesk.

Die Person, mit der ich mich traf, hatte nichts mit der Frau zu tun, die mir von ihrem WhatsApp-Account Nachrichten schrieb. Es waren zwei vollkommen verschiedene Persönlichkeiten. Jemand, den ich zu kennen glaubte, wurde plötzlich zu einer Fremden.

Es hatte etwas Schizophrenes. Die Unbekannte las meine Nachrichten sofort, benötigte aber mehrere Tage, um sie zu beantworten. Und auch ihre kurzen, lakonischen Sätze haben nichts mit der leidenschaftlichen, witzigen Frau zu tun, mit der ich wundervolle Abende verbracht habe, die so schnell vergingen, dass wir uns immer mal wieder nach einem Blick auf die Uhr wunderten, dass schon wieder eine Stunde vergangen war.

Offenbar war Sarah ausgetauscht worden. Vielleicht hatte man sie entführt, und die Person, die mir unter ihrem Namen schrieb, wollte mich auf eine Lösegeldforderung vorbereiten. Oder sie hatte tatsächlich eine dissoziative Persönlichkeitsstörung mit zwei Persönlichkeiten. Die eine mochte mich, sie war präsent, wenn wir uns trafen. Die andere übernahm die Kontrolle, wenn wir uns schrieben, und die schien mich zu hassen. Ich hatte das Gefühl, eine Figur in dem Film *Split* zu sein, einem Psychothriller, in dem viel gelitten wird. Ein Zustand, in den auch ich begann abzugleiten.

Wenn man beginnt, mit Freunden zu besprechen, was man denn genau zurückschreiben soll, um nichts falsch zu machen, läuft es schon in eine falsche Richtung. Sarahs undurchsichtiges Schreibverhalten sickerte in unsere Gespräche, anfangs beinahe unmerklich, eine kurze Erwähnung, bevor das Thema gewechselt wurde. Ihr Name war noch nicht mit einem Gefühl der Unsicherheit verbunden.

Es gibt kaum etwas Trügerisches als ein unscheinbares Wort, das ich im vorangegangenen Satz benutzt habe: Das scheinbar harmlos klingende Wort »noch«. Denn dieses Wort ist ein Vorbote, der eine tragische, nicht allzu weit entfernte Zukunft ankündigen kann. Es ist ja zum Beispiel ein großer Unterschied, ob einem von seinem Partner gesagt wird: »Ich liebe dich« – oder wenn er sagt: »Ich liebe dich noch.«

Ähnlich war es auch mit Sarahs Schreibverhalten, das sich ganz unbemerkt in die Unterhaltungen mit meinen Freunden ausbreitete, bis es kippte und ihre WhatsApp-Nachrichten, die Abstände zwischen ihnen und die Frage, wie und vor allem wann ich auf sie reagieren sollte, begonnen hatten, unsere Gespräche zu bestimmen.

Ich brauche andere Meinungen, auch um Abstand zu mir selbst zu gewinnen. Wenn man zu nah ist, fällt es einem schwer, die Dinge zu überblicken. Aber eigentlich ging es mir natürlich nur darum, mich an jeden Strohhalm zu klammern, der mir noch Hoffnung gab.

»Das sind Spielchen. Die will sich einfach nur interessant machen«, sagte Sebastian. »Das ist ein Test. Sie will wissen, wie du dich verhältst. Du musst cool bleiben. Sie nicht einengen. Du musst ihr die Chance geben, dich zu vermissen.«

Ich nickte hilflos. Sebastians Argumente klangen ja schlüssig. Allerdings waren es Ratschläge, die offensichtlich an einen anderen gerichtet waren. An einen Menschen, der sie mit Nachrichten bombardierte, weil er an seiner Einsamkeit verzweifelte. Der tagelang auf sein Handy starrte, in der Hoffnung, sie würde sich endlich melden. In Zeiten, in denen jeder zu einem Stalker geworden ist, ist es offenbar nötig zu beweisen, dass man kein psychotischer Freak ist.

Marlenes WhatsApp-Schizophrenie

Jetzt fiel mir auch eine Frau ein, die gewissermaßen ein Gegenentwurf zu Sarah war. Sie heißt Marlene und unser erstes Date war ganz schrecklich. Ich begriff schon in den ersten Minuten, dass ich hier in ein klassisches Horrordateszenario geraten war, und zwar in einem Ausmaß, in dem ich so etwas noch nie erlebt hatte. Als meine Freunde sich am nächsten Tag erkundigten, wie der Abend gewesen war, fasste ich ihn mit nur einem Satz zusammen.

»Die Frau hat praktisch alle negativen Eigenschaften meiner Ex-Freundinnen in einer Person zusammengefasst«, sagte ich. Und das traf es ziemlich genau.

Es war ein sehr anstrengender Abend. Die Frau griff mich pausenlos an. Ich befand mich stundenlang in der Defensive, eine Erfahrung, die ich bei einem Date auch noch nicht gemacht hatte. Als sie mir dann den Grund ihrer Angriffe gestand, machte es das auch nicht unbedingt besser.

Dabei hatte alles gut angefangen. Wir hatten uns in einer Bar kennengelernt und ziemlich gut unterhalten.

Sie hatte mich gegoogelt, unzählige Texte und Interviews gelesen, ihre Freundinnen waren Leserinnen von mir. Und sie war nun eingeschüchtert und musste irgendwie damit umgehen. Und Marlenes Art, damit umzugehen, war es, mich zu beleidigen. Eine groteske Logik, die den Abend sehr quälend machte. Um das auszugleichen, entschied ich mich, auf Longdrinks umzusteigen. Wenn man so wollte, trank ich gegen Marlenes Methode an, mit mir umzugehen. Es funktionierte insoweit, als der Abend mit unerwartet leidenschaftlichen Küssen auf dem U-Bahnhof Samariterstraße endete. Als ihre Bahn einfuhr, fragte sie: »Oder wollen wir noch zu dir gehen?«

Weil mir ja klar war, dass wir uns nicht wiedersehen würden, sagte ich das, was ich immer sage, wenn mir so etwas passiert. Ich sagte:»Wenn ich zum ersten Mal mit dir schlafe, will ich viel lieber nüchtern sein.« Der Satz funktionierte. Als die Bahn anfuhr und ich Marlene zum Abschied zuwinkte, war ich mir sicher, dass diese Verabschiedung endgültig war. Allerdings griff hier der umgekehrte Mechanismus wie bei Sarah. Denn als sie mir einige Tage darauf schrieb, meldete sich ein vollkommen anderer Mensch. Die Frau, die mir bei WhatsApp schrieb, war intelligent, sie hatte Humor, ihre Persönlichkeit war nicht von Neurosen durchsetzt. Ich stellte fest, dass die Person, mit der ich einen schrecklichen Abend erlebt hatte, mit jeder neuen Nachricht ein bisschen mehr hinter der Person verschwand, mit der ich schrieb. Irgendwann hatte sie sie ersetzt. Das war der Moment, in dem ich verstand, dass wir uns noch eine zweite Chance geben mussten. Wir verabredeten uns, ich freute mich wirklich auf sie, aber als wir uns dann trafen, fiel das schöne Bild, das sie mit ihren Nachrichten gezeichnet hatte, in sich zusammen.

Als wir uns im Biergarten des Schoenbrunn trafen, kam Marlene nicht allein. Sie hatte ihren Hund mitgebracht, eine Promenadenmischung, die ich wirklich süß fand. Dieses Gefühl änderte sich jedoch, als wir einige Stunden darauf meine Wohnung betraten. Ich meine, der Hund konnte nichts dafür. Schließlich war es seine Besitzerin, die ihn nicht erzogen hatte. Seine antiautoritäre Erziehung wäre mir auch gar nicht aufgefallen, wenn der Hund uns nicht immer schwanzwedelnd umsprungen hätte, als wir das Schlafzimmer betraten.

Vielleicht bin ich ja zu eigen, aber irgendwie fällt es mir schwer, mit einer Frau zu schlafen, wenn ein Tier anwesend ist. Einen Kanarienvogel oder Fische in einem Aquarium – also eher apathische Tiere – kann ich ja noch ausblenden. Bei einem Hund fällt mir das schon schwerer, vor allem wenn er so energiegeladen ist.

Generell fällt es mir schwer, mich fallen zu lassen. Dabei war Marlenes Hund keine Hilfe – er war eher der Störfaktor. »Kann ich ihm nicht eine Decke ins Wohnzimmer legen?«, fragte ich. »Wir könnens versuchen, aber eigentlich schläft sie immer bei mir im Bett. Wenn die Tür zu ist, kann es sein, dass sie die ganze Zeit bellt.«

»Lassen wirs drauf ankommen«, sagte ich, aber als ich die Schlafzimmertür schloss, begann die Hündin gnadenlos durchzubellen. Es war ein Uhr morgens, alle im Haus schliefen wahrscheinlich. Ich sprang hektisch wieder auf und legte die Decke auf den Boden neben meinem Bett. Als der Hund es sich darauf bequem gemacht hatte, wirkte er friedlich, aber nachdem ich mich wieder ins Bett gelegt hatte, erhob er sich, um wieder zu uns aufs Laken zu springen. Unter diesen Umständen fiel es mir wirklich schwer, eine Erektion zu halten. Als es mir zu viel wurde, gab ich auf und legte die Hundedecke seufzend auf das Bett.

Es ist ziemlich breit und zu dritt hatten wir viel Platz. So viel Platz, dass es mir vielleicht sogar hätte gelingen können zu vergessen, dass er vorhanden war.

Dann flüsterte mir Marlene etwas zu, was aber auch nicht unbedingt half. »Du darfst dich nicht zu schnell bewegen«, sagte sie leise. »Sie denkt dann, du greifst mich an, und geht dazwischen, um mich zu beschützen.«

»A-ha«, sagte ich tonlos.

Glücklicherweise machte ich keine Bewegung, die in dem Hund den Impuls auslöste einzugreifen. Aber auch wenn er nur dalag und mich ansah, verspannte ich mich immer mehr. Irgendetwas zog an mir, dass ich immer wieder zu dem Hund blicken musste, der mich unverwandt anstarrte.

Wahrscheinlich lag es daran, dass man Blicke spürt, die auf einem liegen.

Der Sex war sehr verspannt. Ich konnte mich nicht fallen lassen. Ich versuchte, den Hund nicht anzusehen oder mir nur vorzustellen, wie sich unsere Blicke trafen. Ich schloss die Augen, versuchte, alle Geräusche auszublenden, es war gewissermaßen Durchhaltesex.

Als es dann endlich vorbei war und wir erschöpft nebeneinanderlagen, schlief Marlene schnell ein. Ihr Atmen änderte sich, wurde rhythmischer. Mein Atmen änderte sich nicht, es gab einfach zu viele Geräusche, die mich daran hinderten, in den Schlaf zu gleiten. Ich hörte den Hund hecheln, er leckte an sich herum und machte Geräusche, die ich lieber nicht zuordnen wollte. Irgendwann hielt ich es nicht mehr aus und ging ins Wohnzimmer, um die Nacht auf dem Sofa zu verbringen. Ruhe breitete sich aus, auch in mir.

Gegen sechs Uhr morgens wurde ich von Putzgeräuschen geweckt, Marlene wischte im hell erleuchteten Flur. Irgendetwas musste passiert sein. Ich blieb still liegen, weil etwas in mir ahnte, dass ich gar nicht wissen wollte, was da geschehen war.

Als Marlene mich kurz darauf sanft weckte, mit einem betretenen Ausdruck im Gesicht, erfuhr ich, was ich nicht wissen wollte. In den ersten Strahlen der Morgensonne entdeckte Marlene kleine, rote Flecken, mit denen mein weißes Laken bedeckt war.

Diese Flecken waren Blutspritzer, denn die Hündin hatte ihre Tage. Neben dem Laken waren auch das Parkett meiner Wohnung und die Fliesen im Bad mit kleinen roten Spritzern bedeckt. Also ich weiß nicht, irgendetwas in mir sträubt sich gegen die Vorstellung, dass ich die Frage »Menstruiert dein Hund gerade?« in meinem zukünftigen Beziehungsalltag stellen muss.

Ich wollte nur noch, dass die beiden verschwanden. Als sie endlich meine Wohnung verließen, war ich mir sicher, diese Frau nie wiedersehen zu wollen. Aber dann verblasste die Erinnerung an diese Sicherheit hinter ihren Nachrichten. Wir haben uns noch zweimal getroffen. Dann hatte ich es endlich gelernt und Marlene gesagt, dass ich für uns keine gemeinsame Zukunft sah.

Als ich sie ein knappes Jahr darauf zufällig auf der Straße traf, erzählte sie mir, wie sie mit der Trennung umgegangen war. Wie man am besten damit umgeht? Richtig. Man braucht Ablenkung und geht nach dem Trennungsgespräch ansatzlos in eine Bar, um dort mit einem Fremden einen One-Night-Stand zu arrangieren. Marlene setzte diesen Plan konsequent um. Wie sie den Sex mit dem Mann, den sie im »Süß war gestern« kennengelernt hatte, zusammenfasste, war sehr aufschlussreich für mich:

»Ich war ja wegen der Trennung noch vollkommen fertig und hab dabei die ganze Zeit geweint«, sagte sie. »Ich hatte richtige Weinkrämpfe, aber er hat gar nicht drauf geachtet. Er hat einfach immer weitergefickt.«

Gott!, dachte ich. Es war offensichtlich die richtige Entscheidung gewesen, den Kontakt abzubrechen.

Jedes Treffen mit Marlene war voller Ausschlusskriterien, während bei Sarah jede Nachricht ein Ausschlusskriterium war. Die Frage ist nur, was besser ist.

Meine WhatsApp-Schizophrenie

In solchen Situationen frage ich mich, inwieweit mir meine WhatsApp-Version ähnelt. Ob die beiden Persönlichkeiten deckungsgleich sind oder wie weit sie auseinanderliegen. Mein erster Impuls ist natürlich zu sagen, dass es keine Unterschiede gibt. Aber ich fürchte, dass es komplizierter ist. **Wenn man beginnt, darüber nachzudenken, wie man seine**

Nachrichten formuliert, entfernt man sich bereits von sich selbst.

In unseren Gesprächen begannen meine Freunde, Sarahs Nachrichten zu analysieren und zu interpretieren. Jedes Wort, jedes Emoji und jeder Zeitraum, den sie für die Antwort brauchte, wurden mit einer Bedeutung aufgeladen, die alles zu entscheiden schien.

»Deine Nachricht muss immer kürzer als ihre sein«, sagte Lukas bestimmt. »Und du musst ihr einen Tag und eine Stunde später schreiben als sie gebraucht hat, um deine Nachricht zu beantworten. Das ist der Schlüssel.«

Ich nickte, stellte mir aber unwillkürlich vor, wie dieses Konzept sich entwickelt, wenn man es zu Ende denkt. Mit jeder Nachricht würden die Texte immer kürzer, während die Abstände immer länger würden. Was wäre, wenn kaum noch Buchstaben übrig waren? Dann könnte man nur noch mit Emojis kommunizieren, in Wochenabständen. Oder länger. Die Nachrichten würden an das Gestammel eines Wahnsinnigen erinnern. Aber vielleicht war das ja der eigentliche Sinn hinter diesem Prinzip, es sollte beiden klarmachen, dass sie nicht zueinanderpassten, wenn sie so weit waren, es anzuwenden. Vielleicht traf das ja generell auf die Anwendung von Datingregeln zu.

Trotz dieser Überlegungen schrieb ich Sarah inzwischen ebenfalls erst einen Tag später zurück. Ich achtete darauf, so kurz und unverbindlich wie möglich zu schreiben. Ich spürte, dass ich mich ebenfalls in eine Schizophrenie begab. Es gab keine Natürlichkeit mehr. Der Mensch, der da schrieb, hatte nicht mehr allzu viel mit mir zu tun. Ich begriff, dass sich das Verhältnis auf eine Ebene verlagerte, in der es keine Natürlichkeit gab.

All die Gespräche und Ratschläge ließen mich immer ratloser zurück. Ich hatte immer häufiger das Gefühl, dass wir uns zwischen all diesen Regeln verkantet hatten. Inzwischen bereute ich, dass mir meine Freunde ständig neue Hoffnung gaben. Sie verlängerten damit ja offensichtlich nur mein Leiden. Rückblickend kann ich sagen, dass mir Sarahs Schreibverhalten hätte bekannt vorkommen müssen. Um das zu erkennen, hätte ich die Situation allerdings mit Abstand betrachten müssen. Dieser Abstand fehlte natürlich, aber heute kann ich sagen, dass mich Sarahs Verhalten an einen Menschen erinnerte, der mir sehr vertraut ist. Ich kannte dieses Verhalten von mir.

Wenn ich mehrere Tage benötige, um mich zurückzumelden, brauche ich diese Zeit, um einen inneren Widerstand zu überwinden, überhaupt zurückzuschreiben. Wenn ich Tage brauche, um eine Nachricht zu beantworten, fehlt mir einfach das Interesse. Ich bin nicht zu beschäftigt mit anderen Dingen, denn auch an stressigen Tagen gibt es ruhige Momente, in denen man antworten könnte. Es ist eher so, dass ich alles andere als wichtiger empfinde als die Frau, die mir da geschrieben hat.

Wenn ich Tage brauche, um mich zurückzumelden, ist das der Code dafür, nicht interessiert zu sein. Mich nicht zu melden, ist eine Art des Aussitzens. Ich warte ab, bis der andere es auch begreift. Keine Antwort ist schließlich auch eine Antwort.

Das empfindet man natürlich vollkommen anders, wenn man auf der anderen Seite ist. Man sieht die Wahrheit einfach nicht, weil man sie nicht sehen will. So gesehen habe ich mich damals selbst nicht erkannt.

Es ist die Haltung von Menschen, die zu sehr auf sich selbst bezogen sind, um auf andere Rücksicht zu nehmen. Vielleicht ist es das, was man Karma nennt. Vielleicht war Sarah die ausgleichende Gerechtigkeit für die Verletzungen, die ich Frauen mit diesem Verhalten zugefügt habe. So gesehen hatte ich Sarah und ihr Verhalten verdient.

Irgendwann hielt ich es nicht mehr aus. Oder sagen wir es so: Irgendwann hielt es mein verletztes Ego nicht mehr aus. Seinem Ego die Entscheidungen zu überlassen, ist meistens ein Fehler. Und mein Ego entschied sich für den Fehler, Sarah eine Nachricht zu schreiben.

Einem verletzten Ego geht es um Genugtuung. Es geht darum, sich zu wehren, dem Menschen, der einen verletzt, ebenfalls Verletzungen zuzufügen, um sich endlich wieder besser zu fühlen. Um mich besser zu fühlen, schrieb ich Sarah, dass ihre Nachrichten nur von einer Person geschrieben werden konnten, die entweder bösartig war oder der Menschen generell egal waren. Sie schloss mit den Worten: »Diese Nachricht braucht nicht beantwortet zu werden. Danke.«

Sarah antwortete natürlich nie darauf, obwohl etwas tief in mir darauf gehofft hatte. Es war der Wunsch nach irgendeiner Reaktion, aber natürlich reagierte Sarah nicht. **Wie jeder weiß, ist das Gegenteil von Liebe schließlich nicht Hass, sondern Gleichgültigkeit.** Und ganz abgesehen davon hatte ich mich ja jetzt als psychotischer Freak offenbart.

Aber als ich dann später begriff, dass die große Gemeinsamkeit zwischen Sarah und mir unser Schreibverhalten war, gab mir das zumindest die Möglichkeit, auch zu erkennen, wie verletzend ich mich Frauen gegenüber verhalten habe, seitdem sich ein Großteil der Kommunikation auf das Schreiben von WhatsApp-Nachrichten verlagert hat. Es gab mir die Möglichkeit, mein eigenes Verhalten infrage zu stellen.

Wenn ich mich frage, warum ich nicht klar sage, dass ich nicht interessiert bin, ist die Antwort so einfach wie ernüchternd. Ich will einer unangenehmen Situation aus dem Weg gehen. Ich bin konfliktscheu, und WhatsApp ist die Kommunikationsform der Konfliktscheuen.

Meine Charakterstruktur fügt sich nahtlos in dieses Konzept. Ich weiß, dass es nicht für mich spricht, aber gelegentlich trenne ich mich mit einer Nachricht. Man darf das nicht falsch verstehen, das mache ich nicht, um einjährige Beziehungen zu beenden, aber wenn man sich dreimal getroffen und miteinander geschlafen hat, erscheint es mir angemessen. Der Begriff Trennung ist ja nach dieser kurzen Zeit auch falsch gewählt. Man war ja nie zusammen. Zumindest nicht so richtig. Und obwohl es mein Verhalten nicht rechtfertigt, ist es natürlich auch keine lapidare Nachricht. Sie ist schon durchdacht und schlüssig. Es geht ja darum, dem anderen so schmerzlos wie möglich zu sagen, dass sich unsere Leben lange genug berührt haben. Das ist eine der größten Herausforderungen. Eine Nachricht zu verfassen, hat da natürlich den Vorteil, seine Sätze wohlüberlegt wählen zu können. Man kann sie sogar vorher einem Freund schicken, um einen unvoreingenommenen Blick zu haben. Mit einer durchdachten Nachricht trennt sich sozusagen die beste Version seiner selbst vom anderen. Während ich diese Sätze schreibe, fällt mir eine Eigenschaft auf, die ich mit allen Menschen teile, die ich kenne: Man legt sich die Dinge immer so zurecht, dass man am besten damit leben kann.

Ich weiß natürlich, dass es die Trennungsmethode der Konfliktscheuen ist, der Feiglinge, die einem unangenehmen Gespräch aus dem Weg gehen wollen.

Vor einigen Jahren schrieb ich einer Frau namens Linda eine lange Nachricht, in der ich erklärte, warum es einfach nicht passte. Es war eine lange Nachricht, in die ich viel Zeit investierte. Die Argumente klangen plausibel, ich nahm die Schuld auf mich. Sobald man so eine Nachricht abgeschickt hat, ist jeder Blick auf sein Handy mit einem bangen Gefühl verbunden. Die Antwort könnte ja aufleuchten. Und sie könnte voller Wut, Hass und Beleidigungen sein. Ein kurzer unangenehmer Moment, das ist der einzige Konflikt, zu dem wir heute noch bereit sind.

So war es auch bei mir. Mit jedem Blick auf das Display erwartete ich die unangenehme Verspannung, die nur die Voransicht erzeugen würde, dass Linda mir geschrieben hatte. Dann war es so weit. Du hast eine Nachricht von Linda. Wie immer brauchte ich einen kurzen Moment der Überwindung, bevor ich sie öffnete. Und dann passierte etwas Einzigartiges. Während ich Lindas Antwort las, verstand ich, dass hier gerade etwas Außergewöhnliches geschehen war. Lindas Nachricht war so verständnisvoll, sie war voller einfühlsamer Wärme, voller Anteilnahme, so reagierte niemand, dem eine Verletzung zugefügt wurde. Die Nachricht schien perfekt zu sein. Vollkommen unbeabsichtigt schien ich die perfekte schmerzlose Trennung gefunden zu haben.

Manchmal hat man Gedanken, die man zulässt, obwohl sie einem nicht gefallen. Manchmal gibt man ihnen sogar nach. In diesem Fall war der Gedanke, dem ich folgte, dass dieser Text zu perfekt war, um ihn für nur eine Person zu verschwenden. Er war so universell anwendbar, dass man ihn wiederverwerten konnte. Ich speicherte den Inhalt der Nachricht in den Notizen meines iPhones.

Ich hätte ihn gern in diesem Text verwendet, aber inzwischen gibt es den Inhalt nicht mehr. Das liegt daran, dass ich ihn – obwohl er mich lange auf meinem Smartphone begleitete – nur einmal verwendet habe. Mit dem schalen Gefühl, dass es sich nicht richtig anfühlte. Wahrscheinlich ging es nicht mal um die Frau, mir ging es darum, dass mir meine Gefühle plötzlich blass und leer erschienen, wie die schlechte Kopie der Gefühle, die ich mit der Nachricht entworfen hatte. Ich änderte so viel, dass ich genau genommen eine vollkommen andere Nachricht verfasste. Noch am selben Tag löschte ich die gespeicherte Nachricht.

Mit dem Verschicken von Trennungsnachrichten bin ich vermutlich eine Ausnahme. Heutzutage ist es ja ein üblicher Weg, sich zu trennen, indem man sich einfach gar nicht mehr meldet. Das ist eine Art der Trennung, die ich früher auch einige Male angewandt habe: einfach verschwinden und den anderen seinen Hypothesen und Theorien ausliefern, was er denn nun falsch gemacht hat. Psychologisch das Schlimmste, was man jemandem antun kann.

Es ist eine Frage der Wertschätzung, auch wenn man das aus der Ferne der virtuellen Distanz schnell ausblendet: Dein Gegenüber ist ein Mensch. Vielleicht sollten wir daran denken, wenn wir überlegen, uns nicht mehr zu melden. Oder uns vorstellen, wie es uns gehen würde, wenn wir an seiner Stelle wären. Er oder sie hat uns schließlich das große Kompliment gemacht, an uns interessiert zu sein. Da kann man schon ehrlich sein.

Offensichtlich ist es eine schlechtere Version meiner selbst, die ich online kultiviere. Die Version, die nur an sich selbst denkt, sich immer für den einfachsten Weg entscheidet und die Konsequenzen ihres Handelns verdrängt. Das hat nichts mit den Apps zu tun, sondern ausschließlich mit mir. Ich begreife, dass auch bei meiner digitalen Ichwerdung so einiges schiefgelaufen ist.

Es ist schon interessant: In sozialen Medien und Datingportalen gibt man sich so viel Mühe, so perfekt wie möglich zu erscheinen, aber in der Kommunikation werden der Werteverfall und die Mängel dafür umso deutlicher. Uns fehlt eine Kultur der Kommunikation. Also liegt es auch in uns, das zu ändern. Wenn wir darauf achten, sie wieder zu kultivieren, ist es für uns alle ein Gewinn.

Aber wie so oft braucht man immer eine Hilfe, um sich das klarzumachen. Sich vorzustellen, man würde uns behandeln, wie man jemanden gerade behandelt, kann da schon sehr hilfreich sein. Sich die Frage zu stellen: Wie würde man sich fühlen, wenn man selbst so behandelt werden würde? Behandele andere so, wie du selbst behandelt werden möchtest. Letzten Endes lässt sich alles darauf reduzieren. Es gäbe keinen Anlass, dieses Buch zu schreiben, wenn wir uns danach richten würden. Wenn sich jeder danach richten würde, wäre unsere Welt eine bessere. Vielleicht wäre sie dann sogar perfekt.

Liebe ist eine Entscheidung, die man trifft

Es gibt ja diese Wahrheiten, an die man immer mal wieder erinnert werden muss, obwohl sie einem eigentlich klar sein sollten. Zu diesen Wahrheiten gehört die Erkenntnis, dass die Liebe nicht existiert.

Puh, werden jetzt sicherlich einige mit hochgezogener Augenbraue einwenden. Kühne These, lieber Michael Nast.

So kühn ist sie allerdings gar nicht. Sie ist sogar ziemlich folgerichtig. Also warten wir kurz ab.

Vor einigen Jahren besuchte ich über meinen Bekannten Patrick eine Geburtstagsparty, die in einer Wohnung in Friedrichshain stattfand. Die Party war ein wenig langweilig, aber als ich den Flur betrat, um in die Küche zu gehen, stand plötzlich eine Unbekannte vor mir, deren Haar aus irgendeinem Grund voller Konfetti war. Unsere Blicke trafen sich, wir mussten unvermittelt lächeln und alles schien klar zu sein. Da war plötzlich dieser Zauber, durch den diese zufällige Begegnung mit so viel Bedeutung aufgeladen wurde, dass ich sie beinahe als Schicksal empfand. Ein Zauber, der aus unserer Begegnung ein Ereignis machte. Es war dieser perfekte Moment, nach dem ich mich in den vergangenen Jahren so oft gesehnt hatte. Es war Liebe auf den ersten Blick. Davon war ich überzeugt.

Was soll ich sagen, ich hatte mich getäuscht. Denn ein Ereignis wird nach seinen Folgen beurteilt, ob man davon inspiriert wurde oder sein Leben dadurch neu ausgerichtet hat. Erst dann wird dieser Moment zu etwas wirklich Bedeutendem. Ich habe acht Monate gebraucht, um zu begreifen, welche Folgen dieser Abend hatte. Acht Monate, in denen ich in ein psychotisches Konstrukt geriet, das dazu führte, dass diese große Liebe, die ein Leben lang halten sollte, dann doch nach einer relativ kurzen Zeit vorbei war. Es war eine emotional äußerst belastende Zeit, aber rückblickend kann ich sagen, dass sie auch sehr wertvoll war. Manche Erfahrungen können einem nicht über Ratschläge vermittelt werden, man muss sie selbst machen, um daraus zu lernen. Und die Erfahrung dieser acht Monate musste ich offensichtlich machen, um die Missverständnisse sehen zu können, die meine bisherigen Vorstellungen von Liebe geprägt hatten.

Es ist natürlich wunderbar, dass es Menschen gibt, die solche Begeisterungsstürme in mir entfachen können. Aber der Schriftsteller Milan Kundera hat in einem seiner Romane eine interessante Frage gestellt: Was hat die geliebte Person mit unseren Gefühlen zu tun? Die Antwort ist ebenfalls ein wenig ernüchternd, sie lautet nämlich: Nicht viel. Sie ist ein Auslöser für ein Gefühl, das man auch mit anderen Personen verbinden kann. Die geliebte Person wird zu einer Leinwand, auf die man die farbenprächtigsten Bilder wirft. Verliebtheit hat nichts mit der geliebten Person zu tun, sondern ausschließlich mit uns selbst. Ein Verliebter will die geliebte Person gar nicht kennenlernen. Wenn man verliebt ist, geht es einem ausschließlich um sich selbst. Man verliebt sich in das Ideal, das man auf einen Menschen projiziert hat, man kennt ihn ja kaum.

Wenn wir uns verlieben, sehen wir vor allem uns selbst und unsere Gefühle; auch wenn wir an den anderen denken oder uns nach ihm oder ihr sehnen, geht es ausschließlich um uns und darum, unsere euphorischen (im positiven und negativen Sinn) Gefühle zu genießen. Wir wollen uns nicht in den anderen einfühlen. Verliebtheit ist ein empathieloser Zustand.

Genau genommen ist die Verliebtheitsphase die Phase des Narzissten. Frisch verliebte Paare überhöhen sich gegenseitig. Man bestätigt einander permanent.

Wer also das Ideal einer Liebe mit einem Verliebtheitsrausch assoziiert, dem geht es nur um sich selbst. Erst wenn der Rausch nachlässt und wir den Menschen mit seinen Schwächen sehen, haben wir die Chance, ihn als Mensch mit seinen Fehlern wahrzunehmen, erst dann können wir uns in ihn einfühlen. Das Abflachen der Verliebtheit ist die Voraussetzung für Empathie. Wenn ich verliebt bin, will ich den anderen gar nicht sehen. Ich entwerfe ein Ideal, das perfekt zu mir passt.

Liebe kann erst entstehen, wenn die Überhöhung nachlässt und der Mensch sichtbar wird. Wenn man beginnt, den ganzen Menschen zu sehen, einschließlich seiner Fehler. Der Schriftsteller Victor Hugo hat das einmal sehr treffend formuliert, frei zitiert schrieb er: Man liebt einen Menschen nicht wegen seiner selbst, sondern trotz seiner selbst.

Romeo und Julia sind nicht das größte Liebespaar aller Zeiten, sie sind das größte Verliebtheitspaar. Ihre Gefühle brannten leuchtend, bis sie starben, und nur durch den schnellen Tod, durch die Verdichtung ihrer intensiven Verliebtheit auf einen sehr begrenzten Zeitraum wurden sie zu einem der größten Liebespaare aller Zeiten. Aber eigentlich haben sie sich nie kennengelernt. Sie hatten gar nicht die Chance, den Menschen hinter der Projektion wahrzunehmen. Am Ende sind beide tot, und das ist das perfekte Ende, denn nur so konnte ihre Verliebtheit auf ihrem Höhepunkt strahlen. Wie ein Rockstar, der immer 27 sein wird, wenn er mit 27 Jahren stirbt.

Sie erlebten das reine Gefühl, das von den Belanglosigkeiten des Alltags befreit ist. Manchmal stelle ich mir vor,

Romeo und Julia wären nicht gestorben und ihre große Liebe wäre dem Alltag ausgesetzt worden. Die großen Gefühle hätten wahrscheinlich gar nicht so lange überlebt. Verliebtheit passiert, ohne dass wir etwas dafür tun müssen. Sie ist das reine Gefühl. Liebe ist das, was danach kommt. Sie ist eine Entscheidung, die man trifft. Verliebtheit ist die Illusion, den perfekten Partner gefunden zu haben. Liebe ist die Gewissheit, dass es kompliziert werden wird, weil es zwischen verschiedenen Persönlichkeiten nun mal zu Reibungen kommt. Verliebtheit ist das, was uns blind macht, Liebe ist der Blick auf die Unterschiede. Die wirklichen Probleme kommen erst mit der Liebe. Denn erst dort sieht man den Menschen, wie er wirklich ist, mit all seinen Fehlern, Neurosen und Schwächen. Erst in der Liebe lernt man ihn kennen. Und weil uns der Partner mit seinen Reaktionen auf unser Verhalten spiegelt, lernen wir auch uns selbst besser kennen.

Liebe ist die nächste Stufe, in der man Kompromisse machen muss, in der man verzichten und Rücksicht auf die geliebte Person nehmen muss. Es ist der Preis, den beide zahlen müssen, um etwas Größeres zu gewinnen. Und zwar Sicherheit, Wohlempfinden, Zufriedenheit und Intimität.

Liebe passiert einem nicht einfach, man muss etwas dafür tun. Verliebtheit ist ein Gefühl, Liebe ist eine Entscheidung.

Als ich einmal in der Talkshow von Laura Karasek zu Gast war, fragte sie mich: »Glaubst du an Liebe auf den ersten Blick?«

»Ich glaube an Verliebtheit auf den ersten Blick«, sagte ich ansatzlos.

Die Moderatorin sah mich an, bevor sie mit einem Lächeln sagte: »Also glaubst du an Libido auf den ersten Blick.«

»So kann man es wohl ausdrücken«, lachte ich, denn sie hatte recht.

Es ist ja so: Die meisten nehmen an, dass einem Liebe einfach so passiert. Wir sind auf der Suche nach einem Menschen, der sie bei uns auslöst. Wir warten darauf, dass uns die Liebe wie ein Schlag trifft. Wir begegnen einem Menschen, es funkt, und schon ist die Liebe da. Das ist allerdings ein passiver Ansatz. Wenn einem die Liebe passiert, muss man nichts dafür tun. Aber zu lieben ist etwas Aktives. Wer Liebe als Substantiv versteht, macht einen Denkfehler. Liebe muss man als Verb verstehen. Liebe ist Handeln, eine Tätigkeit, die gepflegt und kultiviert werden muss. Zu lieben ist Arbeit und Wollen und Ausdauer. Sie verwirklicht sich in der Dauer, sie entfaltet sich in der Zeit. Es ist wie bei einem Kunstwerk. Es braucht Zeit und Hingabe, um etwas besonders Schönes herzustellen.

Aber das muss man auch wollen. Man muss bereit sein, etwas dafür zu tun. Und das muss einem bewusst sein.

Eine perfekte Antwort auf die Frage, worin der Unterschied zwischen »Ich mag dich« und »Ich liebe dich« besteht, wurde schon von Buddha gegeben. Sie beschreibt das heutige Beziehungsleben vieler sehr gut. Er sagte: »Wenn du eine Blume magst, pflückst du sie einfach. Aber wenn du eine Blume liebst, gibst du ihr täglich Wasser. Derjenige, der das versteht, versteht das Leben.«

Liebe ist das Aufgehen in einer Gemeinschaft. Die nächste Stufe, in der man Kompromisse machen muss, in der man verzichten und Rücksicht auf die geliebte Person nehmen muss. Es ist der Preis, den beide zahlen müssen, um etwas Größeres zu gewinnen.

Letztlich müssen wir nur eins verinnerlichen: Liebe ist nicht die Voraussetzung für eine gelingende Beziehung, sie ist das Ergebnis einer gelungenen Beziehung.

Wer das verstanden hat, dem stehen alle Türen offen.

Weiterführende Literatur

Im Folgenden habe ich Bücher aufgelistet, ohne die ich dieses Buch nicht hätte schreiben können, denen ich Gedanken entnommen und die mich zu neuen Gedanken angeregt haben. Es sind Bücher, die meinen Blick auf mich selbst geändert haben, durch die ich viel über mich erfahren habe. Durch die Lektüre habe ich überraschende Einsichten gewonnen. Aber die sind nicht mein Problem, sondern das Umsetzen der Einsichten ins Praktische. Jedes dieser Bücher kann ich wärmstens empfehlen. Darunter sind auch Anleitungen, wie eine Partnerschaft gelingen kann. Man muss sich nur fragen, ob man das wirklich möchte. Wenn man den Weg tatsächlich gehen will, anstatt ihn schon nach den ersten Schritten abzubrechen, empfehle ich die letzten drei Titel der nachfolgenden Bücher.

Badiou, Alain: *Lob der Liebe*. Passagen 2015.

Fromm, Erich: *Die Kunst des Liebens*. Ullstein 2017.

Fromm, Erich: *Haben oder Sein. Die seelischen Grundlagen einer neuen Gesellschaft*. dtv 2005.

Gruen, Arno: *Verratene Liebe – Falsche Götter*. Klett-Cotta 2019.

Kuntze, Holger: *Lieben heißt wollen. Wie Beziehung gelingen kann, wenn wir Freiheit ganz neu denken*. Kösel 2018.

Levine, Amir, und Heller, Rachel S. F.: *Warum wir uns immer in den Falschen verlieben. Beziehungstypen und ihre Bedeutung für unsere Partnerschaft*. Goldmann 2015.

Stahl, Stefanie: *Jeder ist beziehungsfähig. Der goldene Weg zwischen Freiheit und Nähe*. Kailash 2017.

Edel Books
Ein Verlag der Edel Germany GmbH

Copyright © 2021 Edel Germany GmbH
Neumühlen 17, 22763 Hamburg
www.edelbooks.com

Projektkoordination: Svetlana Romantschuk
Lektorat: Lisa Ebelt
Layout und Satz: Datagrafix GSP GmbH, Berlin | www.datagrafix.com
Umschlaggestaltung: Elena Schneider
Lithografie: Frische Grafik, Hamburg
Druck und Bindung: GGP Media GmbH, Pößneck

MIX
Papier aus verantwor-
tungsvollen Quellen
FSC® C014496

Printed in Germany

ISBN 978-3-8419-0739-4